技术经济
理论与方法

张宁◎主编
杨伟 董宏纪◎副主编

清华大学出版社
北京

本书封面贴有清华大学出版社防伪标签，无标签者不得销售。
版权所有，侵权必究。举报：010-62782989，beiqinquan@tup.tsinghua.edu.cn

图书在版编目（CIP）数据

技术经济理论与方法 / 张宁主编；杨伟，董宏纪副主编. -- 北京：清华大学出版社, 2025.6.
(21世纪经济管理新形态教材). -- ISBN 978-7-302-69447-2

Ⅰ. F062.4

中国国家版本馆 CIP 数据核字第 2025AQ6954 号

责任编辑：陆浥晨
封面设计：李召霞
责任校对：宋玉莲
责任印制：宋　林

出版发行：清华大学出版社
网　　址：https://www.tup.com.cn，https://www.wqxuetang.com
地　　址：北京清华大学学研大厦A座　　　邮　　编：100084
社 总 机：010-83470000　　　邮　　购：010-62786544
投稿与读者服务：010-62776969，c-service@tup.tsinghua.edu.cn
质 量 反 馈：010-62772015，zhiliang@tup.tsinghua.edu.cn
课 件 下 载：https://www.tup.com.cn，010-83470332

印 装 者：涿州市般润文化传播有限公司
经　　销：全国新华书店
开　　本：185mm×260mm　　　印　张：15.75　　　字　数：362千字
版　　次：2025年6月第1版　　　印　次：2025年6月第1次印刷
定　　价：49.00元

产品编号：103037-01

前　言

技术经济分析是指对不同技术方案的经济效果进行计算、分析、评价，并在多种方案的比较中选择最优方案（包括计划方案、设计方案、技术措施和技术政策）的预测效果进行分析，作为选择方案和进行决策的依据。现如今，移动互联网、云计算、大数据、人工智能等新技术的发展，使得建设数字经济已成为全球共识，技术经济学是研究技术发展与经济发展相互推动、最佳结合的规律及其实现方法的科学，进行技术经济分析有助于推动数字经济的发展。

本书以高年级本科生及研究生为读者对象，旨在帮助更高阶的本科生或研究生学习技术经济分析的思维模式及相关技术，并将其应用到现实研究工作，帮助其掌握进行技术经济分析的知识和能力。技术经济分析所需的知识主要是指理论内容与研究方法。理论内容主要包括经济效益理论、条件可比理论、机会成本理论、科学预测理论、和谐发展理论；研究方法主要包括效益评价法、技术经济评价法、方案比较法、数据的收集和分析评估法。而技术经济分析需要掌握的能力是指对研究问题的定义和在不确定状况下进行决策。只有清楚地定义了研究问题，才能正确地设计和实施研究；现实生活中大部分的决策都是在不确定的状况下进行的，因此，要进行不确定性评价，具体内容会在教材正文中详细介绍。另外，由于技术经济分析的应用性很强，教材内容组织强调知识的应用性，提供了许多与实际相结合的例题和案例，以便于学生理论联系实际。

本书共有12章内容，包括绪论、技术经济分析的研究过程、二手资料的获取与利用、资金的时间价值、技术经济评价、不确定性评价方法、管理领域中的定性研究方法、管理领域中的定量研究方法、问卷设计方法与技巧、抽样技术分析方法、数据资料的整理与数据分析、市场特征与市场因素分析。

本书在编写过程中参考和引用了大量优秀的教材、文献、著作、政府法规等，框架结构主要由张宁、杨伟设计主编，第1、2、3章节内容由张宁、邓清晨编写，第4、6、7章节内容由陈欣子林、董宏纪编写，第5章节内容由张宁、何张林编写，第8、9章节内容由吴家俊、董宏纪编写，第10、11章节内容由江梦琪、郑登攀编写，第12章节内容由曹治杰、张宁编写。最后由张宁、杨伟、董宏纪、郑登攀进行统稿审稿。全书的内容框架如下图所示。在此表达对以上各位作者极大的感谢和敬意。尽管编者以认真负责、科学严谨的态度精心编写了本书的每一章节，但由于技术经济学分析的应用性很强，理论上会不断有新的发现，在实践中仍在不断探索，国家也在不断更新规范，加之编者水平所限，书中难免有不妥和疏漏之处，恳请广大读者批评、指正。

感谢杭州电子科技大学研究生教材建设项目对本书的资助，让作者有机会将二十多年来的中国技术经济分析与方法的教学经验进行总结、归纳，最终以教材形式与各位同行、同学、同盟等见面。

"技术经济理论与方法"课为"浙江省优秀研究生课程"，相关课件及资料可在浙江省研究生课程联盟平台进行学习和观看。

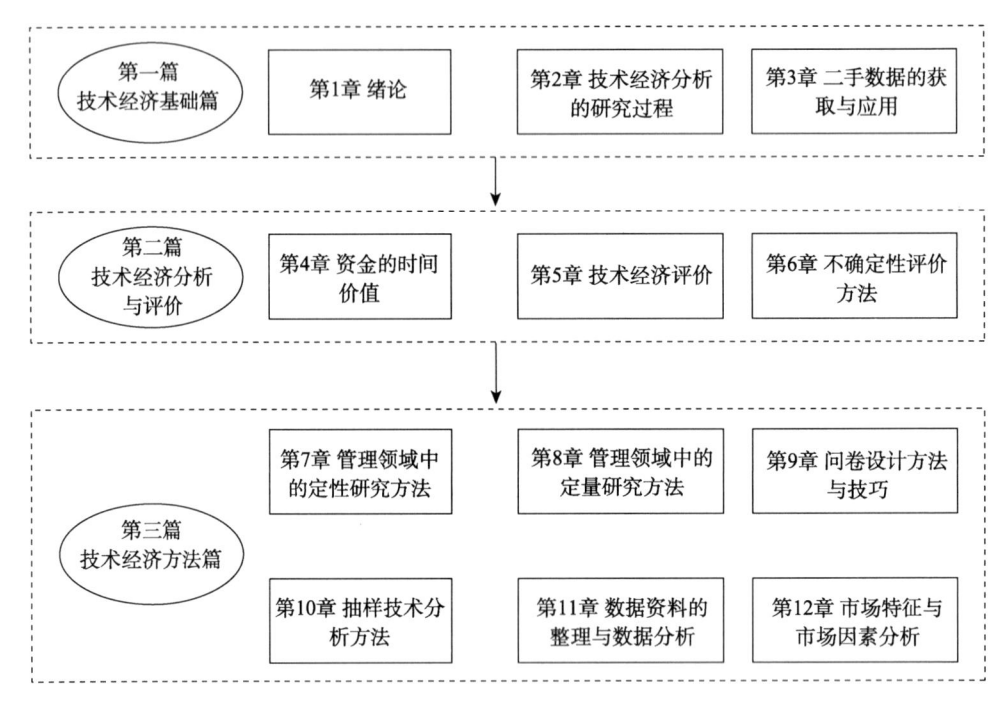

第一篇 技术经济基础篇
- 第1章 绪论
- 第2章 技术经济分析的研究过程
- 第3章 二手数据的获取与应用

第二篇 技术经济分析与评价
- 第4章 资金的时间价值
- 第5章 技术经济评价
- 第6章 不确定性评价方法

第三篇 技术经济方法篇
- 第7章 管理领域中的定性研究方法
- 第8章 管理领域中的定量研究方法
- 第9章 问卷设计方法与技巧
- 第10章 抽样技术分析方法
- 第11章 数据资料的整理与数据分析
- 第12章 市场特征与市场因素分析

全书的内容框架

作者
2025 年 3 月

目 录

第一篇 技术经济基础篇

第1章 绪论 3
1.1 技术与经济的关系 3
1.2 技术经济分析的研究对象与范围 6
1.3 技术经济分析的理论内容与研究方法 9
本章小结 12
思考与练习 12
拓展阅读 13

第2章 技术经济分析的研究过程 14
2.1 如何定义研究问题 14
2.2 技术经济分析过程简单模型 17
2.3 如何进行研究设计 21
2.4 研究方案的可行性评价 24
本章小结 26
思考与练习 26
拓展阅读 26

第3章 二手数据的获取与应用 27
3.1 企业信息的来源 27
3.2 二手数据的分类及其收集 30
3.3 二手数据的优缺点分析 35
3.4 数据质量与评估方法 38
本章小结 40
思考与练习 41
拓展阅读 41

第二篇　技术经济分析与评价

第 4 章　资金的时间价值 ·· 45
- 4.1　资金时间价值的概述 ·· 45
- 4.2　资金的等值计算 ·· 50
- 4.3　资金等值计算的应用 ·· 56
- 4.4　通货膨胀下的资金时间价值 ··· 59
- 本章小结 ··· 61
- 思考与练习 ·· 61
- 拓展阅读 ··· 62

第 5 章　技术经济评价 ··· 63
- 5.1　经济评价指标的分类 ·· 63
- 5.2　盈利能力分析指标 ··· 65
- 5.3　清偿能力指标 ··· 78
- 5.4　财务生存能力指标 ··· 79
- 5.5　基准收益率的确定方法 ··· 79
- 5.6　多方案之间的关系类型 ··· 82
- 5.7　互斥方案的经济评价方法 ·· 84
- 5.8　独立方案的经济评价方法 ·· 91
- 5.9　相关方案的经济评价方法 ·· 92
- 5.10　公用事业项目的经济评价 ·· 97
- 本章小结 ·· 103
- 思考与练习 ··· 103
- 拓展阅读 ·· 104

第 6 章　不确定性评价方法 ··· 105
- 6.1　不确定性问题及其分析方法 ··· 105
- 6.2　盈亏平衡分析 ··· 106
- 6.3　敏感性分析 ·· 108
- 6.4　概率分析 ··· 110
- 本章小结 ·· 115
- 思考与练习 ··· 116
- 拓展阅读 ·· 116

第三篇 技术经济方法篇

第 7 章 管理领域中的定性研究方法 ·· 119
7.1 定性研究与定量研究的比较 ·· 119
7.2 定性研究方法的分类 ·· 122
7.3 定性研究方法的应用领域 ·· 125
本章小结 ·· 129
思考与练习 ·· 130
拓展阅读 ·· 130

第 8 章 管理领域中的定量研究方法 ·· 131
8.1 定量研究的基本概念 ·· 131
8.2 变量测量的基本尺度 ·· 132
8.3 量表的设计及其评价标准 ·· 134
8.4 模型选择与不确定性评价方法 ·· 139
本章小结 ·· 144
思考与练习 ·· 145
拓展阅读 ·· 145

第 9 章 问卷设计方法与技巧 ·· 146
9.1 问卷的功能及设计原则 ·· 146
9.2 问卷的基本结构与格式 ·· 149
9.3 问题与选项的设计技巧 ·· 152
本章小结 ·· 158
思考与练习 ·· 158
拓展阅读 ·· 158

第 10 章 抽样技术分析方法 ·· 159
10.1 抽样调查的基本介绍 ··· 159
10.2 抽样技术的过程 ·· 161
10.3 随机抽样及其应用 ··· 165
10.4 非随机抽样及其应用 ··· 170
10.5 抽样误差与抽样分布 ··· 172
10.6 样本估计与推断方法（参数估计）··· 176
本章小结 ·· 178

思考与练习 178
拓展阅读 179

第 11 章 数据资料的整理与数据分析 180
11.1 数据分析准备 180
11.2 数据分析技术与统计软件应用 185
11.3 动态模拟分析与计量经济软件的应用 199
本章小结 214
思考与练习 215
拓展阅读 215

第 12 章 市场特征与市场因素分析 216
12.1 市场特征的分析与 SPSS 应用 216
12.2 市场结构的分析与 SPSS 应用 224
12.3 市场因素的方差分析与 SPSS 应用 228
本章小结 239
思考与练习 239
拓展阅读 239

参考文献 240

第一篇

技术经济基础篇

第 1 章

绪　论

1.1　技术与经济的关系

1.1.1　技术的含义

对"技术"（technology）一词的解释始于《大不列颠百科全书》，由希腊词 techne（艺术、手工艺）和 logos（词、言语）组成，意味着既是好的又是可用的。古希腊哲学家亚里士多德曾把技术视为人们在生产活动中的技艺能力或者技能。technology 最早在 17 世纪，且仅被用来讨论艺术应用，到 20 世纪其含义被迅速扩展。

关于技术含义的描述有以下几种。18 世纪，法国《百科全书》首先将技术列为专门条目，认为技术是为了达到某一目的所采用的工具与规则的体系。1986 年，费里拉（Friar）等人将技术定义为：技术是指一种创造出可再现性方法或手段的能力，这些方法或手段能导致产品、工艺过程和服务的改进。1996 年，我国学者许晓峰在其著作《技术经济学》将技术的含义归纳为：技术是生产和生活领域内，人们运用自然科学知识制造安装和使用各种劳动工具（包括机械设备等），设计各种工艺方法、程序，正确有效地使用劳动对象和保护资源与环境，对劳动对象进行有目的地加工改造，使之成为人们所需要的使用价值（产品和服务等）。

随着时间的推移，技术的内涵越来越扩大，有狭义和广义之分。

狭义的技术是指用于改造自然的各种生产工具、装备、工艺等物质手段的总和，即物化形态的"硬技术"，它具体表现为：①技术是技巧、技能或操作方法的总称；②技术是劳动手段的总和；③技术是客观的自然规律在生产实践中有意识的运用，是根据生产实践经验和科学原理而发展成的各种工艺操作方法与技能。狭义技术的基础和核心是劳动工具，其缺点是忽视了技术的动态过程。

广义的技术是指技术是人类在认识自然和改造自然的实践中，按照科学原理及一定的经济需要和社会目的发展起来的，为达到预期目的而对自然、社会进行协调、控制、改造的知识、技能、手段、方法和规则的复杂系统，包括了硬技术和软技术。具体表现为：①技术是完成某种特定目标而协同运作的方法、手段和规则的完整体系；②技术是按照某种价值的实践目的，用来控制改造和创造自然与社会的过程，并受到科学方法制约的总和。广义的技术是技术经济学的研究对象。

1.1.2　经济的含义

经济一词在不同范畴内有不同的含义。在古汉语中，经济有"经邦济世""经世济民"，是指治理国家、救济庶民，包括政治、经济、文化、军事、外交等一切治国方针。现在我们通用的"经济"，是在19世纪后半叶由日本学者从"economy"一词翻译而来的，其主要含义有：①经济是指社会生产关系的总和，是人类历史发展到一定阶段的社会经济制度，是政治和思想等上层建筑存在的基础；②经济是指物质资料的生产、交换、分配、消费等活动的总称；③经济是指一个社会或者国家的国民经济的总称及其组成部分，如工业经济、农业经济等部门经济；④经济是指节约或节省，如经济效益、经济的合理性等，它强调对资源的合理配置、利用和节约。

随着科技进步和社会经济的发展，人们形成了大经济观，即将经济视为一个动态的、开放的大系统，系统内各生产力要素协调组合，人流、物流、信息流有序进行，形成经济与环境、社会系统协调发展的运行机制和体系。在大经济观的系统运行中，各要素对外进行物质、能量、信息的交换互补，在市场机制的作用下，不断优化系统内的产业结构、产品结构与技术结构，保证经济持续稳定发展。

由于经济是一个多义词，从不同的角度进行考查有不同的理解，所以技术与经济的关系表现在多个层次、不同侧面。

1.1.3 技术与经济的关系

技术和经济在人类进行物质生产、交换活动中始终并存，是不可分割的两个方面。技术与经济相互依存、相互促进又相互制约，存在着极为密切的、不可分割的关系。任何一项新技术一定会受到经济发展水平的制约和影响，而技术的进步又促进了经济的发展，是经济发展的动力和条件。技术是经济发展的手段，经济发展是技术进步的目的。

1. 技术进步是经济发展的手段

技术进步是社会经济发展中最活跃、最关键的要素之一。人类社会发展的历史证明，从第一次工业革命，人类从工场手工业步入大机器工业时代（蒸汽机的发明），到第二次工业革命，人类进入电气时代（电子、电机应用、无线电通信），第三次科技革命进入核能时代（相对论、原子弹），第四次技术革命进入信息时代（计算机技术的飞速发展）。人类的每次跨越都伴随着新技术、新方法的出现和发展。有关统计数据表明，20世纪初，工业劳动生产率的提高只有5%~30%是靠运用新技术达到的；而进入21世纪，劳动生产率的提高主要依靠技术进步，有60%~70%为科学技术成果的投入应用做出贡献。

马克思和恩格斯曾高度评价了科学技术的社会功能，他们明确地指出科学技术是生产力，科学是一种在历史上起推动作用的、最高意义上的革命力量，是历史前进的有力杠杆。20世纪40年代以后，特别是近二三十年来，新技术革命的蓬勃兴起，把人类社会推向了科学社会化、社会科学化的新时代。当代科学技术已经深入人类物质生产和社会生活的各个方面，成为经济发展的决定力量和社会进步的推动力量。

"十四五"时期，我国开启了全面建设社会主义现代化国家新征程。大数据、云计算、移动互联网、物联网、人工智能等新一代数字技术迅猛发展，数字技术为数字经济的快速发展和创新提供了不可或缺的支持。数字技术为数字经济提供了新的商业模式，如平台经济、共享经济等，使数字经济不断创新和发展；数字技术的应用为数字经济开辟了新的市场机会，如移动支付、在线教育、数字娱乐、智能家居等，扩大了数字经济的市场空间；数字技术的应用使得数字经济的企业能够更快速、更灵活地适应市场变化，提高竞争力，拓展市场份额。

2. 经济发展的需要是技术进步的动力

技术进步推动社会经济的快速发展，同时，经济发展对先进技术成果的需求又成为技术进步的直接动力。任何新技术的产生与应用都需要经济的支持，受到经济发展水平的制约。综观世界各国，凡是科技领先的国家和产品超群的企业，无一不是对研究与开发高投入的国家。美国、日本、德国、英国、法国等国家的研究与开发费用在 20 世纪 80 年代就已占国民生产总值的 2.3%～2.8%，而大部分发展中国家由于经济的制约只能在 1%以下。经济愈发展，经济系统所孕育的科技需求就愈广泛、愈强烈，从而使大量的新技术不断涌现。

3. 技术和经济的协调发展

技术和经济是对立统一的关系。技术进步是推动经济发展的主要条件和手段，是经济发展的主要因素。同时，技术的发展也受到经济条件的制约。因此，只有技术和经济协调发展才能取得良好的经济效益。具体包含以下两层含义。

（1）技术与经济协调发展首先体现在技术的选择应适应经济实力。经济现状是选择技术的首要依据。在一个经济不发达的国家，多数领域还只能选择适用技术，切不可好高骛远，不切实际地选择与经济发展不相适应的技术。

（2）技术与经济协调发展还体现在协调的目的是发展。在处理技术与经济的关系时，必须重视发展。因为技术与经济的目的是促进经济的发展，以发展为中心，在发展中协调，在协调中发展。

1.1.4 技术经济学

经济学是研究人类社会如何有效率地使用相对稀缺的资源满足无限多样需要的学科。技术经济学是在有限资源的条件下，运用有效的方法，对各种项目进行评价和选择，以确定最佳方案，进而为投资决策提供信息的学科；它是研究技术发展与经济发展相互推动、最佳结合的规律及其实现方法的科学，是一门研究技术与经济最佳结合的新兴学科；是一门经济类的科学，但它是介于技术科学与经济科学之间的一门讲求经济效益的应用性、交叉性的边缘科学，是技术与经济相结合、相渗透的学科，是以特定的技术科学或泛指的技术科学为基础，研究经济问题的学科，它具有综合性、系统性、预测性、选择性、实践性等特点。

1. 综合性

技术经济学研究领域广泛，既包括技术科学的内容，又包括经济科学的内容，并将技术与经济问题置于客观规律和经济理论基础中进行综合研究，体现了学科的综合性。从学科性质来看，技术经济学是技术科学和经济科学相互融合而成的交叉学科或者边缘学科，它建立在数学统计学、管理学、经济学、运筹学、会计学、工程学、技术学、组织行为学、市场营销、计算机应用等多门学科的基础之上，因此，它是一门综合性很强的学科。

2. 系统性

技术经济系统是一个跨技术、经济、社会、生态等领域的复杂系统，其面临问题涉及技术、经济、社会、资源、环境等多个方面，而且大多是多目标、多因素、多层次的问题。技术经济方案最优化的实现，需要这些多因素、多目标、多指标的组合才能达到，而且这些因素都是在不断运动和变化的，因此，在进行技术经济学研究时，要有系统观念，必须运用系统工程的理论与方法，将影响预期目标效果的全部因素纳入一个系统，分清主次，明确重点，进行综合分析。

3. 预测性

技术经济学是一门决策性科学，它主要是对未来实施的工程项目、技术方案、技术政策、技术规划、市场需求、销售价格、风险估计等进行事前分析和论证，这就决定了技术经济的分析预测性。预测是在事件实际发生之前进行，它需要有一定的假设条件，或者是以往的统计数据为分析依据，并根据过去和现在的实际情况，推断未来情形。由于它的预测性，它所提供的结果只能是近似值，而不是实际值，这也就决定了它的分析带有一定的风险性。

4. 选择性

多方案比较选择是技术经济突出的特点，也是管理科学化、决策民主化的要求。在对技术方案分析取舍之前，都应该找出可以类比的备选方案；而任何一种技术，又可以找出若干不同的采纳方式和条件。技术经济评价首先就是对备选方案进行技术经济分析，确定方案的可行性，并通过多方案的比较、分析、评价，选取综合效益最优者。在进行方案比较研究时，要注意备选方案的可比性，保证方案的技术先进性和经济合理性。

5. 实践性

技术经济研究的成果又直接用于生产、建设实践，并通过实践检验分析研究成果的正确性。大到研究和制订一个地区的综合发展计划，小到确定一项具体技术的应用，都必须依靠经济发展过程中积累的大量技术经济资料和信息。离开了经济发展的实践，任何技术经济问题都无从研究。所以，技术经济学是一门与具体实践紧密结合的应用科学。随着科学技术的迅速发展，新的科技成果在各行业生产建设中的推广、应用，技术创新、转移、扩散的深入发展，实践中涌现出的技术经济问题越来越多，这也为技术经济学科的发展开辟了广阔的前景。

1.2 技术经济分析的研究对象与范围

1.2.1 技术经济分析的研究对象

任何一门科学都有自己特定的研究对象，技术经济学也不例外。从各种不同版本和作者的技术经济学专著中不难发现，研究对象依然是一个争论最多的问题。目前较有代表性和影响力的观点有以下几种。①效果论，认为技术经济学研究技术活动的经济效果。这显然带有学科初创时期对"大跃进"盲目建设不讲经济效果的反思。②关系论，认为技术经济学是研究技术与经济的相互关系以达到两者最佳配备的学科。③因素论，认为技术经济学是研究技术因素与经济因素最优结合的学科。④问题论，认为技术经济学是研究生产、建设领域技术经济问题的学科。这些观点显然与 20 世纪 80 年代以来引进技术和加大建设项目投资的时代要求有关。⑤动因论，认为技术经济学是研究如何合理、科学、有效地利用技术资源，使之成为经济增长动力的学科。这反映了随着经济和技术的发展变化，进一步深入研究技术进步和技术创新理论的客观需要。⑥综合论（系统论），认为技术经济学是研究技术、经济、社会、生态、价值构成的大系统结构、功能及其规律的学科。这反映了希望在更广泛的人类社会大系统中研究技术问题的愿望。这里暂且不予评论哪一种关于学科对象的描述更加准确，不过不同的描述确实均带有提出时期技术经济学关注热点、焦点及学科发展的烙印。

2003 年 4 月，傅家骥和雷家骕老师出版了《技术经济学前沿问题》一书，把技术经济学的对象归纳为研究技术领域的经济活动规律、经济领域的技术发展规律、技术发展的内在规律三大领域，并把研究对象分为国家、产业、企业和项目四个层面的技术经济问题。可以看作对上述提法的归纳、扬弃和提高。

国家层面的技术经济学主要关注国家技术创新战略和技术创新体制、机制的建设问题；产业层面的技术经济学主要关注技术预测与选择、共性关键技术、产业技术创新与技术扩散、产业技术标准制定、产业技术升级的路径与战略；企业层面的技术经济学主要关注企业技术创新管理、知识产权管理和技术使用管理；项目层面的技术经济学主要解决关键技术创新、技术方案经济评价及系统优化和项目管理问题。

当前的技术经济学研究对象已超越了传统的工程（项目）技术经济评价，扩展到技术活动本身的经济规律、技术活动对经济活动的影响。因此，也可以将技术经济学的研究对象从三个维度进行划分。

1. 经济活动效果评价

技术方案的经济效果是指实现技术方案时的产出和投入比。所谓产出，是指技术方案实施后的一切效果，包括可以用经济指标度量的和不能用经济指标度量的产品和服务；所谓投入，是指各种资源的消耗和占用，任何技术的采用都必须消耗和占用人力、物力和财力。由于资源的有限性，特别是一些自然资源的不可再生性，要求人们有效地利用各种资源，以满足人类社会不断增长的物质和生活的需要。技术经济学就是研究在各种技术的使用过程中如何以最小的投入取得最大产出的一门学问，即研究技术的经济效果。投入和产出在技术经济分析中一般被归结为以货币计量的费用和效益，所以也可以说，技术的经济效果是研究技术应用的费用与效益之间关系的科学。

研究技术的经济效果，往往是在技术方案实施之前，通过对各种可能方案的分析、比较、完善，选择出最佳的技术方案，保证决策建立在科学分析的基础上，以减少失误。对技术的经济效果的研究，不仅应用于投资项目实施前的科学论证上，还广泛应用于产品设计开发中的经济效果比较和分析，应用于设备更新、原料选择、工艺选择等领域。

2. 技术进步对经济活动的影响

科学技术是第一生产力,技术创新是促进经济增长的根本动力,是转变经济增长方式的唯一途径。技术创新的这种特殊地位,决定了它是技术经济学的重要研究对象。

必须明确,技术经济学研究的对象始终是技术与经济的关系,是探讨如何通过技术进步促进经济的发展,在经济发展中推动技术进步,这是技术经济学责无旁贷的任务,也是技术经济学需要进一步丰富和发展的一个新领域。当今世界,技术进步已成为影响经济发展最重要的因素,依靠技术进步促进经济发展,是我国实现经济高速发展的必由之路。

技术创新是技术进步中最活跃的因素,它包括:新产品的生产,新技术、新工艺在生产过程中的应用,新资源的开发,新市场的开辟等。各国经济发展的实践经验表明,哪里技术创新最活跃,哪里的经济就最发达。技术创新不断促进新产业的诞生和传统产业的改造,不断为经济注入新的活力。因此,各工业发达国家,无不想尽各种方法,利用各种技术经济政策,力图形成一种推动技术创新的机制与环境。

3. 技术活动的经济规律

技术活动与经济活动之间本身存在互动关系。技术活动本身会遵循一定的客观规律(包括经济规律),而技术活动演变的同时又会对经济活动产生冲击和影响。

在产业层面,技术进步会促进产业升级,而技术进步和扩散本身也会通过产业升级实现;在企业层面,企业技术创新能带动企业发展,而技术的周期更替又是通过企业的创新、模仿等行为完成的。因此,上述划分中第二、第三类研究对象有时很难区分。

1.2.2 技术经济分析的研究范围

技术经济的研究范围十分广泛,从宏观到微观,包括国民经济的各个部门,凡是存在技术活动的地方,都存在经济效果问题,还包括工业技术经济学、农业技术经济学、建筑技术经济学、能源技术经济学、交通运输技术经济学、邮电技术经济学、环境保护技术经济学等。这些都是技术经济学所涉及的范围。

从横向(即按部门)来看,生产领域的各产业、各方面、各层次存在大量的技术经济问题,如工农业生产、基本建设投资、流通服务部门,为了实现资源的合理配置与充分利用,必须进行大量的技术经济分析。宏观决策部门要进行科学决策,保证达到预期的经济效果,必须研究技术经济问题。企业要取得良好的经济效果,就要研究和比较耗费与效果。金融部门在发放贷款前,必须掌握贷款项目的经济性,也要进行技术经济分析。科研设计部门也要为自己的技术开发、产品设计进行技术经济分析。

从纵向(即按层次)来划分,可分为宏观技术经济学和微观技术经济学。

宏观技术经济问题主要涉及国民经济全局性和战略性问题。因此,宏观技术经济学主要研究技术进步对经济发展速度、比例、效果、结构的影响,以及它们之间的最佳关系等问题。具体包括:①经济效益与经济发展速度、比例、结构的关系问题;②生产力的合理布局、合理转移及其论证分析;③投资方向、投资选择问题;④能源的开发与供应、生产与运输、节约与替代的问题;⑤技术引进方案的论证问题;⑥外资的利用与偿还，引进前的可行性研究与引进后的经济效果评价问题；⑦技术政策的论证、物资流通方式与渠道的选择问题。这些都是战略性的技术经济问题，研究的难度也较大，只有花大力气进行研究分析，选取最优方案，才能保证国民经济的正常、顺利发展。微观技术经济问题主要涉及局部性问题，如具体的建设项目、技术方案、技术措施的技术经济分析论证等。

微观技术经济学的研究内容主要包括：①需求分析与规模确定问题；②厂址的选择与论证；③产品方向的确定与论证；④技术设备的选择、使用与更新分析；⑤原材料路线的选择；⑥新技术、新工艺的经济效果分析；⑦新产品开发的论证与评价等。宏观与微观的技术经济问题并不是绝对的和截然分开的，而是相互渗透、相互影响的。

宏观的问题往往包含了微观的问题，对微观的具体问题解决起着决定性的作用。微观的具体问题的解决，又是解决宏观问题的基础。

1.3 技术经济分析的理论内容与研究方法

1.3.1 技术经济分析的理论内容

1. 经济效益理论

经济效益是指经济上的投入与产出的比较。投入一般是指为生产产品或者提供劳务而消耗的资源，如劳动力、资金和技术等，而这里的产出则是指用货币表示的相应产品和劳务的价值。任何经济活动都是为了获得一定的成果，也需要耗费一定数量的劳动。我们将经济活动过程中取得的劳动成果与劳动耗费之比称为经济效益。

技术经济研究的对象是技术经济问题，由于各种技术经济问题是以各种技术政策、技术措施和技术方案的经济效果形式出现，如环境效果、艺术效果、军事效果、教学效果、医疗效果等。但无论哪种效果，都要涉及资源的消耗，都有浪费或节约问题。由于在特定的时期和一定的地域范围，人们能够支配的经济资源总是稀缺的，因此，需要在有限的资源约束条件下对所采用的技术进行选择，需要对活动本身进行有效的计划、组织、协调和控制，以最大限度地提高技术经济活动的效果，降低损失或消除负面影响，最终提高技术实践活动的经济效果。

经济效益的表示方法通常有以下三种，即差额表示法、比值表示法、差额比值表示法。

1）差额表示法

差额表示法表示的是劳动成果扣除劳动耗费的种绝对量的经济效益，其表达式为

$$经济效益 = 劳动成果 - 劳动耗费$$

用差额表示法计算的经济效益是一个总量指标，这种表示方法要求劳动成果与劳动耗费必须是相同的计量单位，其差额大于零是技术方案可行的经济界限。这种经济效益指标简单，概念明确，但是对于技术水平不同的项目不能确切比较经济效益的好坏。

2）比值表示法

比值表示法是最常见，使用最普遍的表示方法，是用劳动成果与劳动耗费之比，表

示经济效益的大小，其表达式为

$$经济效益 = 劳动成果 / 劳动耗费$$

这种方法的特点是劳动成果与劳动耗费的计量单位可以相同也可以不同，当计量单位相同时，比值大于1是项目可行的经济界限。

3）差额比值表示法

差额比值表示法是一种将差额与比值两种方法组合起来的表示方法，它能更准确地反映经济活动的经济效益的好坏，其表达式为

$$经济效益 = （劳动成果劳动耗费）/ 劳动耗费$$

这种方法反映的是单位劳动耗费所取得的净收入的多少，如成本利润率、投资利润率等，能兼顾差额表示法和比值表示法的优点。

2. 条件可比理论

在对各项技术方案进行评价和选优时，需要通过比较辨别其优劣，因此技术经济学应遵循条件可比原理，使各方案的条件等同化。由于各个方案涉及的因素极其复杂，加上难以定量表达的不可转化因素，所以不可能做到绝对的可比。在实际工作中一般只能做到对方案经济效果影响较大的主要方面满足可比性要求，包括：①产出成果使用价值的可比性；②投入相关成本的可比性；③时间因素的可比性；④价格的可比性；⑤定额标准的可比性；⑥评价参数的可比性。其中时间因素的可比性是经济效果计算中通常要考虑的一个重要因素。例如，有两个建厂方案，产品种类、产量、投资、成本完全相同，但其中一个投产早，另一个投产晚，这时很难直接对两个方案的经济效果大小下结论，必须将它们的效果和成本都换算到一个时点后，才能进行经济效果的评价和比较。

3. 机会成本理论

机会成本是指将一种具有多种用途的有限（或稀缺）资源置于特定用途时所放弃的收益。当一种稀缺的资源具有多种用途时，可能有许多个投入这种资源获取相应收益的机会。如果将这种资源置于某种特定用途，必然要放弃其他的资源投入机会，同时也放弃了相应的收益，在所放弃的机会中最佳的机会可能带来的效益，就是将这种资源置于特定用途的机会成本。在技术经济分析过程中，对某一方案进行了选择，那么就相当于放弃了其他方案相应的效益，所以，只有充分考虑投资用于其他用途时的潜在收益，才能对投资项目做出正确的决策。

4. 科学预测理论

技术经济分析正是对技术经济方案付诸实施之前或实施之中的各种结果进行的估计和评价，属于事前或事中主动的控制，即信息搜集→资料分析→制定对策→防止偏差的过程。只有提高预测的准确性，客观地把握未来的不确定性，才能提高决策的科学性。例如，三峡工程静态总投资900.9亿元，动态总投资1994年预测为2039亿元，2001年预测为1800亿元，三峡水电站1992年经中国全国人民代表大会批准建设，1994年正式动工兴建，2003年开始蓄水发电，2009年全部完工。如果我们不了解三峡工程需要多少投资，以及将会获得多大的效益，那么建设三峡工程就会成为一种盲目的活

动。因此，为了有目的地开展各种技术实践活动，就必须对活动的效果进行慎重的估计和评价。

由于人的理性是有限的，不可能对所有活动后果的估计都准确无误，总会产生一定的偏差，特别是对具有创新性的项目而言。正因为如此，人们才会不断地在风险分析和不确定性分析中进行大量的、旨在拓展人类知识范围、提高预见能力的研究工作。

5. 和谐发展理论

人类社会发展至今，由于分工的细化和合作的加强，各个利益主体（如政府、社团、企业、家庭）在国民经济中的职能、作用、权利和追求的目标存在着一定的差异，而且同一利益主体的目标在时间上也存在可变性。一个国家的政府作为社会公众的代言人，需要站在宏观的层面上考虑国民经济长期、稳定和可持续发展，其基本目标是提供公共物品、消除外部不经济、改善收入的不平等、支持新兴战略产业发展等。而从事商品生产和销售的企业，一般是站在微观层面上考虑生存和发展，其基本目标是实现利润或企业价值最大化，相应地考虑企业信誉、产品和服务质量、技术创新等方面。

由于不同利益主体追求的目标存在差异，对同一技术经济活动进行评价的立场不同，出发点不同，评价指标不同，因而评价的结论就有可能不同。因此，为了防止一项技术经济活动在对一个利益主体产生积极效果的同时可能损害到另一些利益主体的目标，技术经济分析必须体现和谐发展原理，即：①每个建设项目都应站在局部和整体的立场上分别进行财务评价、社会评价和环境评价；②当财务评价结果与社会评价、环境评价结论不一致时，财务评价应服从社会评价及环境评价结论。

1.3.2 技术经济分析的研究方法

技术经济分析通过对各种可行的技术方案进行综合分析、计算、比较和评价，在全面评价经济效果的基础上，进行选择和决策。本教材会重点介绍以下技术经济分析的研究方法。

1. 效益评价法

效益评价法主要是分析、评价经济效益的方法。其实质是从多个待选方案中，评选各方案的成本费用和效益价值并加以比较，选择出最佳或较佳的方案。这种分析方法包括历史考查法、差额法、方案比较法、比率法、费用效益法、专家评分法、利润率法、投资回收期法、增量法及综合法等。

2. 技术经济评价法

为了对某一工程项目的经济效益做出评价，从而选择可行或最优方案，需要确定经济评价的指标。经济评价指标是工程项目经济效益或投资效果的定量化及其直观的表现形式，它通常可以通过对投资项目所涉及的费用和效益的量化和比较确定。只有正确地理解和适当地应用各个评价指标的含义及其评价准则，才能对工程项目进行有效的经济分析，才能做出正确的投资决策。投资回收期、净现值、内部收益率等是工程项目经济评价常用的经济指标，可以从多个角度评价工程项目的经济效益。将在第5章详细介绍。

3. 方案比较法

方案比较法是技术经济方法中应用最广、最成熟的一种，现已有一套比较完整、成熟的工作程序与评价方法。主要通过对待备选方案的选择与比较，对内外部各种条件的选择与比较，对技术经济指标与指标体系的选择与比较，对最优方案的选择与比较，对完成同一任务、同一经济活动目标而进行的技术经济分析、评价。

4. 数据的收集和分析评估法

在研究过程中，通过调查对数据的收集应用有三种方式：定性研究、定量研究和混合研究。定性研究是社会科学研究中重要研究方法之一，它涉及观察、采访、分析及文本分析等，主要包括实地调查、观察法、深度访谈和文本分析等方法。定量方法强调客观测量，以及对通过民意调查，问卷调查和收集的数据进行统计或数学分析，或者通过使用计算机技术来处理现有的统计数据。

在进行技术经济分析时，必须采用大量的数据，而被采用的数据，大部分来自对未来情况的估计和预测，这些数据在很大程度上是不确定的。首先要进行不确定性分析，通过不确定性分析可以预测方案对某些不可预见的政治与经济风险的抗冲击能力，从而说明方案的可靠性和稳定性。具体内容见第6章。

本章小结

本章节具体介绍了技术经济分析中技术与经济的含义和关系。技术经济分析的研究对象包括经济活动评价、技术进步对经济活动的影响和技术活动的经济规律；研究范围十分广泛，从宏观到微观，包括国民经济的各个部门，凡是存在技术活动的地方，都存在经济效果问题，这些都是技术经济学所涉及的范围。技术经济分析的理论内容包括经济效益理论、条件可比理论、机会成本理论、科学预测理论和和谐发展理论；研究方法包括效益评价法、技术经济评价法、方案比较法及数据的收集和分析评估法。

思考与练习

1. 请简要阐述技术与经济之间的关系，并举例说明技术进步如何推动经济发展。
2. 技术经济学有哪些主要特点？请结合这些特点，解释技术经济学在决策中的重要性。
3. 技术经济学的研究对象有哪些主要的理论观点？根据傅家骥和雷家骕老师的归纳，简述技术经济学的研究对象可以如何划分？
4. 技术经济学的研究范围是如何划分的？并举例说明宏观技术经济学和微观技术经济学各自的研究内容。
5. 在技术经济分析中，经济效益的表示方法有哪些？请详细解释其中一种表示方法，并讨论其优缺点。
6. 在技术经济分析中，为什么需要遵循机会成本理论？请结合一个实际案例，说明机会成本理论在决策中的应用。

拓展阅读

第 2 章

技术经济分析的研究过程

2.1 如何定义研究问题

2.1.1 立题的原因、含义和作用

1. 为什么要定义研究问题

研究问题可以帮助你厘清定义研究过程的路径，是研究项目进行的第一步，为接下来的工作设定了节奏。问题与机会是等同的，只有清楚地定义了研究问题，才能正确地设计和实施研究，如果问题被误解或被定义错误，则之后花费的所有努力、时间和金钱都将白费。

2. 立题的含义

市场研究的立题（即定义问题）是指在了解市场决策问题的基础上确定市场研究的课题、目标、提供的信息和预算，也就是将特定的市场决策问题转换为特定的市场研究问题。市场研究的立题包括两个内容：了解决策问题和确定研究问题。

对决策问题的了解一般包括四个方面的内容：一是哪个部门提出了决策问题，二是决策过程中存在哪些问题，三是这些问题可能带来的后果是什么，四是市场研究的信息对决策有什么帮助。研究者只有掌握了上述内容，才能明确研究要解决哪些问题，通过研究要取得什么样的资料，取得这些资料有什么用途等研究问题。

3. 立题的作用

立题指导着研究设计与资料的收集、整理和分析，以及报告的撰写，它在整个研究过程中起着指导性作用，具有重要意义。一方面立题可以确保研究问题很好地满足决策问题的需要，了解决策所要解决的问题，以及为了做好决策需要哪些信息，而了解决策问题及信息需要和由此确定研究目的及任务的工作，正是研究立题的目的和过程。不重视立题或立题工作做得比较差，就很可能使研究工作脱离决策的问题和需要，变得盲目、无效；另一方面立题指导着整个研究的内容、方式和方法。例如，应当设计哪些类型的研究、资料收集应当寻找哪些来源和采用哪些方式和方法、资料分析应当运用哪些模型和研究报告如何撰写等，以上这些内容都受立题的指导。如果不重视研究立题，那么后面的研究设计与资料的收集、整理和分析，以及报告的撰写就可能失控，需要研究的问题没有去研究，而不需要研究的问题却浪费了大量时间和经费去研究。

2.1.2 问题的分类

管理决策问题是以行动为中心的（行动导向），关心的是决策者可能采取的行动。例如，如何抑制市场占有份额的丧失？市场是否应当以另外不同的方式进行细分？是否应当引进新产品？促销的预算是否要增加？等等，调查研究问题是以信息为中心的（信息导向）。包括确定什么信息是需要的，以及如何有效地和高效率地得到这种信息。例如，考虑某特定系列产品市场占有份额的丧失问题。决策者的决策问题是如何挽回这一损失，备选的行动路线包括改进现有的产品、引进新产品、改变市场体系中的其他因素及细分市场。

1. 决策问题

研究立题首先要透彻地了解决策者所进行的是一个什么样的决策，这包括三个问题：决策的起因、决策的目标、决策的方案。

决策的起因一般有两个：一是管理者发现了问题，希望通过决策来解决问题；二是管理者发现了机会，希望通过决策来利用机会。问题是指实绩没有达到或将达不到预定目标的情况。例如，产品的市场占有率低于预测的数字；推出新产品广告后，这件新产品的知晓人数比例低于预计的比例；导入新产品的费用超出了预算等。机会是指环境中有可能进一步提高实绩的有利因素。

研究问题与研究机会之间有区别，也有联系。区别在于：问题来自环境中不利的变化，而机会来自环境中有利的变化；问题意味着如果不能对不利变化做出决策反应，就会带来直接的损失，而机会意味着如果不能对有利变化做出决策反应，就会带来间接的损失。两者的联系在于：问题可能也是机会，而机会可能也是问题。

决策的目标是指决策实施后所能达到的理想的成果或成绩。决策的目标与起因是相联系的。如果说决策是对问题的解决和对机会的利用，那么，决策的目标就是对问题解决和对机会利用的理想程度。

决策的方案是指为实现决策的目标而拟订的计划。市场研究者不仅要了解管理者现有的决策方案，也要帮助管理者研究和提出更多的方案。事实上，在方案拟订过程中，信息具有相当大的促进作用，通过研究，信息多了，方案考虑的思路就会增加。

市场研究者不仅要了解方案的拟订，还要了解方案的评估和选择，并帮助决策者建立方案评估的体系。方案评估，总的来讲，就是比较方案实施后的收益和风险，而了解方案的收益和风险也是市场研究的任务。

2. 调查研究问题

市场研究者在确定决策问题以后，就需要将决策问题转化为研究问题，也就是根据决策的需要来确定市场研究应解决的问题。在立题过程中，一项市场研究应明确的问题主要有：①研究的必要性；②研究的课题；③研究的目标；④研究应当提供的信息；⑤研究的价值和经费预算。

研究的必要性是指决策者需要对市场进行研究的理由。例如，对新产品上市的研究，决策者需要掌握新产品的市场容量，顾客对新产品性能、价格、款式、包装的反应，目标顾客的消费习惯、购买特征等内容。研究的必要性，就是把研究同决策的各个阶段对信息的需要联系起来，也就是说明：从问题和机会的发现、决策目标的确定、决策方案的拟订到决策方案的评估、选择乃至实施，都需要市场研究。

研究的课题是指一项研究的题目。确定研究的题目应当既是研究任务所需的，又是能够取得答案的。凡是研究目的需要又可以取得答案的研究题目要充分满足，否则不应列入。确定研究题目应尽可能做到问题之间相互联系，使取得的资料相互对照，以便了解现象发生变化的原因、条件和后果，便于检查答案的正确性。

研究的目标是指按决策的需要研究应当提供的最终结果。研究目标的表达必须具体化，否则就无法衡量研究的实际结果。最常用的方法，就是将目标表述为数量化指标。例如，新产品的市场容量可以通过数量化指标来具体描述，合乎目标具体化的要求。

研究应当提供的信息，就是决策者所需要的信息，它是研究目标进一步具体化的表现。研究者尽可能地将每一条信息数量化、指标化，使之具有可操作性。只有这样，才有可能将研究目标细分为许多更具体的小问题，形成问卷。研究设计，问卷设计、资料来源的设计及资料的搜集、整理和分析乃至最终的报告都可看作研究信息的进一步拓展和具体化。

3. 决策问题与研究问题的关系

决策问题与研究问题的关系如表 2-1 所示。

表 2-1　决策问题与研究问题的关系

决策问题（行为导向）	研究问题（信息导向）
如何为新产品设计包装	对不同包装设计有效性的测试
怎样通过开设新店进行市场渗透	备选店址的评估
是否提高某一品牌的价格	确定产品的需求价格弹性，以及提高价格对销售额和盈利的影响
是否改变现有广告宣传	评估目前广告的效果

【例 2-1】　某百货商店顾客流量研究

决策问题：如何增加到该商场购物的人数？

研究问题：找出本店与主要竞争者相比，在影响顾客惠顾的主要因素方面的优势和差距。

组成部分：①顾客选择百货商场的主要标准是什么？②根据这些标准，顾客对本店及其主要竞争者的相对评价如何？③本店顾客的人口学和心理学特征？是否与主要竞争者的顾客有显著差别？④增加商场客流量的有效措施？

案例分析：百货商店项目——定义问题（表 2-2）

表 2-2　百货商店项目——定义问题

决策者	我们已经观察到顾客光顾希尔斯百货商店的次数有所减少
研究人员	您是怎么知道的
决策者	这可以通过我们的销售额和市场份额反映出来
研究人员	你为什么认为贵店的光顾率降低了呢

决策者	但愿我能够知道
研究人员	您的顾客是如何评价贵店的呢
决策者	我想大多数还是持肯定的态度，虽然我们在某一两个领域不尽如人意

请问：管理决策问题是什么？研究问题是什么？

决策问题：我们应该如何提高希尔斯百货商店的顾客光顾率？

研究问题：通过比较影响顾客光顾率的主要因素，确定希尔斯百货商店同其他主要竞争对手的相对优势和劣势。

4. 学会把管理决策问题转换成管理研究问题

在研究了环境内容和进行了探索性的研究之后，研究者就应想法去定义管理决策问题，并将其转化为市场研究问题。管理决策问题回答决策者需要做什么，而调查研究问题回答需要什么信息和怎样最好地得到此信息（表2-3）。

表2-3 决策问题转换为研究问题

决策问题（行为导向）	研究问题（信息导向）
为某个新产品制订一个推广计划	评价不同推广计划的效果
在报纸上为不同的题目分配空间	调查与衡量读者对这些题目的兴趣
手机厂商制定增值服务	研究目标细分市场如何评价几种服务的价值

2.2 技术经济分析过程简单模型

技术经济学研究的是在各种技术使用过程中如何以最小的投入取得最大的产出，即研究技术的经济效益。

技术经济分析是对不同技术方案的经济效果进行计算、分析、评价，并在多种方案的比较中选择最优方案（包括计划方案、设计方案、技术措施和技术政策）的预测效果进行分析，作为选择方案和进行决策的依据。

2.2.1 技术经济分析的内容和基本原则

1. 技术经济分析的主要内容

技术经济分析是指对各种技术方案进行的计算、比较与论证，是优选各种技术方案的重要手段与科学方法。技术经济分析主要包括以下内容。①认真做好市场需求预测和拟建规模的调查工作，为确定项目提供决策依据。②认真做好项目布局、厂址选择的研究工作。③认真做好工艺流程的确定和设备的选择工作。④认真做好项目专业化协作的落实工作。⑤认真做好项目的经济效果评价和综合评价工作。

确定项目的各项货币（投资、经营费用或生产成本等）和实物指标是进行技术经济分析的重要前提，对技术和经济都有着较高的要求。要将定性分析和定量计算结合起来。

对每一个项目都要进行全面的、综合性的研究和分析,既要在技术上做到可行、先进,又要在经济上做到有利、合理。

2. 技术经济分析的基本原则

技术经济分析要遵循三个基本原则:效益最佳原则、方案可比原则和系统分析原则。

1) 效益最佳原则

由于各种形式的技术经济活动的时间、空间不同,效益主体各异,使经济效益的评价有不同的视角,效益主体间也存在一定的矛盾。因而在以经济效益为中心进行技术经济分析时,按照效益最佳化原则,正确处理以下各种关系。

(1) 正确处理宏观与微观的关系。宏观经济效益是微观经济效益的前提和保证;微观经济效益是宏观经济效益的基础,没有微观经济效益的提高,宏观经济效益的提高也难以实现。各微观经济部门(其主体是企业)应该树立全局观念,自觉地接受国家的宏观调控和监督,在努力提高本部门经济效益的同时,也要使本单位的技术经济活动有助于宏观经济效益的提高。

(2) 正确处理当前和长远的关系。应当合理适度地利用资源,重视保护自然环境,维护生态平衡,从而达到可持续发展的目标。此外,对于技术效益的滞后性和潜在性,也应正确地分析评价,不因追求短期回报而放弃对先进技术的应用、消化和创新。

(3) 正确处理直接经济效益与间接经济效益之间的关系。国民经济是个有机统一体,各部门之间相互联系、相互制约。在评价一个部门、一个建设项目、一个产品的经济效益时,既要考虑其直接效益,又要考查其间接效益,得出全面正确的结论。

(4) 正确处理经济效益和社会效益的关系。在评价项目的效益时,既要考虑经济效益,又要考虑政治和社会方面的效益。

2) 方案可比原则

有比较才会有鉴别,有鉴别才能选优去劣。因而在对多个技术方案进行技术经济分析时,必须满足下述的可比性。

(1) 满足需要上的可比性。满足需要上的可比性是指各比较方案能共同满足社会某种需要的质和量,而不是指某个技术方案(企业)的额定产量或工作量。具有目标相同、满足需要一致的方案,才可进行比较。例如,生产合成氨,可用煤炭做原料,也可用天然气做原料,到底使用哪一种原料比较经济合理呢?这就需要对使用煤炭做原料的方案和使用天然气做原料的方案相互进行比较。虽然煤炭和天然气在化学组成和物理性质方面有很大的差别,但对合成氨原料来说,它们都能满足要求,因而是可比的。

为了对能满足相同需要的不同技术方案进行比较,需要对其产品数量、质量、品种的不可比因素进行修正计算。有的技术方案属于综合利用方案,可以满足多方面需要,如果把这一方案直接与满足某一方面需要的技术方案进行比较,就不可比。例如,城市煤气化建设方案可以生产煤气、焦炭、化工产品等,这种方案就不能直接同城市居民烧煤方案进行比较。如果把城市煤气化建设方案中的焦炭和化工产品等费用扣除后,所剩下的煤气生产供应方案就和居民烧煤方案有了可比性。

还有一些技术方案,除直接生产产品外,还间接地影响其他部门产量的增减。在这种情况下,必须把横向的所有费用和效益综合考虑,进行比较分析。

有一些技术方案的生产规模不同，如果其他条件相同，可以用倍增到同规模的方案进行分析。

（2）消耗费用上的可比性。不同的方案在劳动消耗和劳动占用上是不相同的。为了使各个方案能正确地进行比较，必须采用统一的费用计算原则、方法和范围。

（3）价格上的可比性。不同的技术方案，所使用的价格应当可比。费用及效益的计算，都应采用同一时点的价格及统一的价格指数。不能一个方案采用现行价格，一个方案采用远景价格；也不能在价格指数变化时，取不同的指数。当使用不同货币时，要取统一的汇率换算计价。现实生活中，有的产品价格和价值相背离，这时要先考虑影响因素，对现行价格进行调整，再进行方案比较分析。

（4）时间上的可比性。时间上的可比性对于不同技术方案的经济分析具有重要意义。不同技术方案的经济分析应采用相等的计算期作为基础，即要考虑生产何时开始，生产年限有多长，消耗的年限有多长等。因为同样数量的产品和消耗费用，早生产和迟生产，早消耗和迟消耗，其经济效益都不相同；生产年限的长短和消耗年限的长短，直接影响经济效益。而且，资金运动的时期、时点不同，会有不同的资金时间价值，不同时间的两笔资金或一系列资金，要按某一利率换算至某一相同时点使之等值，才能进行科学的动态技术经济分析。

3）系统分析原则

技术经济系统或一个工程项目是一个多因素、多层次的复合系统，技术方案的决策与实施受到经济、政治、科技、市场、法律、环境生态等多因素的综合影响和制约，因而在技术经济分析中必须运用系统理论与方法。

（1）用系统思想确立技术经济分析的导向。系统思想强调：①整体性观点，即整体大于部分的总和；②相关性观点，即系统、要素、环境的相互联系，相互依存；③结构性观点，即系统的有序结构是系统保持总体性并具有功能的基础；④层次性观点，即系统由不同层次的要素组成，系统本身又是更大一层系统组成的要素；⑤动态性观点，即系统是作为过程而展开的动态系统，具有时序性；⑥目的性观点，即首先确立系统应该达到的目标，然后通过反馈作用，调节控制系统，使其顺利地导向目标。以上系统论的观念也就是技术经济分析应遵循的指导思想，对于做好技术经济分析工作具有重要意义。

（2）用系统分析确立技术经济分析的内涵。系统分析是指对系统的各个方面进行全面分析评价，以求得系统总体的优化目标的方法体系。它包括功能分析、要素分析、结构分析、可行性分析和评价分析。而上述系统分析的内涵，正是技术经济分析应包括的内容和应遵循的逻辑程序。

（3）用系统方法作为技术经济分析的方法。按照系统方法论，在技术经济分析中，要注重研究事物的总体性、综合性、定量化及最优化。做到定性分析与定量分析、静态分析与动态分析、总体分析与层次分析、宏观效益分析与微观效益分析、价值量分析与实物量分析预测分析与统计分析相结合。

2.2.2 技术经济分析的过程

技术经济分析就是对技术方案的经济效益果进行综合分析、计算、比较和评价，从中选择技术上先进、经济上合理的最优方案，为技术方案的确定提供科学依据。例如，通过对新产品开发过程中技术经济的分析，可以说明在产品开发的前期准备、开发过程，以及最终的产品交付使用的全过程，技术经济分析占据非常重要的地位。由此可见，技术经济分析是产品开发的前提，它可以促进产品开发的完善，并能使新产品的开发具有更高的价值，同时还是开拓市场的有效手段。

技术经济分析的方法较多，常用的技术经济分析方法如下。

1. 调查研究法

搜集各种技术经济的基本资料和原始数据，总结技术发展的一般规律和实践经验，发现实际经济工作中存在的问题。这种方法广泛用于从研究选题到研究成果应用推广的全过程。

2. 方案比较法

为实现同一目标的几种不同方案，借助于一组能从各方面说明技术经济效果的指标体系，分析比较各方案的优劣，最后选出最优方案。

3. 成本效益分析法

成本效益分析法是在盈亏平衡的基础上，对不同方案进行比较，其目的是通过分析产品产量与产品成本的关系，找出企业盈利与亏损的产量界限，确定方案的优劣，不断提高企业的技术经济效果。

4. 系统分析法

此种方法从新产品开发的整体出发，对各方面的资料、数据、影响因素和计算结果的系统分析，考虑技术方案的各种因素，如产品开发的技术要求、政治方面的要求和社会方面要求（环境保护）等进行全面评价。在系统分析中可分为硬件系统分析和软件系统分析，硬件系统分析，如产品设计方案的可靠性、结构的合理性等，软件系统分析，如经济性、人力物力财力的管理与控制分析等。

5. 数学计算法

在调查的基础上进行经济计算。有的需要运用高等数学、运筹学和计算机。以上的方法都可以通过统计概率的方法建立数学模型，从理论上进行计算，质量管理与价值分析中的方法都可以应用到经济分析。

程序技术经济分析的程序可分为五个阶段。

（1）建立各种实际可能的技术方案。

（2）比较各种技术方案的优劣，分析不同技术方案对内外部的技术、经济、社会等方面的影响。

（3）建立各种技术方案的数学模型。根据各种可能的技术方案数目、技术经济指标、技术方案参变数，以及影响各指标的技术经济参变数等，建立各种不同的数学模型。例如，厂址的选择、原材料和能源的选择、工艺和设备的选择、各种建设方式的选择模型；管道的经济保温厚度的选择、各种管道的经济压降和流速的确定、电力导线的经济截面的选择模型；动力系统的合理水火电比例确定、交通运输的合理调度、国民经济各部门合理结构的确定模型等。

（4）计算求解公式和模型，以获得经济效果最大或费用指标最小。可采用列表和图解的方法，也可采用数学分析和运筹学的方法。

（5）技术方案的综合评价。即对技术方案在技术、经济、政治、国防、社会、环境生态、自然资源等方面的优劣进行综合分析、论证和评价，以选出综合效果最好的技术方案。

一般情况下，技术经济分析的过程可分为如下步骤（图2-1）。第一步，确定目标，确定研究问题以及研究对象；第二步，调查研究，搜集资料，确定了研究问题就要根据目标收集相关的大量的资料，再进行数据的筛选和分析，设计研究方案；第三，选择对比方案，并将其可比化，从方案的可行性、经济性等方面对各方案进行评估；第四，建立经济数学模型并求解，以计算的形式证明方案获得的利益或消耗的成本；第五，综合论证分析，将确定方案的评价结果与既定目标的评价标准比较，若符合标准，则执行该方案；若不符合标准，决策者要么选择寻求更好的方案，要么选择取消项目。

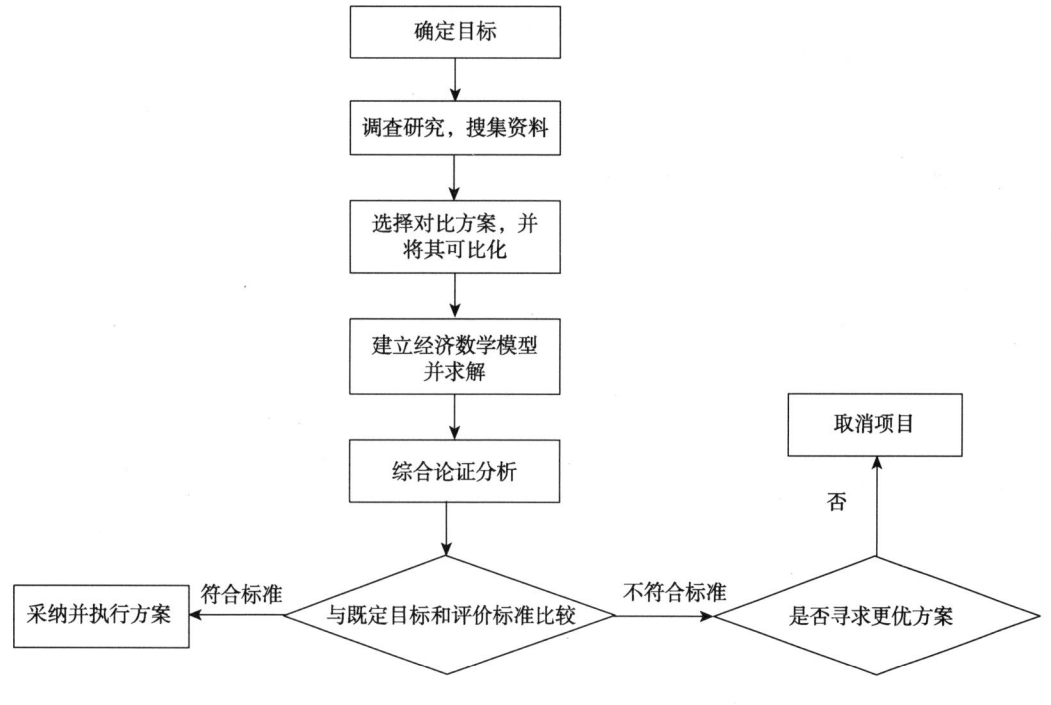

图 2-1 技术经济分析的一般过程图

2.3 如何进行研究设计

2.3.1 研究设计的定义和分类

1. 研究设计的定义

研究设计是开展某个研究计划所需要遵循的一个蓝图或计划，包括研究人员为解决某一问题所制订的数据收集、分析与结果解释的计划和构想。市场研究设计是开展研究项目是所遵循的计划，详细描述获取分析和解决管理研究问题所需信息的必要程序，主要包括以下内容。

（1）定义所需问题。

（2）设计研究的探索性、描述性、因果性阶段。

（3）详细说明测量和设计量表的程序。

（4）设计调查问卷或者何时的数据收集表格，进行预调查。

（5）确定抽样过程和样本量。

（6）制订数据分析计划。

2. 研究设计的分类

根据研究目的，研究设计可分为结论性研究设计和探索性研究设计；结论性研究设计可分为描述性研究设计和因果关系研究设计；描述性研究设计可分为横截面研究设计和纵向研究设计；横截面研究设计可分为一次性横截面研究设计和重复性横截面研究设计（图2-2）。

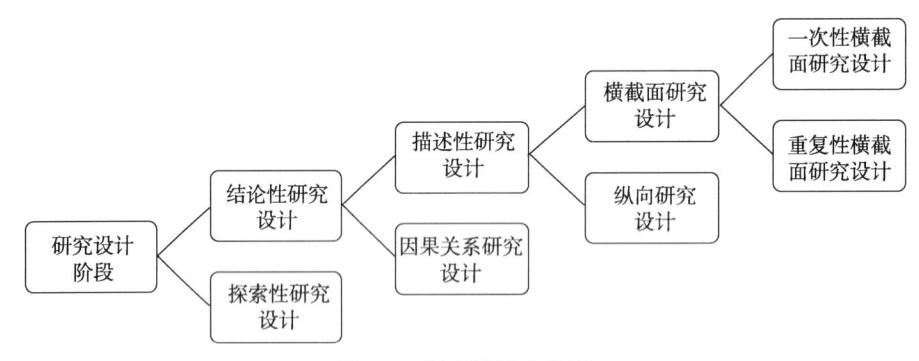

图 2-2 研究设计分类图

1）探索性研究设计

探索性研究设计是最不正式的研究设计，经常在项目的开始阶段进行。当研究人员不太了解所要研究设计的问题时，通常会进行探索性研究设计，其目的往往是用于获取背景资料、定义关键术语、更精确地定义研究的问题和帮助提出假设。

例如：某公司发现销售人员的工作效率问题后，研究了三位销售人员的实例，其中一位是效率高的，两位是效率低的，结果发现效率高低的一个主要因素是销售人员能否深入所联系的零售网点去检查库存和帮助那些库存低的网点及时进货，于是提出了"影响销售人员工作效率的主要因素是对零售库存的检查"这样一个假设。

2）描述性研究设计

描述性研究设计的前提是研究人员对问题已有较多认识，很大一部分的市场研究都属于描述性研究，其目的是对市场本身及其环境的某个方面进行正确的描述。例如：描述相关群体；估计在特定群个体中有某一行为的人的比例；判断对产品特征的感知；确定与变量相关的程度；进行特定的预测等。

在进行描述性研究设计前,一定要明确 6W:调查谁(who)? 调查什么(what)? 调查地点、时间和方法(where,when,way of research)? 为什么要进行调查(why)?

(1)横截面研究设计。横截面研究设计是在某一时点对目标人群进行一次性调查,是最常用的描述性研究设计。横截面研究又分为一次性横截面研究设计和重复性横截面研究设计。横截面研究设计的主要优点是其样本的代表性好;其缺点是信息量小且其可靠性不一定有保证。

(2)纵向研究设计。纵向研究设计是对某一固定样本组进行多次调查可描述总体的变化图景。例如,消费者的购买行为与品牌转换的动态信息;维持一个有代表性的固定样本等。

3)因果关系研究设计

在有必要表明某个(或某些)变量是否引起或决定其他变量的值时,就要用到因果关系研究设计。如果能找到某种关系或联系的证据,我们就可以判断某种因果关系可能存在。研究管理决策及其市场效果,获取因果关系的证据。例如:如果增加广告开支,则销量会上升;如果赠送礼品,则销量会增加;支持公益事业,会改善企业的形象提出环保概念等。通常采用实验法进行因果关系研究。

使用因果关系研究设计需要存在一定的条件,包括如下方面。①变量之间确实存在相关关系。②时间上的先后变化次序。例如,周一降价,测量周一及后面各天的销量变化。③排除其他影响因素。例如,开展广告活动的同时又降价,则分辨不出是哪个因素引起销售的增加。④实验设计——操纵自变量的变化,由此测量因变量的效应。例如,在实验中降低产品价格,然后观察销量的变化。

探索性研究设计、描述性研究设计与因果研究设计的关系如下。

(1)当对问题的情形几乎一无所知时,应该先使用探索性研究设计。

(2)探索性研究设计是整个研究设计框架的第一步。

(3)每个研究设计没有必要都从探索性研究开始,这取决于问题定义的准确程度,以及研究人员对于解决问题的方法的明确程度,如每年进行的顾客满意度调查。

(4)探索性研究设计特殊情况下也可以在描述性研究设计及因果关系研究设计之后。例如,描述性、因果研究设计的结果让经理们很难解释,那么探索性研究设计可以提供更多的简介来帮助理解这些结果。

探索性、描述性研究设计与因果关系研究设计的关系如表 2-4 所示。

表 2-4 探索性、描述性研究设计与因果关系研究设计的关系

比较项目	探索性研究设计	描述性研究设计	因果关系研究设计
目标	发现新想法与新观点	描述市场的特征或功能	确定因果关系
特征	灵活多变;通常是整个研究设计的起点	预先提出特定的假设;预先计划好的结构化的设计	操纵一个或多个自变量控制其他变量
方法	专家调查法;预调查;二手数据分析;定性研究	二手数据;调查法;固定样本组、观察数据和其他数据	实验法

2.4 研究方案的可行性评价

2.4.1 可行性评价

1. 可行性评价的内容

方案的可行性评价是确认实施前的重要工作，需要对方案所涉及的领域、投资的额度、投资的效益、采用的技术、所处的环境、融资的措施、产生的社会效益等多方面进行评价。可行性评价是一种系统的投资决策的科学分析方法。以下重点介绍技术可行性评价、经济可行性评价和实施环境可行性评价。

1）技术可行性评价

技术可行性评价是指在当前市场的技术、产品条件限制下，能否利用现在拥有的，以及可能拥有的技术能力、产品功能、人力资源实现项目的目标、功能、性能，能否在规定的时间期限内完成整个项目。

2）经济可行性评价

经济可行性评价的目的是将项目的范围由技术语言转化为财务视角可以读懂的投资回报信息。是对整个项目的投资及所产生的经济效益进行分析，具体有：①支出分析，包括一次性支出、非一次性支出；②收益分析，包括直接受益、间接受益、其他收益；③收益投资比、投资回收期分析，对投入产出进行对比分析，以确定项目的收益率和投资回收期等经济指标；④敏感性分析，当关键性因素变化时，对支出和收益产生影响的评估。

3）实施环境可行性评价

在此评价环节，可以重点评估是否可以建立系统顺利运行所需要的环境，以及建立这个环境所需要进行的工作，以便可以将这些工作纳入项目计划。

2. 可行性研究的步骤

可行性研究分为初步可行性研究、详细可行性研究、可行性研究报告等三个基本阶段。

初步可行性研究一般是在对市场或者客户情况进行调查后，对方案进行的初步评估。可通过以下几个方面进行衡量，以便决定是否开始详细可行性研究。包括：分析项目的前途，从而决定是否应该继续深入调查研究；初步估计和确定项目中的关键技术及核心问题，以确定是否需要解决；初步估计比心进行的辅助研究，以解决项目的核心问题，并判断是否具备必要的技术、实验、人力条件作为支持。

详细可行性研究是在方案实施前对有关的技术、经济、法律、社会环境等方面的条件和情况进行详尽的、系统的、全面的调查、研究、分析，对各种可能的技术方案进行详细的论证、比较，并对方案实施完成后所可能产生的经济、社会效益进行预测和评价，最终提交的可行性研究报告，该报告将成为进行方案评估和决策的依据。

2.4.2 论证研究方案可行性的方法

在对复杂的社会经济现象进行调查时，所设计的研究方案通常不是唯一的，需要从多个研究方案中选取最优方案。同时，研究方案的设计也不是一次完成的，而是需要经过必要的论证，对方案进行试点和修改。方案可行性论证是科学决策的必经阶段，也是科学设计研究方案的重要步骤。对研究方案的可行性进行论证的方法有很多，现主要介绍逻辑分析法、经验判断法和试点调查法三种。

1. 逻辑分析法

逻辑分析法是检查所设计的研究方案的部分内容是否符合逻辑和情理。例如，要研究某城市居民的消费结构，而设计的研究指标却是居民消费结构或职工消费结构，按此设计所调查出的结果就无法满足调查的要求，因为居民包括城市居民和农民，城市职工也只是城市居民中的一部分。显然，居民、城市居民和职工三者在内涵和外延上都存在一定的差别。又如，对于学龄前儿童调查其文化程度，对于没有通电的山区进行电视广告调查等，都是有悖于情理的，也是缺乏实际意义的。逻辑分析法可对研究方案中的研究项目设计进行论证，而无法对其他方面的设计进行判断。

2. 经验判断法

经验判断法，也称专家判断法，是指组织一些具有丰富调查经验的人士对设计出的研究方案加以初步研究和判断，以说明方案的可行性。例如，对劳务市场中的保姆问题进行研究，就不宜用普查方式，而适合采用抽样调查；对于棉花、茶叶等集中产区的农作物的生长情况进行研究，就适宜采用重点调查等。经验判断法能够节省人力和时间，在比较短的时间内下结论。但是这种方法也有一定的局限性，这主要是因为人的认识是有限的、有差异的，事物在不断发生变化，各种主客观因素都会对人们判断的准确性产生影响。

3. 试点调查法

试点是整个研究方案论证中的一个十分重要的步骤，对于大规模市场研究尤为重要。试点的目的是使研究方案更加科学和完善，而不仅是搜集资料。

试点也是一种典型研究，是"解剖麻雀"。从认识的全过程来说，试点是从认识到实践，再从实践到再认识，兼备了认识过程的两个阶段。因此，试点具有两个明显的特点：一是它的实践性；二是它的创新性，两者互相联系，相辅相成。试点正是通过实践把客观现象反馈给认识主体，以便起到修改、补充、丰富、完善主体认识的作用。同时，通过试点，还可以为正式研究取得实践经验，并把人们对客观事物的了解推进到一个更高的阶段。具体来说，试点的任务主要有以下两个。

（1）对研究方案进行实地检验。研究方案的设计是否切合实际，还要通过试点进行实地检验，检查目标制定得是否恰当，研究指标设计是否正确，哪些需要增加，哪些需要减少，哪些说明和规定需要修改和补充。试点完成后，要分门别类地提出具体意见和建议，使研究方案的制定既科学合理，又解决实际问题。

（2）作为实战前的演习。可以了解研究工作安排是否合理，哪些是薄弱环节。试点研究应该注意以下四个问题。

第一，应建立一支精干有力的研究队伍。队伍成员应该包括有关负责人、研究方案设计者和研究骨干，这是搞好试点工作的组织保证。

第二，应选择适当的研究对象。要选择规模较小、代表性较强的试点单位。必要时可采取少数单位先试点，再扩大试点范围，然后全面铺开的做法。

第三，应采取灵活的研究方式和方法。研究方式和方法可以多用几种，经过对比后，从中选择适合的方式和方法。

第四，应做好试点的总结工作，即要认真分析试点的结果，找出影响研究成败的主客观原因。不仅要善于发现问题，还要善于结合实际探求解决问题的方法，充实和完善原研究方案，使之更加科学和易于操作。

本章小结

本章首先介绍了为什么要定义研究问题，包括立题的原因、定义、作用和问题的分类，问题可以分为决策问题与研究问题。其次，介绍了技术经济研究过程，涉及技术经济分析的内容、技术经济分析的基本原则和技术经济分析的过程。再次，介绍了如何进行研究设计，以及研究设计的分类。最后，介绍了调研方案可行性评价的含义，以及逻辑分析法、经验判断法和试点调查法等三种常用的评价方法。

思考与练习

1. 技术经济分析的核心目标是什么？如何通过技术经济分析帮助决策者作出更优的选择？

2. 经济效益理论在技术经济分析中扮演什么角色？如何理解"经济上的投入与产出比较"？

3. 技术经济分析应遵循哪些基本原则？每个原则在实际应用中有何重要意义？

4. 在进行技术经济分析时，如何确定和比较不同技术方案的优劣？请举例说明。

5. 研究设计在技术经济分析中起着什么作用？如何制定一个有效的研究设计？

6. 在评估技术方案的可行性时，除了技术可行性和经济可行性外，还应考虑哪些因素？这些因素如何影响技术方案的实施？

思考与练习

拓展阅读

第 3 章

二手数据的获取与应用

3.1 企业信息的来源

企业信息是指产生于企业内部或应用于企业部门,经过加工处理的各种情报、资料、数据、消息的统称,在产生、传递及交流过程中作用于企业的经济活动,支持管理者的科学决策,服务于企业利益的最大化。经济学上讨论最多的是市场信息,狭义的市场信息是指有关市场商品销售的信息,如商品销售情况、消费者情况、销售渠道与销售技术、产品的评价等。广义的市场信息包括多方面反映市场活动的相关信息,如社会环境情况、社会需求情况、流通渠道情况、产品情况、竞争者情况、原材料、能源供应情况、科技研究、应用情况及动向等。市场信息对企业活动有非常大的作用。

3.1.1 市场信息的类型

市场研究实际上是对市场信息进行收集、整理和分析的全过程。其中,收集初级的市场信息是基础性的工作,其质量决定着整个研究的质量与功能。因此,了解与掌握收集高质量初级信息的方法是高效率地进行市场研究所必需的。

市场信息一般有以下几种分类方法。

(1)按负载形式不同可分为文献信息、物质信息和思维性信息。

文献信息是指以文字、图像、符号、声频、视频等形式所负载的各种信息。物质信息是指各种物质形式所负载的信息,如商品展览、模型、样品等,它具有可靠、容易理解等特点。思维性信息是人的头脑所负载的,人们对市场活动进行分析、综合、推理后所得到的市场信息,如预测信息,对竞争对手的决策的判断等。

(2)按市场信息的产生过程不同可分为一手资料信息和二手资料信息。

一手资料信息(primary information data)又称初级信息,它是研究人员在实地通过观察、调查和测试,从被调查者处获取的资料。一手信息是市场信息的基础。二手资料信息(secondary information data)又称次级信息,它是研究人员根据市场活动的需要,对初级信息进行加工、处理和分析后所形成的信息。对于文献类信息来讲,初级信息为一次文献,对初级信息进行加工、整理,使之有序化和浓缩化,就可形成二次文献,如索引、目录、文摘、索引、统计和会计报表、分类广告等。如果再对二次文献进行综合加工,所得到的有关综述、年鉴、手册、分析报告等,就是通常所说的三次文献。

随着科技发展和信息传播手段的增强,二手资料信息凭借多种方式以惊人的速度出现，为市场调查人员提供了丰富的资料来源。面对众多的二手资料信息，每一位市场研究人员都应该了解和掌握二手资料信息的分类，明确它的优缺点，明确应如何评价和利用所获得的二手资料信息。

（3）按市场信息的范围不同，可分为宏观信息和微观信息。

宏观信息是关于企业外部环境的各种信息，如国民经济发展情况、社会消费总额、居民购买力、股市行情、商品供应状况等。微观信息是反映企业生产、经营状况的各种信息，如商品销售额、劳动生产率、购销合同履约情况等。

（4）按照市场信息的时间不同，可分为动态信息和静态信息。

动态信息是反映市场现象在不同时期发展变化的信息，如 GDP 的增长率、物价指数等；静态信息反映的是现象在某一时刻的状态，如市场份额、需求量等。对各种动态和静态资料进行收集、整理和分析是科学预测和决策的前提。

（5）按照提供者的角度不同，可以分为内部提供信息和外部提供信息。

内部提供是公司通过自己设立正式的研究部门，或者虽没有正式的部门但至少有专人负责市场研究以提供包括内部和外部市场信息。现代化管理的公司决策者依据的信息更多地来源于公司的市场信息系统（marketing information system，MIS）。越来越多的企业或机构正在努力建立一个包括人、设备和程序的体系，它收集、挑选、分析评估和提供恰当的、及时的和准确的信息给市场决策制定者。市场信息系统由四个子模块组成，即内部报告系统（internal reports system，IRS）、营销情报系统（marketing intelligence system，MIS）、决策支持系统（decision support system，DSS）和营销研究系统（marketing research system，MRS）。

内部报告系统（IRS）收集由内部报表所产生的信息，包括订单、应付账款、应收账款、存货水平、缺货水平等数据库及处理系统。营销情报系统（MIS）是企业针对外部环境发展变化信息的处理系统。决策支持系统（DSS）是以帮助管理者制定决策为目的，使用工具和技术对收集的数据进行评估和分析的系统。营销研究系统（MRS）则根据特定需要收集其他市场信息系统的子系统所未收集与处理的信息。前三个系统在企业经营过程中经常被使用，后一个系统是在特殊情况下才被使用的。

外部提供则是由其他人或部门专门为其某种目的而收集到的但对研究人员有用的信息。外部供应商是雇用专业提供研究服务的外部公司。这些公司有的小到几人，有的大到全球性的公司，构成了市场研究行业。外部的研究公司又可进一步分为完全服务公司和有限服务公司。完全服务公司能够提供全部研究服务，从问题的定义、研究方法确定、问卷设计、抽样、数据收集、数据分析和解释，到报告的撰写和汇报。由这些公司提供的服务可分为专业化服务、标准化服务和客户化服务。比较而言，有限服务公司则专门从事研究项目的某一部分或某几部分工作。这类公司提供的服务分为现场服务、编码与数据录入、数据分析及品牌化产品等方面的服务。

3.1.2　企业信息来源

企业信息来源及获取方式有内部来源、二手信息来源和一手信息来源等三种。

1. 内部信息来源

内部信息是指来自公司或组织内部的有关方面的信息。通常有三大类的内部信息对战略与策略制定很有帮助。

1）销售与费用记录

每个公司都有销售和费用记录,这种信息采取两种形式。一种是传统的会计报表,即按一种产品或按地理区域划分的,或整个公司的销售和费用的收益表;另一种是按客户或客户群制作的销售与费用信息。上述信息在研究中有以下四种用途。

①可以分析一种产品或经营单位的销售数据,监测季节性波动并做短期销售预测。

②产品的销售可以和价格联系起来,以估计需求的价格弹性。

③产品的销售可以和广告费用联系起来,以估计广告的效用。

④可以比较促销前、中、后的销售情况,以估量促销的效果。

2）销售人员报告

销售人员在第一线,会直接、间接地了解市场动态。因此,销售人员的报告对企业决策者来说是重要的参考依据。有四类报告是很有用的。

第一类是客户的要求与抱怨(投诉)的报告。客户的要求与投诉的报告表明了公司活动在某些方面不能满足的客户要求。对这类报告进行进一步分析,有助于认识公司业务存在的缺陷。

第二类是销售损失报告。这类报告提供有关失去的销售机会的信息。销售人员通常知道为什么会丢掉市场机会和业务机会,知道为什么会输给竞争对手。当然,这些报告的有效性依赖于客户对销售人员的诚实度及销售人员对公司的忠诚度,所以必须小心研读这些报告。

第三类是客户拜访报告。公司市场管理部门在客户管理过程中,要对客户拜访进行书面报告,报告内容包括销售拜访的时间和地点,所拜访的公司和个人,所讨论的问题和拜访的结果。这些报告的目的在于对销售活动进行管理控制,它们也帮助销售人员跟踪公司的客户并帮助管理人员分析销售人员是否在正确的时间去拜访应该拜访的人并做正确的事。

第四类是销售活动报告。销售活动报告总结了销售人员在一段时间的活动。例如,做了多少次拜访,拜访了谁,在什么时间。这些报告内容旨在管理销售活动。销售管理人员可从中发现问题,诸如没有被充分拜访的客户,比较成功和不太成功的销售人员的活动。

3）高层管理者的意见

企业高层管理者的判断或关键管理者的意见与洞察力,将为战略决策提供重要参考。收集高层管理者意见的途径是搜集他们每个人对市场的判断并进行整理分析,或收集他们在决策研究会议上的意见。可以采取德尔菲法,通过背靠背的方式将他们各自的意见和判断进行归纳与整理,最后找到共识。

2. 二手信息来源

二手资料大致可以分为内部资料和外部资料。内部资料是指公司内部市场信息系统中内部报告系统的一个组成部分。一般包括客户信息、销售量、库存量、供货商及其他资料的数据库。外部资料则是指从公司外部获得的相关资料。一般来说，外部资料主要有三类，即出版物来源、联合来源和数据库来源。出版物来源通常能从图书馆或其他实体，如行业协会等机构得到。这些资料有些是免费的，有些是收费的，但一般费用较低。数据库来源也是一种特殊的外部资料。

3. 一手信息来源

一手信息是调查人员亲自为了某目的而进行的调查。当研究者无法通过二手信息来达到市场分析的目的时，就会考虑采用一手信息。一手信息一般通过三种途径获得，即观察法、调查法和实验法（将在"定性调查与定量调查"中详细讲解）。

一手信息最主要的优点是它根据研究人员的研究目的而展开，所获得的数据资料都是研究内容所需要的，因此，它能很好地被利用。与二手资料相比较，一手资料的局限是它将花费较多的人力、物力、时间等。有时一个研究项目要经历几个月时间，花费数万元，因此，组织这样的研究，无论是对公司本身还是对委托的研究机构来说，都是不容易的，需要精心准备与实施。

简而言之，一手数据一般具有以下三个特征：①数据由研究者或者研究者训练和委托的研究助理（或者机构）直接收集；②数据直接用于研究者自己的研究项目；③在数据收集过程中研究者通常与被研究对象发生直接接触。与一手数据相对应，二手数据则一般地具有如下特征：①原始数据是他人（或者机构）收集的；②原始数据的收集是为了其他的目的；③研究者在使用二手数据时，通常不与研究对象发生直接接触。一手数据与二手数据的比较如表 3-1 所示。

表 3-1 一手数据与二手数据的比较

比较项目	一手数据（原始数据）	二手数据
收集目的	为解决当前问题	为解决其他问题
收集过程	较为复杂	迅速而简便
收集费用	高	相对很低
收集时间	长	短

3.2 二手数据的分类及其收集

3.2.1 二手数据的分类

数据分类最常见的方式是按其来源分，分为内部数据和外部数据。内部数据是指研究人员在组织内部发现的数据，包括销售发票、销售人员呼叫记录、销售人员费用账单、货项凭单等；而外部数据产生于组织之外的来源。外部来源可以进一步细分为：定期出版的统计数据，使用者可以免费使用，如图书、通讯录、期刊、统计来源和财务记录等；以及那些商业组织向各种使用者提供有偿服务，商业数据包括人口统计数据、样本组数据日记、商店审计数据、扫描数据、广告曝光数据等，见图3-1。

```
                    ┌─ 销售发票
          ┌─ 内部 ──┼─ 销售人员呼叫记录
          │        ├─ 销售人员费用账单
          │        └─ 货项凭单
二手数据 ─┤
          │        ┌─ 公开 ──┬─ 图书
          │        │        ├─ 通讯录
          │        │        ├─ 期刊
          │        │        ├─ 统计来源
          └─ 外部 ─┤        └─ 财务记录
                   │
                   │        ┌─ 人口统计数据
                   │        ├─ 样本组数据日记
                   └─ 商业 ─┼─ 商店审计数据
                            ├─ 扫描数据
                            └─ 广告曝光数据
```

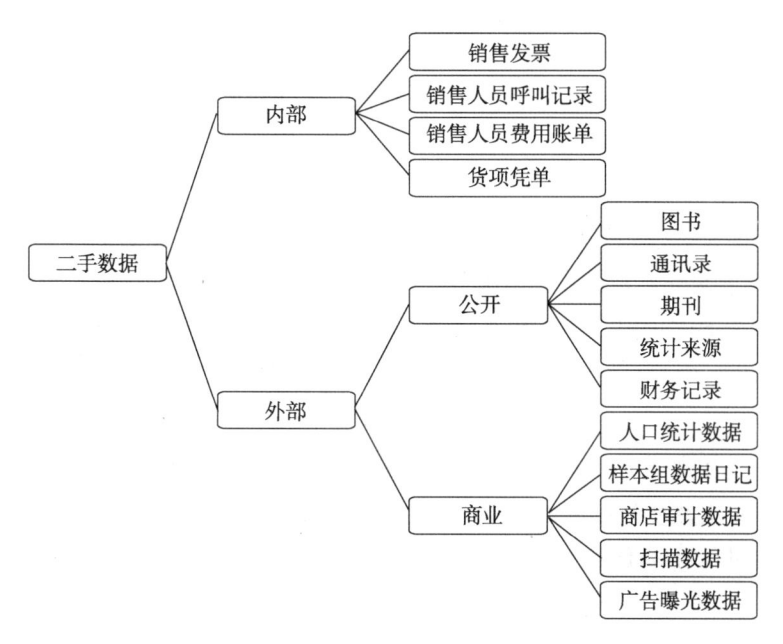

图3-1　二手数据的分类图

1. 内部二手数据

内部二手数据是指为当前研究以外的目的而收集的内部数据。例如，对许多研究问题而言，在正常会计核算中编制的销售和成本资料是最有用的内部二手数据。又如，评价过去的战略和评估企业在同行业中所处的竞争地位。公司的信息系统或决策支持系统中的信息如果可以解决新的问题，也可以被认为是内部二手数据。

在已经开展过研究的大型公司，另外一个有用的内部二手数据来源是先前相关主题的研究结果。即使新的研究主题与老的研究主题不完全吻合，原有的研究仍然可以提供一些有用的信息。例如，先前的报告和结论可能会有助于重新审视当前的形势。你可能会从中发现询问某个问题的更好方法，甚至获得作为当前研究问题基准的原有结果。关键在于仔细审视与现有决策问题相关的一切报告。

内部二手数据是所有研究中成本花费最少的一种数据来源。只要经过适当的整理，内部销售数据可以用于分产品、分地区、分客户、分渠道地分析公司原有的销售绩效；成本数据可以用于分析这些细分市场的盈利性。大多数研究都应该从内部二手数据的收集开始。

2. 外部二手数据的一些重要来源

除了图书馆指导员发挥着关键性的作用外，一些重要的外部二手数据来源还有协会、有用信息指南和网上搜索。

1）协会

大部分协会收集和经常提供诸如工业运输和销售、增长模式、影响工业的环境因素，运行特征之类的详细信息。行业协会可以从成员中收集信息，而别的组织却不能，因为协会与公司之间存在工作关系。服务特定产业协会的两个有效地址来源为印刷品目录和协会百科全书。

2）二手数据指南

有抱负的研究者应该熟悉重要的常见信息来源，以便知道可利用的统计数据，以及在什么地方可以查找。

3）网上搜索

利用网上搜索定位出版信息和数据变得日益流行。许多公共图书馆，学院和大学图书馆在必要的设备和人员上进行投资，使数据库可以向它的投资者提供搜索服务。现在有数以千计的数据库可以选择，其中许多已运用到商业中。公司利用在线数据库去寻找期刊文章、报告、演说、数据、经济趋势，法律，发明和许多其他的关于特定主题类型的信息。

当进入在线数据库时，使用者无论是否得到答案都必须付费。得到的信息越多，就支付的越多。使用在线数据库的全部成本包括：①方案和执行搜索，②电话费用，③连接费用，④引用和打印费用。网上搜索最大的优势是节省时间。一些出名的数据库商家是 Diglog（Thompson 的分支机构）、DowJones 和 Lexis/Nexis。

数据库是由它们所包含的信息类型而定义的。举个例子，数据库提供了杂志或期刊文章的参考。它们列举了文章的名称、作者、期刊的标题、出版日期。它们包含了一些关键词描述文章的内容。大多数文献数据库同样提供了文章的摘要。

除了使用在线数据库外，研究人员还可以使用互联网去寻找相关主题的二手数据。这种做法要求通过接口提供商提供的网络接口和一个或多个搜索引擎。搜索引擎是必要的，因为网络文献包含着数十亿个词汇，且是无序排列。引擎的发明者对网上内容进行编辑，制作电子目录并添加索引。接着提供必要的软件，根据使用者的关键词和具体概念去搜索索引。最有名的搜索引擎是谷歌（http://www.google.com），它可以寻找 80 亿个网页，并且执行接近半数的搜索引擎搜索。

3.2.2 二手数据的收集

市场环境在加速变化，在这些变化中，对信息的实时需要比过去任何时候都更为急迫。有些公司已建立了先进的信息系统，向公司管理层提供最新的信息。然而，许多企业和机构面对信息海洋却显得束手无策。许多公司还没有自己的研究部门，有些公司只有小的调查部，其工作只限于例行的预测、销售分析和个别项目的调查。另外，不少高层管理部门的决策者常常抱怨不了解重要的信息在哪里，重要信息知道得太迟，难以估计到手的信息的准确性等。科特勒曾说过，胜利的基础越来越取决于信息，而非销售力量。如今已进入信息社会，掌握有价值的信息就成为一个公司超越其竞争对手的优势。

市场研究者既可以从企业内部获取二手数据，也可以从企业外部获取二手数据。从企业内部获得二手数据主要是利用企业内部报告系统所拥有的内部数据库信息。从企业外部获取二手数据主要是利用图书馆、档案馆、信息中心等搜集各类有关的二手数据。

在具体收集过程中，一般通过复印、拍照、下载、录音等手段。掌握信息查询和复制的技术对市场研究人员来说是十分重要的。

1. 图书馆信息

图书馆提供四类可用于市场研究的项目的材料，即书籍、政府文件、期刊、电子数据库。

书籍帮助研究人员了解与掌握市场调查与分析的基本方法。例如，书籍描述了如何做研究，告诉读者如何做数据库的数据，如何选择广告媒体等。然而，书籍通常有及时性问题。如果一个重要的事件今天发生，在明天的报纸上就会刊登，而书籍则要在几个月或更长时间之后才能问世。

政府文件对诸如人口数据和市场规模估计等方面是有用的。例如，想开一家鲜花店，并想了解一个地区的人口和鲜花消费情况，政府的有关文件会有所帮助。然而，如果想了解不同鲜花店所占市场份额或本地区消费者对特殊鲜花的偏好等情况，政府文件就无能为力了。

期刊又称系列读物，是指杂志、报纸、学术期刊和其他定期出版物。它们包含的范围很广，含有各式各样可用于研究的信息。行业所办的杂志特别有用，这些杂志所刊载的内容是估计市场份额和获取有关该行业一般信息的最好来源。其他有用的杂志包括描述当前趋势的信息，以及描述最新研究方法的学术杂志。

电子数据库也包含了广泛多样的有用信息。许多能从政府文件或期刊获得的信息，也可以在图书馆的电子数据库中获得。另外，从互联网可获得的数据库增长迅猛，不必去图书馆就可以获得。

从图书馆获得的研究信息中，以下七种是研究中常常收集的。

（1）行业统计信息。

（2）某一行业的非统计性背景资料。

（3）特定公司的信息。

（4）各地理区域的销售潜力的估计。

（5）媒体费用和报道信息。

（6）关于研究方法的信息。

（7）针对某些题目的学术性研究信息。

2. 网络数据库信息

尽管二手数据对绝大多数的市场研究来说都是必需的，但收集二手数据显然是项繁杂而枯燥的工作。尤其是去图书馆、档案馆、展销会查阅资料，常常会消耗很多时间和精力。最近十年来，因特网与万维网的迅速发展使二手数据的收集工作变得容易多了。通过网络查寻资料几乎成为人们获取二手信息的主要渠道。

因特网是将全世界各地的计算机联系在一起的一个全球性的电信网络，万维网是其中的一个组成部分，它被设计用来简化文本和图像的传送工作。虽然万维网 1994 年才问世，但它的迅速普及与广泛运用使得市场研究者已不再受到许多限制就获得了全球范围内的数据、图像、声音和文件等二手数据。而搜索引擎的不断涌现和完善为市场研究者提供了极好的工具。掌握与利用好搜索引擎是市场研究的重要技能之一。例如，在日常学习过程中，我们可以通过搜索中国知网、学校图书馆官网及其他开源网站获取想要获得的文献或数据。

数据库是指用来满足特定信息需要的相关信息的集合。数字化信息技术的不断发展，多种介质的信息都能被计算机存储，并对它进行编辑、整理和加工。

数据库根据其来源可分为内部数据库和外部数据库，前者是公司自己建立的数据库，后者则是由公司以外的机构建立的并可以提供对外服务的数据库。数据库按其包含的数据的性质可以分为四类，即文献类数据库、数据类数据库、指南性数据库和全文类数据库。

要成功地运用内部数据库，必须首先建立好数据库处理系统。该系统包括在计算机中以图像和文字的形式存储资料，组织数据库资料以便应用，更新和修改资料，并且保证在决策中便利地从系统中取得信息。将硬件、软件及经验丰富的人员相结合，建立一个实用性强的二手数据库是一件复杂的工作。数据库的使用者必须在利用数据库管理软件进行数据存储和数据库操作方面接受培训，而数据库管理者在使用这类软件时必须具备信息输入、信息查询、信息分类和信息提炼方面的能力。

3. 辛迪加信息服务

辛迪加信息（Syndicated data）是一种外部的二手数据的形式，这种信息由一个普通的数据库提供给预订者，并收取一定的服务费。这种信息是特殊的、详尽的信息，它对公司了解市场动态很有价值，但不能通过图书馆、网络或其他场所获得。专门提供这种信息的企业被称为辛迪加信息服务公司。这些企业根据标准调查方式提供辛迪加信息，这种方式使它们能长期收集相同的、标准化的信息。因此，只要有可能，用户向辛迪加信息服务公司订购所需信息是较为明智的选择。目前，市场上已有辛迪加标准信息服务公司，这类公司提供一项标准服务，并把这项服务联合出售给任何愿意订购其产品的公司。

辛迪加信息服务的一个最重要优点是它可以分担成本。由于有许多机构要求提供服务，所以对每个单独的客户来说成本都可以大大降低。辛迪加信息服务的另一个优点是有收集和加工资料的常规系统。因为这类公司建立了一套完整的工作运行模式，通过反复实践的数据收集方法来定期收集数据，所以能够定期提供质量高且标准化的信息。

辛迪加信息服务的缺点，首先是用户无法对其获取过程进行控制和施加影响，因此，所获资料常常不能达到"量体裁衣"的效果。其次，要使用这类信息的公司必须较早地预订这类信息，而到时这些信息无论有用还是无用都要付费，因此，事先必须加以评价，以免承担不必要的损失。最后，这类信息是标准化、大众化的，因此，竞争对手可能获取的是同样的信息。

在研究中，辛迪加信息服务主要被应用于消费者意见调查、确定市场细分、进行市场跟踪及监督媒体的使用和促销效果等方面。

基于以上二手数据收集的渠道，研究者可采取如下步骤收集二手数据（图3-2）。

步骤1：识别你想知道和你已经知道的主题信息。这可能包括与主题相关的事实，研究者和组织的名字，你已经熟悉的论文与其他出版物，以及其他已有的信息。

步骤 2：列出关键术语与作者，会更便于搜集二手数据。如果主题不是太特殊，开始最好对关键术语进行整合。

步骤 3：搜寻网上相关信息。识别网上信息来源的一个相对较新的方法是使用 InfoTech 网站（http：//www.smsource.com）。InfoTech 网站可以提供数百种与问题相关的链接，包括出版的报告、报纸、杂志、政府数据来源和具体公司的数据来源，它还提供一些免费数据的链接。

步骤 4：对收集到的信息进行汇总。它们和你需要的信息相关吗？这时会出现两种情况，信息太多，或者发现很少有用的信息。如果你需要更多的信息，重新列出你的关键词，并且扩大你的搜寻范围，例如扩大时间搜索范围或减少附加条件，进行重新搜寻。到最后，你应该对所搜寻信息的性质及其专业化来源背景有清晰的理解。

图 3-2　二手数据的收集步骤

3.3　二手数据的优缺点分析

3.3.1　二手数据的优点

（1）基于二手数据的样本量通常很大，样本可以具有时间跨度以获得纵向数据（longitudinal data）。

二手数据之所以能具有这样的优势，是因为有资源和实力的数据机构通常在系统搜集数据和长时期维护数据库。以 Compustat 数据为例，Compustat 是由美国著名的信用评级公司（Standard & Poor's）所发行的，主要收录北美公司的营运及财务状况的资料库，Compustat 北美版数据库收录了近 20 年美国和加拿大共 25000 多家的公司资料，其中约 12000 多家公司为在 NYSE、NASDAQ、Toronto Stock Exchange 等地上市或者上柜的公司。数据库的来源包括公司的财务年报、季报、公司按要求提交给美国证券交易委员会的 10-K 表等，以及其他各种有关企业经营活动的公开资料，经过系统的搜集、清理和整合，Compustat 数据具有信息丰富、覆盖面广、数据系统客观可靠等优越性，因此深受学者们的青睐，这也就不奇怪为什么在我们考察的这个小小的方便样本中，利用 Compustat 数据的论文占了大多数。

（2）二手数据通常具有较高程度的客观性。

通常被研究者使用的二手数据库都是以反映组织特征、企业经营活动情况和客观指标为主，基本上不包含主观臆断，或者较少程度地受到主观臆断的影响。所以，二手数据与通过问卷研究获得的数据相比，通常具有较高的可靠性。

（3）二手数据具有高度的可复制性。

理论上说，对任何一篇采用二手数据的实证论文，只要它对数据的选取和变量的设置描述得清楚，我们都可以复制它。而对于采用一手数据的论文，除非拥有原来一手数据的研究者愿意分享数据，否则我们不能做到对该研究的"原样"复制。当然，必须说明的一点是，从统计学的道理上讲，不同的样本只要符合一定的"品质"和研究设计的要求，对理论问题说明的有效性和说服力是一样的。换言之，科学研究的实证基础是有效的样本，而不一定要求完全相同的样本。因此，基于一手数据的研究也可以"复制"。但是，二手数据所具有的高度的可复制性，仍然会为推动研究发展带来一些额外的好处。这个好处可能特别会表现在当复制的研究的发现与文献报告的发现不同的时候，基于一手数据的复制研究不如基于二手数据的复制研究更有挑战性。这是因为在技术层面，影响二手数据复制质量的变数较少——不论样本是否完全相同。

（4）二手数据最大的优点在于它能节约时间和费用。

市场研究人员收集、运用二手资料比收集一手资料所需费用少，而且容易及时开展工作。研究人员就只需要去图书馆或者上网，找到合适的资料来源，收集到需要的信息就可以了。

此外，使用二手信息的优点还包括以下五点。

①有助于明确或重新确定探索性研究中的研究主题。

②可以切实提供一些解决问题的方法。

③可以提供收集初级资料的备选方法。

④提醒市场研究人员注意潜在的问题和困难。

⑤提供必要的背景信息以使调查报告更具有说服力。

考虑到大量的时间和风险，我们提出这样的建议：仅仅当二手数据利用完或回报下降时，才使用原始资料。有时候二手数据很充足，就不需要去收集原始数据。例如，一个很普遍的摆在经理们面前的问题是：什么是产品或服务的市场潜力？有足够的人或组织有兴趣以证明提供它是正确的吗？

下面这个案例展示了如何成功地使用二手数据来回答这些问题。

【例 3-1】 宠物食品制造商如何利用二手数据？

问题在于：现在是否有相当多一部分的人把湿的和罐装的狗食和干的狗食混合在一起？在探索这个产品概念的最初阶段，公司并不想花钱做基础研究。虽然对宠物主人进行实际调查将会得到最好的答案，但这样的调查将要花费几千美元。此外，产品概念进一步的开发需要延迟几周的时间，才能获得调查结果。为得到要求使用二手数据的问题的首个可接受的答案所做的努力就开始了。

公司确定了如下信息。

（1）从已出版的兽医药学期刊中，公司确定了每天喂养一只狗的各种食品（干的、半湿的、湿的）质量（以盎司来计量），按照狗的年龄、大小和类型确定。

（2）从现有的每年公司广告部门举办的调查中，获得如下信息：美国拥有狗的家庭百分比；调查中每个家庭饲养狗的数量、大小、品种；喂养狗的食物的品种；使用不同品种狗食的频率。

据假设，用两种或多种不同品种的狗食喂养狗的宠物主人，是干湿混合狗食的潜在购买者。把调查中得到的信息与从兽医药学期刊及一些简单的繁殖实验中得到的信息结合起来，就构造出了这个产品概念所需求的数字。这个需求超越了总的狗食销售量的20%，这个足够大的数字证明产品开发和实验可以继续进行。[①]

在这个例子中，一个宠物食品制造商估计了对狗食的潜在需求（包括干的和湿的）。就像例子所描述的，当利用二手数据时，经常需要作一些假设以便有效地使用数据（比如，具有良好前景的宠物拥有者的数量）。关键在于作出合理的假设，然后改变这些假设以便发现特定结论对这些变化的敏感性。在狗食的例子中，尽管二手数据研究表明潜在市场容量只有10%，公司决定开发新产品也是值得的，而收集一手数据可能带来更高昂而又不必要的开销。

尽管在研究中二手数据很少能彻底地解决问题，但它们通常会：①帮助调查者更好地陈述问题；②建议改进方法或进一步收集数据；③提供比较数据以帮助解释一手数据（如果已经收集）。

3.3.2　二手数据的缺点

市场研究人员在使用二手数据时，会发现它存在可得性、相关性、准确性和贴切性方面的局限。

1. 可得性局限

可得性局限是指在浩如烟海的信息中，因缺乏搜索手段，研究者会"众里寻它千百度"，却不知它在那里。

2. 相关性局限

相关性局限是指因二手资料是别人按别的目的而收集的，对研究者来说，其中不少与研究者并不相关，不适用。因为二手数据是为了其他的目的收集的，因此完全匹配界定问题的极少。在一些情况下，匹配性极差以至于数据完全不适用。通常匹配性差是因为：①测量尺度不同；②数据分类不同；③数据年限。

例如，顾客收入可以表示为个体、家庭、家族等消费单元。所以对于许多变量，使用二手数据失败的常见根源是包含所需基本信息的二手数据的测量标准与研究人员所需的测量标准不同。

假定测量尺度是一致的，我们通常发现分类标准与所需的不符。如果问题要求个人收入按照5000美元增量进行分类（0～4999美元，5000～9999美元等），如果数据来源中的个人收入是按照7500美元增量提供的（0～7499美元，7500～14999美元等），对研究者而言就是没用的。

最后，二手数据经常是过期的。从数据收集到数据传播的时间是很长的，有时可以长到2～3年，例如政府人口统计数据。虽然当前的人口统计数据有很大的价值，随着时间的推移这种价值将很快消失。绝大部分决策要求的是现在的信息而不

---

① David W. Stewart and Michael A. Kamins, Secondary Research: Information Sources and Methods, 2nded. (Thousand Oaks, Calif.; Sage Publications, 1993), p.129.Reprinted by permission of Sage Publications, Inc.

是历史的。

3. 准确性局限

准确性局限是指所获得的第二手数据的度量标准与市场研究者所需要的度量标准不符，也存在二手数据的计算、加工较为粗糙等问题。例如，分组太大，难以达到研究者所需要的准确性。

大部分二手数据的准确性是值得怀疑的。信息的收集、分析和表示都会有许多不同来源的误差。当一名研究人员在收集原始数据时，其直接经验可以帮助判断所收集信息的准确性。但是当使用二手数据时，研究者评价二手数据的准确性是很困难的，可能要考虑数据原始来源、出版的目的、数据收集方法和报告的总体质量。

4. 贴切性局限

贴切性局限是所获得的二手数据的内容与研究者所需要的是否相吻合，研究者可能得到了似是而非的资料，却无法去证实与调整它。

3.4 数据质量与评估方法

3.4.1 数据质量的含义

市场研究一个按照特定的研究目的收集、整理和分析市场信息的过程。收集到的数据的质量对整个研究质量影响极大。然而，数据的质量如何评定的是一个值得认真思考的问题。因为研究内容不同，对数据的精准要求也不同。比如，要进行市场预测，就需要拥有较为翔实的连续的历史资料；要进行流行趋势的判定，消费者的偏好识别等就未必需要非常准确的历史资料。此外，研究质量与研究费用是密切相关的。当研究经费充足时，可以进行较为细致的、准确的、全面的调查，以便收集质量较高的资料。

数据质量的评估可以采用来源审查法和比较分析法。来源审查法是从资料来源的提供者和资料类型来进行质量评估；比较分析法则是对研究目的所要求达到的质量与可能实现的数据质量水平进行分析，看其吻合的程度。

一般来说，内部提供的资料质量较好，特别是诸如销售额、费用等方面的数据，因为它是在企业内部严格、系统的管理中产生的，企业通常在数据质量监控与维护过程中，已对其错误进行了纠正。在研究过程中，研究人员若还有疑问之处，还可进行再探究。但这种资料和数据局限于对企业自身情况的描述与报告。

一手数据的质量则要根据研究者自身的工作态度和能力及研究费用来看，在一般情况下，研究者自己工作认真努力，研究费用也有保证，就可获得质量较高的资料；否则，就可能获得质量较低的市场信息资料。

二手数据的质量则要根据提供者和资料类型分别来看，图书馆来源的资料可根据图书、期刊的级别与档次判断。例如，统计年鉴类的资料质量较高。行业协会报告要根据撰写者的水平和责任感来判断。有些行业协会的报告质量较高，能比较准确地描述与分析行业发展的情况与变化趋势，但有的报告则内容简单，信息来源不明。通常，辛迪加服务公司提供的信息是较为准确可信的，但其内容是有限的，它更适合于消费者消费行为、市场份额变化等方面的研究。互联网可提供大量的信息，但鱼龙混杂，需要认真甄别和选择。

甄别与筛选合适的二手数据对市场研究人员来说是至关重要的。在使用二手数据时应注重对其进行评价，然后才考虑如何利用。市场研究人员可以通过以下五项内容来评价二手数据。

（1）二手数据的研究目的是什么？
（2）什么人收集了这些资料？
（3）收集了一些什么样的资料？
（4）这些资料是如何获取的？
（5）这些资料与其他资料的一致程度如何？

回答这些问题有助于市场研究人员在实际研究项目进行时评价二手数据，最终达到有效利用。一般来说，进行二手数据评价和利用有以下五个步骤。

第一步，分析什么是希望得到的，什么是已经得到的。

第二步，列出关键词和人名清单，这些有助于在网上搜索或利用图书馆、档案馆查询。

第三步，利用所拥有的所有搜索工具进行查询。

第四步，将所收集到的二手数据综合起来，并且评价它们是否为所需要的。

第五步，如果仍然没有找到所需要的资料，就应向专业人士请求帮助。

3.4.2　二手数据的准确性评估方法

1. 二手数据的准确性评估

二手数据的准确性会受到多种因素的影响，其中最主要的判断标准有三个，即二手数据来源、发布目的和数据收集过程等。

1）二手数据来源

二手数据可能来自原始来源，也可能来自二次来源。原始来源是指产生数据的来源，二次来源是指从原始数据获取数据而形成的来源。例如，统计年鉴每年出版一次，所有数据来自于政府和行业来源，是二手数据的二次来源。来源渠道的不同会影响二手数据的准确性。具体而言，原始来源一般是描述数据收集和分析过程的唯一来源，故研究人员使用原始来源的二手数据首先应该寻找数据质量的总体证据（例如数据收集和分析的方法），以确保数据的准确性。其次，原始来源通常比二次来源更加准确和完整，信息的缺失也会影响二手数据的准确性。

2）发布目的

在评估二手数据的准确性时，关键要考虑收集数据的主体及收集数据的目的，这就是数据发布目的。不同的发布目的会影响数据的客观性，从而影响二手数据的准确性。研究人员应该用批判的眼光来看待这种发布目的的二手数据，尽量采用已出版发行的二手数据。

3）数据收集过程

在评估二手数据质量时，使用者也需要理解数据是如何收集的，并对数据收集过程的合理性进行判断。原始来源的收集过程包括定义、数据收集方法、抽样方法等，每一环节都应该有详细描述。当看到收集数据的细节时，二手数据的使用者应该对其进行全面检查。例如：抽样合理吗？问卷调查或观察法是最好的收集方法吗？现场访问人员的素质怎么样？提供了何种培训？现场工作使用哪种检查方法？访问无回答在多大程度上是因为拒绝、不熟悉或是提问方式？这些统计有报告吗？信息报告组织良好吗？表格标准准确吗？数据内部是一致的吗？数据支持结论吗？正如这些问题所示，二手数据的使用者必须熟悉研究过程和潜在的错误。

2. 二手数据的可信度评估

二手数据的可信度评估是指对数据的完整性和一致性进行评估与判断的过程。通过评估二手数据的可信度，可以确定其是否具备使用的价值，避免基于不可信数据所导致的错误决策和研究问题的产生。在评估二手数据的可信度时，可以从两方面入手：一是通过 6W 问题判断二手数据的完整性，二是分析二手数据的一致性。

1）6W 问题分析

在解决问题和做决策的研究过程中，我们经常会遇到一些困惑和迷茫。而为了更好地厘清思路和找到解决问题的方法，我们可以运用 6W 原则，即 who、why、way、when、what、where 的六个关键问题进行分析。

第一，谁收集的数据（who）？同一数据会有多个来源，政府部门和比较专业的市场调查公司收集并公布的数据更为可靠。第二，收集数据的目的是什么（why）？了解收集数据的动机有助于判断数据的质量。第三，收集数据的方法是什么（way）？不同的方法误差不同。第四，什么时候收集的数据（when）？过时的调查数据或者在与当前研究无关的时间收集的调查数据不能说明问题。第五，收集的是什么数据（what）？带有倾向性的数据、样本量很小的数据、相互矛盾的数据等都应引起使用者的注意。第六，从何处获取数据（where）？

2）二手数据一致性分析

一致性是指数据在不同时间、不同地点或者不同数据源之间的一致性。在评估二手数据可信度时，需要确保数据在不同环境下的一致性，以避免因数据不一致而产生的错误决策。数据质量的一致性主要体现为数据记录的规范性和数据是否符合逻辑，但一致性并不意味着数值上的绝对相同，而是数据收集、处理方法和标准的一致。常见的一致性指标有 ID 重合度、属性一致、取值一致、采集方法一致、转化步骤一致等。

本章小结

市场信息有四种分类方法。按负载形式不同可分为文献信息、物质信息和思维性信息。按产生过程不同可分为一手资料信息和二手资料信息。按市场信息的范围不同，可分为宏观信息和微观信息。按市场信息的时间不同，可分为动态信息和静态信息。市场营销的信息从提供者的角度来看，可以分为内部提供和外部提供。

市场营销的信息来源主要有三方面，即内部来源、二手来源和一手来源。二手数据大致可以分为内部数据和外部数据。二手数据的优点是获取快、费用低，能丰富已收集到的第一手资料。二手数据的缺点是衡量尺度不同，数据分类的定义不同，缺乏评价数据可信程度的相关信息。一手信息是调查人员亲自为了某目的而进行的调查。当调研者在无法通过二手信息来达到市场分析目的时，就会考虑采用一手信息。它一般通过三种途径获得，即观察法、调查法和实验法。一手信息资料的优点是能针对性地获取深层次调研所需要的数据信息。实用性强，它的局限是费用高，调研时间长，不容易获取。

二手数据可以从准确性和可信度方面进行评估，具有样本量大、客观性、可复制性，以及节约时间和费用的优点，同样地，它存在可得性、相关性、准确性和贴切性方面的局限。

思考与练习

1. 立题在整个研究过程中起着怎样的作用？请结合实例说明不重视立题可能导致的问题。

2. 探索性研究、描述性研究和因果研究之间的主要区别是什么？在实际应用中，如何根据研究问题的性质选择合适的研究设计？

3. 二手数据在研究中具有哪些优势？同时，使用二手数据时需要注意哪些潜在的问题？

4. 逻辑分析法在研究方案可行性论证中扮演什么角色？请说明逻辑分析法的主要应用场景和局限性。

5. 市场信息的分类有哪些？不同类型的市场信息在企业决策中扮演什么角色？

6. 在进行技术经济分析时，如何平衡技术的可行性和经济的合理性？请提出一个具体的案例分析思路。

思考与练习

拓展阅读

第二篇

技术经济分析与评价

第 4 章

资金的时间价值

4.1 资金时间价值的概述

4.1.1 资金的时间价值概念

时间无法停止或倒流，因此，对于寿命有限的技术经济活动而言，时间是一种既宝贵又有限的资源。在评估工程技术方案时，我们通常使用货币单位来衡量其得失，主要关注方案在整个寿命周期内的货币收入和支出情况。那么，是否可以将方案寿命周期内不同时间点的现金流量总和（代数和）作为衡量其经济效果的标准呢？

资金的时间价值是指不同时间发生的等额资金在价值上的差别，其实质是资金作为生产要素在生产流通过程中随时间推移而产生的增值。在正常经济活动中，货币作为资金投入，通过劳动者的劳动，其价值会随时间不断增值。也就是说，今天的一定量资金，在未来能够获得更多的资金。这一资金在经济活动中不断增值的客观规律，被称为资金的时间价值原理。

经济效益是在特定时间内实现的，创造同样的收入所花费的时间越少，效益越好。资金具有时间价值这一点显而易见：今天的投资资金，即使不考虑通货膨胀因素，也比未来同样数额的资金更有价值。这是因为当前资金能立即用于投资并产生收益，而未来获得的资金则无法用于当前的投资，也无法获取相应的即时收益。因此，在技术经济分析中，深入研究时间因素具有重要意义。

4.1.2 资金时间价值的经济含义

资金时间价值的经济含义可以从以下两个角度解释：首先，从投资者的角度来看，资金在流通中与劳动力结合后，其价值发生增值。这种增值的本质在于劳动力在生产流程中创造了剩余价值。因此，资金的增值特性赋予了资金时间价值。其次，从消费者的角度看，资金一旦用于投资，就不能用于现期消费，牺牲现期消费是为了能在将来得到更多的消费，因此资金时间价值体现为对放弃现期消费的损失所应给予的必要补偿。

根据经济学原理，资金的时间价值被视为使用稀缺资源——资金的机会成本。这包括使用货币的利息、土地的租金、企业家创造的利润，以及让渡资金使用权所获得的报酬，也是放弃近期消费所得的补偿。此外，现金流量是特定经济系统在某一时点发生了使用权或所有权转移的现金或其等价物的数量。计算期则是经济评价中为动态分析所设定的时间段，涵盖建设期和运营期。资金时间价值反映了不同时间点等额资金在价值上的差别，其本质是资金作为生产要素，在生产、交换、流通和分配过程中随时间变化而增值。资金时间价值的经济含义可以从资金的盈利能力和资金的购买力两个方面解释。

（1）盈利能力，是指企业获取利润的能力，即资金或资本的增值能力，通常表现为一定时期内企业收益水平的高低。其增值的实质是劳动力在生产过程中创造了剩余价值。因此，从投资者的角度来看，资金的增值性使资金具有时间价值。盈利能力指标主要包括营业利润率、成本费用利润率、盈余现金保障倍数、总资产报酬率、净资产收益率和资本收益率六项。

（2）购买力，是指取得收入后购买商品和服务的能力，反映了某一时期全社会市场容量的大小。从消费者的角度看，资金一旦用于投资，就不能用于现期消费，牺牲现期消费是为了能在将来得到更多的消费。因此，资金时间价值体现为对放弃现期消费的损失所应给予的必要补偿。

假设目前你和舍友在宿舍共用一台空调，现在你手头有100美元，想为自己添置一台新空调，你有两种选择。

第一，如果选择立即购买，你将花光所有积蓄。但如果你将这笔资金以6%的年利率进行投资，那么一年之后，你仍然可以买一台空调，并且还可以剩下6美元。这时你需要权衡：一年内房间里没有空调对你的生活，所造成的不便是否能够通过投资所获得的6美元来补偿。

第二，如果空调的价格因通货膨胀以8%的年利率增长，一年后你将发现手中的钱不够买这台空调（会缺少2美元）。这种情况下，你应该现在就买。但是如果通货膨胀率只有4%，那么一年之后，你不仅可以买到空调，并且还能剩余2美元。

显然，只有当投资收益率高于通货膨胀率时，延迟购买才有经济意义，换句话说，在通货膨胀的经济时期，如果进一步的延迟购买空调，购买力就会持续降低。因此，为了弥补未来购买力的损失，投资收益率必须要高于预期通货膨胀率。毕竟，时间和金钱一样，都是有限的资源。在这个例子中，时间因素被纳入预算，通过时间概念可以将盈利能力和购买力联系起来。

4.1.3　资金时间价值的表达形式

1. 利息和利率

利息是一定数额货币经过一定时间后资金的绝对增值，用 I 表示。广义上的利息是指信贷利息和经营利息。利率是利息递增的比率，用 i 表示，即每单位时间内增加的利息与原金额的比值。利率是各国调控国民经济的重要杠杆，其高低受多种因素决定。

（1）行业平均利润率：通常情况下，平均利润率构成利率的上限。若利率高于平均利润率，借款人将无利可图，从而不愿借款。

（2）借贷资本供求状况：在平均利润率不变的情况下，借贷资本供过于求会导致利率下降，反之则上升。

（3）贷款风险：银行借出资本需承担风险，风险的大小直接影响利率波动。风险越大，利率越高。

（4）通货膨胀率：通货膨胀直接影响利率波动。在实际利率不变的情况下，通货膨胀率越高，名义利率也越高。

（5）借款期限：借款期限越长，不可预见因素越多，风险越大，因此利率越高；反之，则利率越低。

2. 表达形式

（1）用绝对数表示，资金时间价值额是指资金在生产经营过程中产生的增值额，如利息、利润、收益。利息是借贷资本时间价值的绝对衡量，是借贷过程中，债务人支付给债权人的超过原借款本金的部分，即

$$I = F - P \tag{4-1}$$

式中，I 为利息；F 为还本付息总额；P 为本金。

资金时间价值的存在，使不同时点上发生的现金流量无法直接加以比较。近期的资金由于具有增值能力而比远期同样数额的资金更有价值。因此，要通过一系列的换算让资金在同一时点上进行对比，才能符合客观情况。

（2）用相对数表示，是指排除风险价值和通货膨胀因素后的平均资金利润率或投资回报率，具体表现为利息率、利润率或报酬率等。其中，利率（亦称利息率）是指某一计息周期内利息与本金的比例。计息周期可以是年、半年、季或月，最常用的周期为一年。其计算公式为

$$i = \frac{I_t}{P} \times 100\% \tag{4-2}$$

式中，i 为利率；I_t 为单位时间内的利息；P 为借款本金。

4.1.4 影响资金时间价值大小的因素

资金时间价值的大小受多种因素影响，从投资角度分析，主要包括投资收益率、通货膨胀率和风险因素。

1. 投资收益率

投资收益率是衡量投资方案盈利能力的一个静态指标，它反映了在投资方案达到预定生产能力后，单位投资每年所能创造的年净收益额。该指标计算简便，经济意义明确，适用于各种规模投资，能够直观反映项目的盈利水平。缺点是没有考虑资金时间价值因素。在实际的计算过程中，投资收益率的计算公式因具有很强的主观性，所以不能完全体现一个投资者的绩效水平，投资者在使用投资收益率时应从多方面进行考虑。

2. 通货膨胀率

通货膨胀率是指一定时期内（通常为一年）一般物价总水平的上涨率，反映了通货膨胀的程度。在评估资金时间价值时，通货膨胀率反映了投资者因货币贬值所带来的损失。通货膨胀率的计算公式为：通货膨胀率=（现期物价水平－基期物价水平）/基期物价水平，其中基期是选定某年的物价水平作为参照。消费价格指数是最能充分、全面反

映通货膨胀率的价格指数，即 CPI。

3. 风险因素

风险因素是指不能事先加以控制的因素。投资方案的决策取决于评选判据的计算，而其中有相当一部分数据是主观估计的。这样，就会出现计算的结果与未来发生的客观实际并不能相符。这是因为事物的演变非决策者所能全部掌握或加以预料。一个投资行动常会出现多种结果，为此，决策者选择任何一个方案都会承担一定的风险。这类风险存在的原因是决策者不能控制的那些因素，如人的心理和自然界的变化等。

从计算过程来看，主要有以下四点。

（1）利率：利率是利息额与存款本金或贷款本金之间的比率，是衡量资金借贷成本或收益的重要指标。它通常分为年利率、月利率和日利率三种，分别按本金的百分比、千分比和万分比表示。

（2）期限：期限是指法律规定或当事人约定的时间范围，它决定了资金借贷或投资的持续时间。期限的设定基于未来确定要发生的事实，是评估资金时间价值的关键因素之一。

（3）计息方式：计息方式指的是计算利息的方法，它决定了投资者或借款人在特定时间后所能获得的额外收益或成本。不同的计息方式会影响资金时间价值的计算结果。其中，贷款和各种各样的债券也会产生一定的利息收益。

（4）资金额：资金额是指投资者或借款人实际所掌握的资产总额，包括非流动资产和流动资产。资金额的大小直接决定了资金时间价值的计算基础和潜在收益。

4.1.5 资金的增值过程

资金的增值过程如图 4-1 所示。

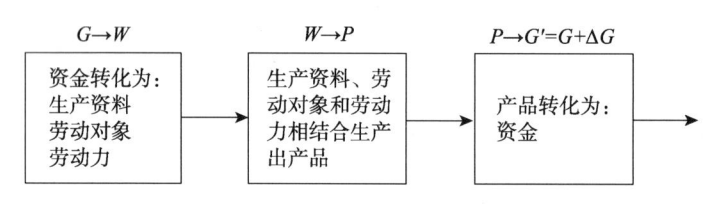

图 4-1 资金的增值过程

在产品生产前，首先须用一笔资金 G，购买厂房、设备、专有技术作为该企业生产资料，同时还须垫支流动资金采购生产所需要的原材料、辅助材料、燃料、动力等劳动对象和招聘工人所需支出的工资；其次在生产过程中，资金以物化形式出现 W，劳动者运用生产资料对劳动对象进行加工，生产制作的新产品 P 比原先投入的资金 G 具有更高的价值 G'；最后这些新产品 P 必须在生产后的流通领域（商品市场）里作为商品出售给用户，才能转化为具有新增价值的资金 G'，使物化的资金 P 转化为货币形式的资金 G'，这时的 $G' = C + \Delta G$，从而使生产过程中劳动者创造的资金增值部分 ΔG 得以实现。这样就完成了"$G - W - G'$"形式的、完整的资金增值过程。

资金增值部分 ΔG 按生产要素的贡献进行分配,资本得到利润,借贷资金得到利息,土地得到地租等。资金在生产过程和流通领域之间如此不断地周转循环,这种循环过程不仅在时间上是连续的,而且在价值上也是不断增加的。因此整个社会生产不仅是价值创造过程,也是资金增值过程。

4.1.6 计息的方式

1. 单利和复利

(1) 单利:利息计算种类有单利和复利之分。当计息周期在一个以上时,就需要考虑单利与复利的区别。所谓单利,是指在计算利息时只有本金生息,利息不再生息,即通常所说的"利不生利"的计息方法。其计算公式为

$$I_t = P \times i_d \tag{4-3}$$

式中,I_t 为第 t 计息期的利息额;P 为本金;i_d 为计息期单利利率。

设 I_n 代表 n 个计息期所付或所收的单利总额,则有

$$I_n = \sum_{t=1}^{n} I_t = \sum_{t=1}^{n} P \times i_d = P \times i_d \times n \tag{4-4}$$

由式(4-4)可知,在单利计息的情况下,总利息与本金、利率及计息周期数成正比,而 n 期末单利本利和 F 等于本金加上利息。

$$F = P + I_n = P(1 + n \times i_d) \tag{4-5}$$

在利用式(4-5)算本利和 F 时,要注意式中 n 和 i_d 的周期匹配。若 i_d 为年利率,则 n 应为计息的年数;若 i_d 为月利率,n 即应为计息的月数。

在超过一个计息周期的利息计算中,单利计息不符合资金运动的规律,在技术经济分析中较少使用,通常只适用于短期投资及不超过一个计算周期的短期贷款。

(2) 复利:复利是在计算利息时,不但本金生息,而且利息也生息,即"利生利""利滚利"的计息方式。其表达式为

$$I_t = i \times F_{t-1} \tag{4-6}$$

式中,i 为计息期利率;F_{t-1} 为第($t-1$)年年末复利本利和。

第 t 年年末复利本利和的表达式如下。

$$F_t = F_{t-1} \times (1 + i) \tag{4-7}$$

复利计息有间断复利和连续复利之分。间断复利是按固定周期(如年、半年、季、月、周、日)计算复利的方法;而连续复利则是按瞬时计算复利。式(4-7)计算复利很不方便,因为它要逐期地计算,如果周期数很多,计算将十分烦琐,且不易直观反映本金 P、年金 A、本利和 F、利率 i 及计息周期数 n 等要素的关系。

2. 单利和复利的比较

在单利和复利计算中哪一种算法的利息金额比较大?除了利息和利息算法有关,还和什么因素有关?在比较单利与复利的利息金额时,复利通常会产生更大的利息累积。这一差异不仅取决于利息的计算方法,还受到本金大小、利率水平以及存款或投

资期限的影响。具体而言，在相同的利息和计息周期条件下，复利计算的利息金额会超过单利。此外，本金数额越大、利率越高、投资时间越长，复利与单利之间的利息差距就越显著。

以本金 120 万元、年利率 20% 为例（图 4-2），复利计算下的利息远超过单利。在实际应用中，我国国库券的利息计算采用单利法，而在建设项目经济评价中，则普遍采用复利法进行计算。这是因为复利计息方式更符合资金在社会再生产过程中的实际运作情况，能够更准确地反映资金的时间价值。因此，在技术经济分析中，利息计算多采用复利法。

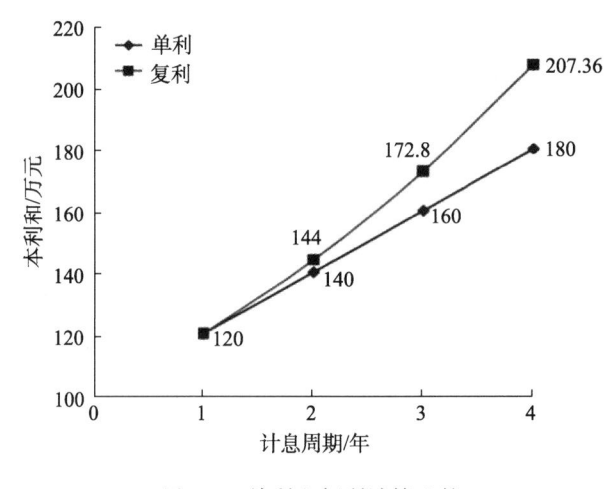

图 4-2 单利和复利计算比较

4.2 资金的等值计算

4.2.1 等值的概念

前述已知，资金有时间价值。即使金额相同，发生在不同时点的资金其价值也不相同。反之，不同时点绝对值不等的资金在时间价值的作用下却可能具有相等的价值。这些不同时期、不同数额，价值等效的资金称为等值。

等值计算是将不同方案在不同时间点的资金流采用相同的折现率折算到同一时点的过程。它考虑了资金的时间价值，使不同时点的资金能够进行比较。将不同时点的几笔资金按同一收益率标准换算到同一时点，如果其数值相等，则称这几笔资金等值。在技术经济分析中，等值是一个十分重要的概念，它为我们提供了评估经济活动有效性、比较和优选方案的基础。等值计算与复利计算的形式相似，都涉及将不同时点的资金进行折算。

影响资金等值的因素主要有三个：资金的多少、资金发生的时间、利率（或折现率）的高低。其中，利率是一个关键因素，一般等值计算中是以同一利率为依据的。

4.2.2 复利计算公式

1. 一次支付终值公式（已知 P 求 F）

现有一项资金 P，按年利率计算，n 年以后的本利和为多少？根据复利的定义即可求得本利和 F 的计算公式。其计算过程如表 4-1 所示。

表 4-1 终值计算过程

计息期	期初金额（1）	本期利息率（2）	期末本利和 F_i=（1）+（2）
1	P	$P \cdot i$	$F_1 = P + P \cdot i = P(1+i)$
2	$P(1+i)$	$P(1+i) \cdot i$	$F_2 = P(1+i) + P(1+i) \cdot i = P(1+i)^2$
3	$P(1+i)^2$	$P(1+i)^2 \cdot i$	$F_3 = P(1+i)^2 + P(1+i)^2 \cdot i = P(1+i)^3$
⋮	⋮	⋮	⋮
n	$P(1+i)^{n-1}$	$P(1+i)^{n-1} \cdot i$	$F = F_n = P(1+i)^{n-1} + P(1+i)^{n-1} \cdot i = P(1+i)^n$

由表 4-1 可以看出，n 年年末的本利和 F 与本金 P 的关系为

$$F = P(1+i)^n \quad (4\text{-}8)$$

式中，$(1+i)^n$ 为复利终值系数。

在复利计算中，常用一种规格化代号来代表各种计算系数，其一般形式为 (x/y, i, n)。括号中的第一个字母 x 代表所求之未知数，第二个字母 y 为已知数，i 为年利率，n 为计算的期数。故复利终值系数 $(1+i)^n$ 的代号应为 (F/P, i, n)，因此，式（4-8）的另一表达式为

$$F = P(F/P,\ i,\ n) \quad (4\text{-}9)$$

2. 一次支付现值公式（已知 F 求 P）

由式（4-8）即可求出现值 P，即

$$P = F(1+i)^{-n} = F(P/F,\ i,\ n) \quad (4\text{-}10)$$

式中，$(1+i)^{-n}$ 为复利现值系数，其代号为 (P/F, i, n)。在技术经济分析中，一般是将未来值折现到零期，故计算现值 P 的过程叫"折现"或"贴现"。$(1+i)^{-n}$ 也可叫折现系数或贴现系数。

3. 等额系列终值公式（已知 A 求 F）

其现金流量示意图如图 4-3 所示。A 为发生在（或折算为）某一特定时间序列各计息期末（不包括零期）的等额资金序列的价值。

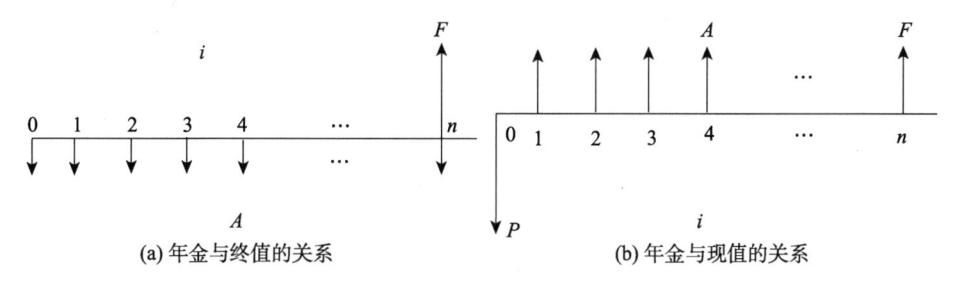

(a) 年金与终值的关系　　(b) 年金与现值的关系

图 4-3 等额系列现金流量示意图

$$F = \sum_{t=1}^{n} A_t (1+i)^{n-t} = A[(1+i)^{n-1} + (1+i)^{n-2} + \cdots + (1+i) + 1] = A \frac{(1+i)^n - 1}{i} \quad (4-11)$$

式中，$\dfrac{(1+i)^n - 1}{i}$ 为等额系列终值系数或年金终值系数，其代号为（F/A, i, n）。

4. 等额系列偿债基金计算（已知 F 求 A）

偿债基金计算是等额系列终值计算的逆运算，故用式（4-11）可得

$$A = F \frac{i}{(1+i)^n - 1} \quad (4-12)$$

式中，$\dfrac{i}{(1+i)^n - 1}$ 为等额系列偿债基金系数，其代号为（A/F, i, n）。

5. 等额系列现值公式（已知 A 求 P）

由式（4-10）和式（4-11）得

$$P = F(1+i)^{-n} = A \frac{(1+i)^n - 1}{i(1+i)^n} \quad (4-13)$$

式中，$\dfrac{(1+i)^n - 1}{i(1+i)^n}$ 为等额系列现值系数或年金现值系数，其代号为（P/A, i, n）。

6. 等额系列资金回收公式（已知 P 求 A）

由式（4-13）可知，等额系列资金回收计算是等额系列现值计算的逆运算，故由式（4-13）可得

$$A = P \frac{i(1+i)^n}{(1+i)^n - 1} \quad (4-14)$$

式中，$\dfrac{i(1+i)^n}{(1+i)^n - 1}$ 为等额系列现值系数或年金现值系数，其代号为（A/P, i, n）。

4.2.3 等差系列现金流量的计算

在许多技术经济问题中，现金流量每年均有一定数量的增加或减少，如房屋随其使用期的延伸，维修费将逐年有所增加。如果逐年的递增或递减是等额的，则称之为等差系列现金流量。等差系列递增现金流量示意图如图 4-4 所示。

图 4-4（a）为一等差递增系列现金流量，可化简为两个支付系列。一个是等额系列现金流量，如图 4-4（b）所示，年金是另一个是由 G 组成的等额递增系列现金流量，如图 4-4（c）所示。图 4-4（b）支付系列用等额系列现金流量的有关公式计算，问题的关键是图 4-4（c）支付系列如何计算。这就是等差系列现金流量需要解决的。

1. 等差终值计算（已知 G 求 F）

根据图 4-4（c），可列出 F 与 G 的计算式如下。

$$F_G = G(1+i)^{n-2} + 2G(1+i)^{n-3} + \cdots + (n-2)G(1+i) + (n-1)G$$

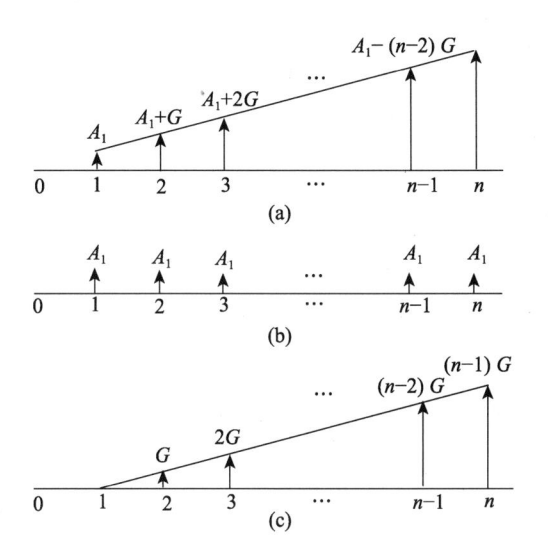

图 4-4 等差系列递增现金流量示意图

$$F_G = \sum_{t=2}^{n}(t-1)G(1+i)^{n-t} \qquad (4\text{-}15)$$

式（4-15）两边同时乘以（1+i）得

$$F_G(1+i) = G(1+i)^{n-1} + 2G(1+i)^{n-2} + \cdots + (n-2)G(1+i) + (n-1)G(1+i) \qquad (4\text{-}16)$$

由式（4-16）减式（4-15）得

$$F_G \times i = G[(1+i)^{n-1} + (1+i)^{n-2} + \cdots + (1+i)^2 + (1+i) + 1] - nG = G\frac{(1+i)^n - 1}{i} - nG$$

整理得

$$F_G = G\left[\frac{(1+i)^n - 1}{i^2} - \frac{n}{i}\right] \qquad (4\text{-}17)$$

式中，$\left[\dfrac{(1+i)^n - 1}{i^2} - \dfrac{n}{i}\right]$ 为等差系列终值系数，其代号为 $(F/G, i, n)$。

2. 等差现值计算（已知 G 求 P）

由 P 与 F 的关系得

$$P_G = F_G(1+i)^{-n} = G\left[\frac{(1+i)^n - 1}{i^2(1+i)^n} - \frac{n}{i(1+i)^n}\right] \qquad (4\text{-}18)$$

式中，$\left[\dfrac{(1+i)^n - 1}{i^2(1+i)^n} - \dfrac{n}{i(1+i)^n}\right]$ 为等差系列现值系数，代号为 $(P/G, i, n)$。

3. 等差年金计算（已知 G 求 A）

由 A 与 F 的关系得

$$A_G = F_G(A/F, i, n) = G\left[\frac{(1+i)^n - 1}{i^2} - \frac{n}{i}\right]\left[\frac{i}{(1+i)^n - 1}\right]$$

整理得

$$A_G = G\left[\frac{1}{i} - \frac{n}{(1+i)^n - 1}\right] \quad (4\text{-}19)$$

式中，$\left[\dfrac{1}{i} - \dfrac{n}{(1+i)^n - 1}\right]$为等差年金换算系数，代号为（A/G, i, n）。

综上，即可方便地得出图 4-4 的等差系列现金流量的年金为

$$A = A_t \pm A_G \quad (4\text{-}20)$$

"减号"为等差递减系列现金流量，如图 4-5 所示。

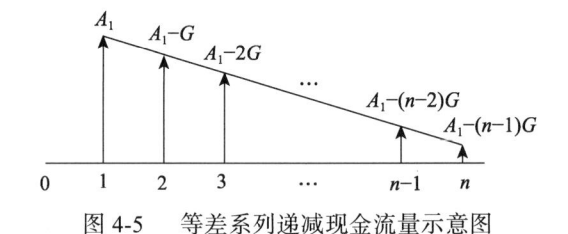

图 4-5　等差系列递减现金流量示意图

若计算原等差系列现金流量的现值 P 和终值 F，则按式（4-17）和式（4-18）进行。

$$P = P_{A_1} \pm P_G \quad (4\text{-}21)$$

$$F = F_{A_1} \pm F_G \quad (4\text{-}22)$$

4.2.4　等比系列现金流量的计算

将等比系列通式 $A_t = A_1(1+j)^{t-1}$ 代入化简，即可求得等比系列现值和终值，等比系列现金流量示意图如图 4-6 所示。

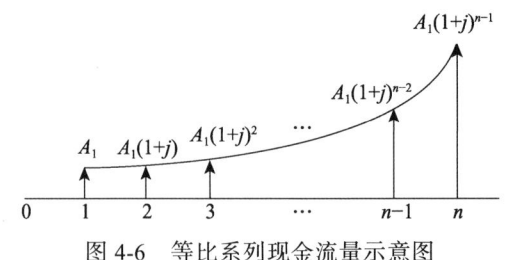

图 4-6　等比系列现金流量示意图

1. 等比系列现值计算

$$P = \sum_{t=1}^{n} A_t(1+i)^{-t} = \sum_{t=1}^{n} A_1(1+j)^{t-1}(1+i)^{-t} = \frac{A_1}{1+j}\sum_{t=1}^{n}\frac{(1+j)^t}{(1+i)^t} \quad (4\text{-}23)$$

化简得

$$P = \begin{cases} \dfrac{nA_1}{1+j}, & i = j \\[2mm] A_1\dfrac{[(1+j)^n(1+i)^{-n} - 1]}{j - i}, & i \ne j \end{cases} \quad (4\text{-}24)$$

式中,($P/A, i, j, n$)为等比系列现值系数。

2. 等比系列终值计算

由 $F = P(1+i)^n$ 得

$$F = \begin{cases} nA_1(1+j)^{n-1}, & i = j \\ A_1\dfrac{[(1+j)^n - (1+i)^n]}{j-i}, & i \neq j \end{cases} \quad (4\text{-}25)$$

或

$$F = A_1(F/A, i, j, n) \quad (4\text{-}26)$$

式中,($F/A, i, j, n$)为等比系列终值系数。

4.2.5 不同周期的等值计算

1. 计息周期小于(或等于)收付周期的等值计算

计息周期小于(或等于)收付周期的等值计算方法有两种。

（1）按收付周期实际利率计算。

（2）按计息周期实际利率计算。

具体公式为

$$F = P(F/P, r/m, mn) \quad (4\text{-}27)$$
$$P = F(P/F, r/m, mn) \quad (4\text{-}28)$$
$$F = A(F/A, r/m, mn) \quad (4\text{-}29)$$
$$P = A(P/A, r/m, mn) \quad (4\text{-}30)$$
$$A = F(A/F, r/m, mn) \quad (4\text{-}31)$$
$$A = P(A/P, r/m, mn) \quad (4\text{-}32)$$

式中,r 为收付周期名义利率;m 为收付周期中的计息次数。

2. 计息周期大于收付周期的等值计算

此种情况,通常规定存款必须满整个计息期才计算利息,也就是说,在计息期间发生的款项在该期不计息,要到下一计息期才计算利息,计息期间发生的存款应该放在期末进行计息,而计息期间发生的借款应该放在期初进行计算。由于计息周期大于收付周期,计息周期间的收付常采用下列三种方法之一进行处理。

（1）不计息：在技术经济分析中,当计息期内收付不计息时,现金收付按年初、年末、年中规则之一处理。

（2）单利计息：在计息期内的收付均按单利计算。计算公式为

$$A_t = \sum A_k'[1+(m_k/N)\times i] \quad (4\text{-}33)$$

式中,A_t 为第 t 计息期末净现金流量;N 为一个计息期内收付周期数;A_k' 为第 t 计息期内第 k 期收付金额;m_k 为第 t 计息期内第 k 期收付金额到达第 t 计息期末所包含的收付周期数;i 为计息期利率。

（3）复利计息：在计息期内的收付按复利计算。此时，计息期利率相当于实际利率，收付周期利率相当于计息期利率。收付周期利率的计算正好与已知名义利率去求解实际利率的情况相反。收付周期利率计算出来后即可按普通复利公式进行计算。

4.3 资金等值计算的应用

4.3.1 计算中注意的问题

在等值计算过程中，运用利息公式要注意其相关关系，主要有倒数关系、乘积关系、和其他关系三种，等值基本公式相关关系示意图如图 4-7 所示。

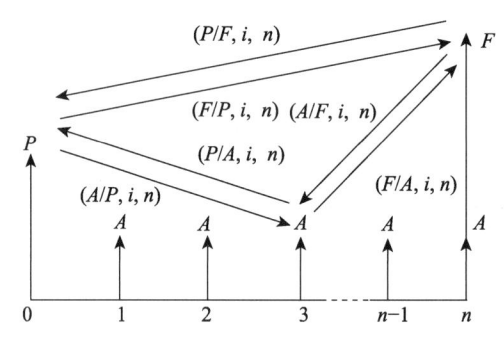

图 4-7 等值基本公式相关关系示意图

（1）倒数关系：$(P/F, i, n) = 1/(F/P, i, n)$
$(P/A, i, n) = 1/(A/P, i, n)$
$(F/A, i, n) = 1/(A/F, i, n)$

（2）乘积关系：$(F/P, i, n)(P/A, i, n) = (F/A, i, n)$
$(F/A, i, n)(A/P, i, n) = (F/P, i, n)$
$(A/F, i, n) + i = (A/P, i, n)$

（3）其他关系：$(A/P, i, n) = (A/F, i, n) + i$
$(F/G, i, n) = [(F/A, i, n) - n]/i$
$(P/G, i, n) = [(P/A, i, n) - n(P/F, i, n)]/i$
$(A/G, i, n) = [1 - n(A/F, i, n)]/i$

运用利息公式应注意以下几个问题：实施方案的初始投资假定发生在方案的寿命期初；方案实施过程中的经常性支出假定发生在计息期（年）末；P 是在当前年度开始时发生；F 是在当前以后的第 n 年年末发生；A 是在考察期间各年年末发生。当问题包括 P 和 A 时，系列的第一个 A 是在 P 发生一年后的年末发生；当问题包括 F 和 A 时，系列的最后一个 A 是和 F 同时发生；均匀梯度系列中，第一个 G 发生在系列的第二年年末。

4.3.2 资金等值计算应用举例

资金时间价值原理和等值计算公式广泛应用于财务管理、投资决策、资产估价等领域。通过下面的四个例题，可以加深对资金时间价值和资金等值计算的理解。

【例 4-1】 某企业拟购买大型设备，价值为 500 万元，有两种付款方式可供选择：①一次性付款，优惠 12%；②分期付款，则不享受优惠，首次支付必须达到 40%，第 1 年年末付 30%，第 2 年年末付 20%，第 3 年年末付 10%。假若企业购买设备所用资金是自有资金，自有资金的机会成本为 10%，问应选择哪种付款方式？又假若企业用借款资金购买设备，借款的利率为 16%，则应选择哪种付款方式？

解：
（1）若所用资金为自有资金，资金的成本为 10%，则
①一次性付款，实际支出 = 500×88% = 440（万元）。
②分期付款，相当于一次性付款值。

$$P = 500 \times 40\% + \frac{500 \times 30\%}{(1+10\%)} + \frac{500 \times 20\%}{(1+10\%)} + \frac{500 \times 10\%}{(1+10\%)} = 456.57（万元）$$

（2）若采用借款资金购买设备，资金的成本为 16%，则
①一次性付款支出 = 500×88% = 440（万元）。
②分期付款，相当于一次性付款值。

$$P = 500 \times 40\% + \frac{500 \times 30\%}{(1+16\%)} + \frac{500 \times 20\%}{(1+16\%)} + \frac{500 \times 10\%}{(1+16\%)} = 435.66（万元）$$

因此，对该企业来说，若采用自有资金，资金利率为 10%，则应选择一次性付款；若采用借款资金，资金利率为 16%，则应选择分期付款。

【例 4-2】 某企业拟购买一设备，预计该设备有效使用寿命为 5 年，在寿命期内每年能产生年纯收益 6.5 万元，若该企业要求的最低投资收益率为 15%，问该企业可接受的设备价格为多少？

解：
设可接受的价格为 P，P 实际上就是投资额，该投资获得的回报即在 5 年内每年有 6.5 万元的纯收益，为了保证获得 15% 的投资收益率，则
获得第 1 年的 6.5 万元，允许的最大投资为
$$P_1 = 6.5 / (1+15\%)$$
获得第 2 年的 6.5 万元，允许的最大投资为
$$P_2 = 6.5 / (1+15\%)^2$$
……
获得第 5 年的 6.5 万元，允许的最大投资为
$$P_5 = 6.5 / (1+15\%)^5$$
因此，
$$P = P_1 + P_2 + P_3 + P_4 + P_5 = 6.5(P/A, 15\%, 5) = 21.8（万元）$$
所以，企业可接受的最高价格为 21.8 万元。

【例 4-3】 某投资者 5 年前以 200 万元价格买入一房产，在过去的 5 年内每年获得年净现金收益 25 万元，现在该房产能以 250 万元出售。若投资者要求的年收益率为 20%，问此项投资是否合算？

解：

判断该项投资合算的标准是该投资有没有达到 20% 的年收益率。可以采用两种方法对此问题进行分析，现金流量图如图 4-8 所示。

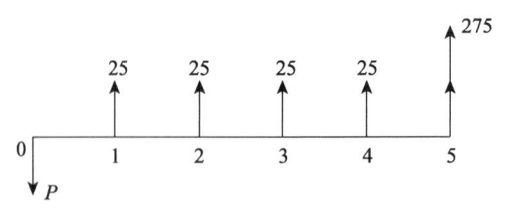

图 4-8 现金流量图

方法一：按 20% 的年收益率，投资 200 万元应该获得

$$F_1 = 200(F/A, 20\%, 5) = 498（万元）$$

而实际收益为

$$F_2 = 25(F/A, 20\%, 5) + 250 = 436（万元）$$

$F_1 < F_2$，则此项投资没有达到 20% 的收益率，故不合算。

方法二：将收益折算成现值

$$P_2 = 25(P/A, 20\%, 5) + 250(P/F, 20\%, 5) = 175.24（万元）$$

债券在未来 4 年的收益流量如图 4-9 所示，因此

$$P = 50(P/A, 8\%, 4) + 500(P/F, 8\%, 4)$$
$$= 50 \times 3.312 + 500 \times 0.735$$
$$= 533（万元）$$

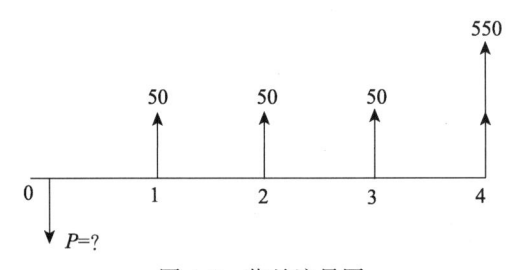

图 4-9 收益流量图

所以，若投资者要求的收益率为 8%，该债券现在的价格低于 533 万元时投资者才值得买入。

【例 4-4】 浙江某大学毕业生欲回家乡筹办一家澳大利亚火鸡饲养场，第 1 年投资 10 万元，1 年后又投资 15 万元，2 年后再投入 20 万元，第 3 年建成投产。投资全部由一家银行贷款，年利率为 8%。贷款从第 3 年开始每年年末等额偿还，还款期 10 年。问每年应至少收益（偿还银行贷款）多少万元？

解：

该方案的现金流量图如图 4-10 所示，方案投产年年初的总投资额为

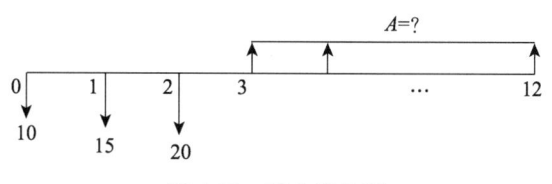

图 4-10 现金流量图

$$P = 10(F/P, 8\%, 2) + 15(F/P, 8\%, 1) + 20$$
$$= 10 \times 1.664 + 15 \times 1.08 + 20$$
$$= 47.864 (万元)$$

$$A = P(A/P, 8\%, 10) = 47.864 \times 0.1490 = 7.13 (万元)$$

因此，该火鸡养殖场每年应至少收益 7.13 万元。

4.4 通货膨胀下的资金时间价值

4.4.1 名义利率和实际利率

在复利计算中，利率周期通常以年为单位，它可以与计息周期相同，也可以不同。当利率周期与计息周期不一致时，就出现了名义利率和实际利率的概念。前述已知，单利与复利的区别在于复利计算中包括了利息的利息。实质上名义利率和实际利率的关系与单利和复利的关系一样，所不同的是名义利率和实际利率是用在计息周期小于利率周期时的。

1. 名义利率

名义利率是指在计息周期小于利率周期时，将计息周期利率乘以一个利率周期内的计息周期数所得的利率，即

$$d = i \times m \tag{4-34}$$

式中，d 为名义利率；i 为计息周期利率；m 为一个利率周期内的计息周期数。

若月利率为 1%，则年名义利率为 12%。很显然，计算名义利率时忽略了前面各期利息再生息的因素，这与单利的计算相同。通常所说的利率周期利率都是名义利率。名义利率的实质是当计息期小于一年的利率化为年利率时，忽略了时间因素，没有计算利息的利息。

2. 实际利率

实际利率考虑了利率周期内的利息再生息因素。如果用计息周期利率来计算利率周期利率，并将这一因素考虑进去，所得的就是实际利率（又称有效利率）。一年中计算复利的次数越频繁，年实际利率通常就越高，因为它反映了资金在计息期内发生的实际增值。

根据利率的概念即可推导出实际利率的计算式。已知名义利率 r，一个利率周期内计息 m 次，则计息周期利率为 $i = d/m$，在某个利率周期初有资金 P。根据一次支付终值公式可得该利率周期的 F，即

$$F = P\left(1+\frac{d}{m}\right)^m \tag{4-35}$$

根据利息的定义可得该利率周期的利息 I 为

$$I = F - P = P\left(1+\frac{d}{m}\right)^m - P = P\left[\left(1+\frac{d}{m}\right)^m - 1\right] \tag{4-36}$$

再根据利率的定义可得该利率周期的实际利率为

$$i_{\text{eff}} = \frac{I}{P} = \left(1+\frac{d}{m}\right)^m \tag{4-37}$$

式中，P 为利率周期初有资金，I 为利率周期的利息，i_{eff} 为实际利率。

4.4.2 名义利率、实际利率与通货膨胀率

在实践中，物价是经常变动的，这就导致了通货膨胀的存在。在通货膨胀环境下，货币的实际购买力会发生变化，从而影响实际利率和名义利率的关系。名义利率是指计息期的有效利率乘以一年中计息的次数，它反映了货币的票面利率，是未考虑通货膨胀因素的利率。实际利率是以计息周期利率为基数，在利率周期内的复利有效利率，标志着实际购买力水平的利率。

在通货膨胀时期的银行存贷利率都是名义利率。如果没有通货膨胀，则名义利率和实际利率是相等的。但在通货膨胀的情况下，实际利率会低于名义利率，因为通货膨胀会侵蚀货币的购买力。实际利率低于名义利率的幅度取决于通货膨胀率（又称物价上涨率），即本期物价指数比上期提高的幅度。通货膨胀率越高，则实际利率低于名义利率的幅度越大。名义利率、实际利率、通货膨胀率三者之间的关系如下。

$$\begin{aligned} d &= (1+i_{\text{eff}})(1+f) - 1 = i_{\text{eff}} + f + i_{\text{eff}} f \\ i_{\text{eff}} &= \frac{d-f}{1+f} = \frac{1+d}{1+f} - 1 \end{aligned} \tag{4-38}$$

式中，d 为名义利率；i_{eff} 为实际利率；f 为通货膨胀率。

4.4.3 通货膨胀下的资金时间价值的应用

【例 4-5】 假若 2011 年 12 月贷款名义利率为 5.4%，那么同期通货膨胀率为 1.3% 的情况下，实际利率是多少？

解：

$$i_{\text{eff}} = \frac{1+d}{1+f} - 1 = \frac{1+5.4\%}{1+1.3\%} - 1 = 4.05\%$$

从例子可以看出，在通货膨胀的影响下，名义利率高于实际利率。因此，企业在进行投资时，为了保证投资资金能够得到全部补偿，并获得一定的收益，必须按通货膨胀的高低调整名义利率，并以调整后的名义利率来计算时间价值，以此为依据进行决策才是合理的。

【例 4-6】 汉河环保工程技术股份公司欲投资一个 100 万元的项目 3 年后可获得投资收益 145 万元，贷款年利率为 6%，通货膨胀率为 8%，则这项投资是否可行？

解：

$$P = F(1+d)^{-n} = F(1+i)^{-n}(1+f)^{-n}$$
$$= 145 \times (1+6\%)^{-3} \times (1+8\%)^{-3}$$

查复利现值表

$$(1+6\%)^{-3} = 0.8396$$
$$(1+8\%)^{-3} = 0.7938$$

故

$$P = 145 \times 0.8396 \times 0.7938$$

从上述计算结果可以看出，如果不考虑通货膨胀的因素，则这项投资的收益现值为 121.74（145×0.8396）万元，高于投资额 100 万元，方案是可取的，但如果考虑了通货膨胀的因素，则投资收益的现值为 96.64 万元，低于投资额 100 万元，这项投资方案不可取。

本章小结

不同时间发生的等额资金在价值上的差别称为资金的时间价值，其实质是资金作为生产要素在生产、交换、流通和分配的过程中，随时间的变化产生增值。资金时间价值的经济含义可从资金的盈利能力和资金的购买力两个方面解释。资金时间价值大小取决于多方面因素，从投资角度看主要有投资收益率、通货膨胀率、风险因素，从计算过程来看主要有利率、期限、计息方式和资金额。计息的方式有单利法和复利法两种。等值计算是指将不同方案在不同时间上的资金序列采用相同的折现率折算到同一时点的过程。资金等值是考虑了资金的时间价值后的等值。影响资金等值的因素有三个：金额的多少、资金发生的时间、利率（或折现率）的高低。资金的等值计算公式主要包括复利计算公式（一次支付终值公式、一次支付现值公式、等额系列终值公式、等额系列偿债基金计算、等额系列现值公式、等额系列资金回收公式）、等差系列现金流量计算公式、等比系列现金流量计算公式、不同周期的等值计算公式。等值基本公式相关关系主要有倒数关系、乘积关系、和其他关系三种。名义利率是指计息期的有效利率乘以一年中计息的次数。实际利率是以计息周期利率为基数，在利率周期内的复利有效利率。通货膨胀率又叫物价上涨率，是指本期物价指数比上期提高的幅度，通货膨胀率越高，则实际利率低于名义利率的幅度越大。

思考与练习

1. 何谓资金的时间价值？如何理解资金时间价值的经济含义？
2. 计息的方式有哪些？哪一种算法的利息金额比较大？除了利息和利息算法，还和什么因素有关？
3. 什么是资金的等值计算？资金等值的影响因素又有哪些？

4. 什么是名义利率、实际利率？

5. 请分析判断以下观点是否正确，如果不正确，请说明你的理由。

（1）一年之后用于消费的货币要小于现在用于消费的货币，其差额就是资金的时间价值。

（2）资金时间价值具体表现为资金的利息和资金的纯收益。

（3）利息和纯收益是衡量资金时间价值的相对尺度。

（4）单利和复利是资金时间价值中两个最基本的概念。

（5）现值和终值的差额即为资金的时间价值。

6. 现有一项目，其现金流量为：第 1 年年末支付 1000 万元，第 2 年年末支付 1500 万元，第 3 年收益 200 万元，第 4 年收益 300 万元，第 5 年收益 400 万元，第 6～10 年每年收益 500 万元，第 11 年收益 450 万元，第 12 年收益 400 万元，第 13 年收益 350 万元，第 14 年收益 450 万元。设年利率为 12%，求：①现值；②终值；③第 2 年年末项目的价值。

7. 假如有人目前借入 2000 元,在今后 2 年中每月等额偿还，每次偿还 99.80 元，复利按月计算。求：①月有效利率；②名义利率；③年有效利率。

拓 展 阅 读

第 5 章

技术经济评价

项目的经济性通常通过经济评价指标进行评估。经济评价指标是工程项目经济效益或投资效果的定量化及其直观的表现形式，它通常通过对投资项目所涉及的费用和效益进行量化和比较来确定。为了对某一工程项目的经济效益作出评价，从而选择可行或最优方案，需要确定经济评价的指标。只有正确地理解和适当地应用各个评价指标的含义及其评价准则，才能对工程项目进行有效的经济分析，才能作出正确的投资决策。由于项目经济效益是一个综合性的指标，任何一个单一指标，都只能从某个方面或某些方面反映项目的经济性。为了使评价工作系统且全面，就需要采用一系列指标，从多角度、多方面进行分析和考察。本章将介绍投资回收期、净现值、内部收益率等工程项目经济评价常用的经济指标，从多个角度来评价工程项目的经济效益。

在数字经济时代，技术经济评价方法发挥着重要的作用。数字技术的快速发展和广泛应用，对技术的选择和投资决策提出了更高的要求。技术经济评价方法可以帮助企业和决策者对不同的数字技术解决方案进行评估，包括其投资回报、成本效益、风险和可行性等方面。通过综合运用投资回收期、净现值、内部收益率等方法，可以量化评估数字技术的经济效益和潜在风险，为决策提供科学依据。

数字经济的发展也为技术经济评价方法带来了新的挑战和机遇。数字经济的特点在于大数据、人工智能、云计算等技术的广泛应用，这些技术不仅为技术经济评价提供了更多的数据和信息支持，还为评估模型和方法的改进提供了可能。通过将数字经济的特点和技术经济评价方法相结合，可以更准确地评估数字技术对经济的影响，为数字化转型和创新提供指导。

综上所述，技术经济评价方法和数字经济是相互关联的，二者共同促进了科技进步和经济发展。有效运用技术经济评价方法，结合数字经济的特点，有助于企业和决策者做出更明智的技术投资决策，推动数字经济的可持续发展。

5.1 经济评价指标的分类

评价项目技术方案经济效果好坏的准确性，一方面取决于基础数据的完整性和可靠性，另一方面则取决于选取的评价指标的合理性，只有选取正确的评价指标，经济评价的结果与客观实际情况相吻合，才具有实际意义。在技术经济分析中，经济效果评价指标多种多样，它们各自从不同角度反映项目的经济性。若按计算时是否考虑资金的时间价值，经济评价指标可分为静态评价指标和动态评价指标，如图5-1所示。

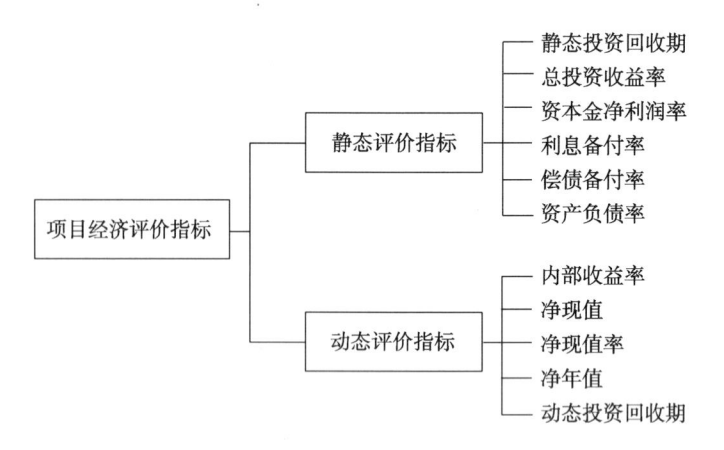

图 5-1　按是否考虑资金时间价值项目经济评价指标体系

静态评价指标是在不考虑时间因素对货币价值影响的情况下直接通过现金流量计算出来的经济评价指标。静态评价指标的最大特点是计算简便，它适于评价短期投资项目和逐年收益大致相等的项目，另外对方案进行概略评价时也常被采用。

动态评价指标是在分析项目或方案的经济效益时，要对发生在不同时点的现金流量进行等值化处理后计算评价指标。动态评价指标能较全面地反映投资方案整个计算期的经济效果，适用于详细可行性研究、对项目整体效益评价的融资前分析，或对计算期较长，以及处在终评阶段的技术方案进行评价。

按评价指标的量纲，可将其分成价值性指标、时间性指标和比率性指标，如图 5-2 所示。

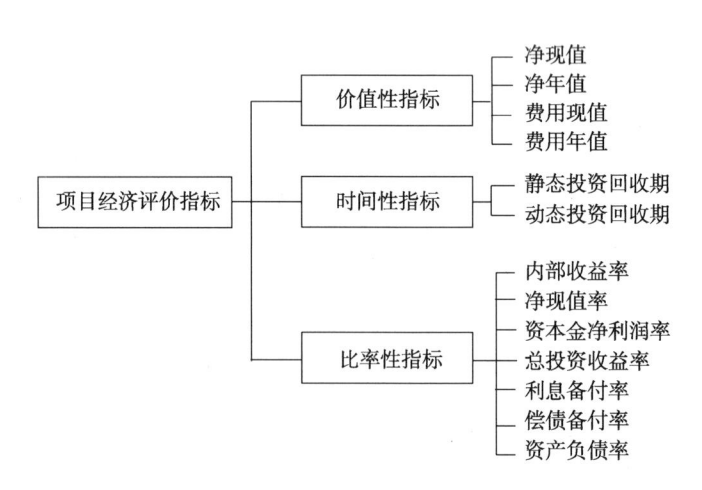

图 5-2　按量纲分类项目经济评价指标体系

价值性指标是以货币为量纲的指标，时间性指标是以时间为量纲的指标，比率性指标是无量纲的指标。

按评价指标的性质，可将其分为清偿能力指标、财务生存能力指标和盈利能力指标，如图 5-3 所示。

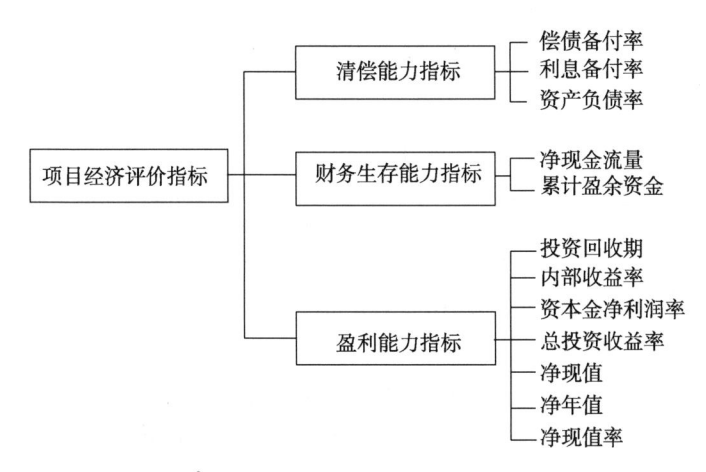

图 5-3 按评价指标性质分类项目经济评价指标体系

5.2 盈利能力分析指标

5.2.1 静态投资回收期

1. 静态投资回收期的概念

项目的静态投资回收期简称回收期,是指在不考虑资金时间价值的情况下,收回全部原始投资额所需要的时间,即投资项目在经营期间内预计净现金流量的累加数恰巧抵偿其在建设期内预计现金流量所需要的时间。此处所说的全部投资包括固定资产投资和流动资金投资,通常以"年"为单位进行衡量。投资回收期一般从建设开始年算起,也可以从投资年开始算起,计算时应具体注明。

2. 静态投资回收期的计算

静态投资回收期 P_t 的计算公式为

$$\sum_{t=0}^{P_t}(CI-CO)_t = 0 \tag{5-1}$$

式中,P_t 为静态投资回收期;CI 为现金流入量;CO 为现金流出量;$(CI-CO)_t$ 为第 t 年净现金流量。

在计算项目的具体静态投资回收期时有两种方法:直接计算法、列表法。

1)直接计算法

直接计算法又称为公式法,项目建成投产后各年的净收益均相同,则静态投资回收期的计算公式为

$$P_t = \frac{I}{R} \tag{5-2}$$

式中,P_t 为静态投资回收期;I 为项目的全部投资;R 为每年的净收益。

【例 5-1】 某工程项目一次性投资 300 万元,当年即可投产,投产后预计项目年净收益为 50 万元,求该工程项目的静态投资回收期。

解：根据式（5-2）可得该项目的静态投资回收期为

$$P_t = \frac{I}{R} = \frac{300}{50} = 6(年)$$

2）列表法

列表法也称为累计法，工程项目建成投产后的各年的净收益不同，是指通过列表计算"累计净现金流量"的方式来确定包括建设期的静态投资回收期，进而再推算出不包括建设期的静态投资回收期的方法。由于该方法适用范围广泛且通用性强，又被称为"一般方法"。其计算公式为

$$P_t = \left(\frac{累计净现金流量}{出现正值的年份数} - 1\right) + \frac{|上一年累计净现金流量|}{出现正值年份的净现金流量} \quad (5-3)$$

【**例 5-2**】某工程项目的现金流量如表 5-1 所示，计算该项目的静态投资回收期。

表 5-1　某工程项目的投资及净现金收入　　　　　　　　　单位：万元

年份	0	1	2	3	4	5	6	7
总投资	200	150						
收入			60	80	90	180	200	220
支出			30	40	40	50	60	60

由表 5-1 整理可得表 5-2。

表 5-2　某工程项目的投资及净现金收入　　　　　　　　　单位：万元

年份	0	1	2	3	4	5	6	7
净现金流量	−200	−150	30	40	50	130	140	160
累计净现金流量	−200	−350	−320	−280	−230	−100	40	200

由表 5-2 可知该工程项目的静态投资回收期在 5 年和 6 年之间，根据式（5-3）可得

$$P_t = (6-1) + \frac{|-100|}{140} = 5.71（年）$$

3. 静态投资回收期的判别标准

计算出的静态投资回收期应与行业或部门的基准投资回收期 P_c 进行比较，若 $P_t \leq P_c$，表明项目投入的总资金在规定的时间内可收回，则认为项目是可以考虑接受的。若 $P_t > P_c$，表明项目投入的总资金在规定的时间内不能收回，则认为项目是不可行的。

4. 静态投资回收期的优、缺点

静态投资回收期可以在一定程度上反映出项目方案的资金回收能力，其计算方便，有助于对技术上更新较快的项目进行评价。然而，该指标未考虑资金的时间价值，也未对投资回收期之后的收益进行分析，因此无法确定项目整个生命周期的总收益和盈利能力。这可能导致倾向于接受短期效益较好的方案，而忽视那些短期效益较差但长期收益较高的方案。比较三个方案（表 5-3），初始投资总额都为 1800 万元，静态投资回收期

分别为 2 年、4 年和 3 年，如果仅按静态投资回收期的长短来进行方案的取舍，则应选择方案一，但其收回投资后年份的净收益为 0，是三个方案中最差的。

表 5-3　某项目的三个方案的现金流量　　　　　　单位：万元

年份	0	1	2	3	4	5	累计现金流量
方案一	−1800	900	900	0	0	0	0
方案二	−1800	450	−450	450	450	450	450
方案三	−1800	600	600	600	600	600	1200

5.2.2　动态投资回收期

1. 动态投资回收期的概念

动态投资回收期是把投资项目各年的净现金流量按基准收益率折成现值之后，再来推算投资回收期，这就是它与静态投资回收期的根本区别。动态投资回收期就是净现金流量累计现值等于零时的年份。

2. 动态投资回收期的计算

常用的动态投资回收期的计算方法为列表法，动态投资回收期外的计算公式为

$$\sum_{t=0}^{P_d}(CI-CO)_t(1+i_c)^{(-t)}=0 \quad (5-4)$$

式中，P_d 为动态投资回收期；i_c 为基准折现率。

在实际的计算中，通常根据项目的现金流量采用列表法计算，公式为

$$P_d = \left(\frac{\text{累计净现金流量折现值}}{\text{出现正值的年份数}} - 1\right) + \frac{|\text{上一年累计净现金流量折现值}|}{\text{出现正值年份的净现金流量折现值}} \quad (5-5)$$

【例 5-3】根据项目有关数据如表 5-4 所示，计算该项目的静态、动态投资回收期。（$i_c = 10\%$）

表 5-4　某项目净现金流量表　　　　　　单位：万元

年份	0	1	2	3	4	5	6
投资支出	50	300	200				
其他支出				300	450	450	450
收入				450	700	700	700

根据表 5-4 计算可得表 5-5。

表 5-5　某项目净现金流量表　　　　　　单位：万元

年份	0	1	2	3	4	5	6
净现金流量	−50	−300	−200	150	250	250	250
累计净现金流量	−50	−300	−550	−400	−150	100	350
折现系数	1	0.9091	0.8264	0.7513	0.6830	0.6209	0.5654
折现值	−50	−272.73	−165.28	112.695	170.75	155.225	141.35
累计折现值	−50	−322.73	−488.01	−375.315	−204.565	−49.34	92.01

根据式（5-3）可得

$$P_t = (6-1) + \frac{|-49.34|}{250141.35} = 5.35（年）$$

根据式（5-5）可得

$$P_d = (5-1) + \frac{|-150|}{250} = 4.6（年）$$

3. 动态投资回收期的判别准则

计算出的动态投资回收期应与行业或部门的基准投资回收期 P_c 进行比较，若 $P_d \leq P_c$，表明项目投入的总资金在规定的时间内可收回，则认为项目是可以考虑接受的；若 $P_d > P_c$，表明项目投入的总资金在规定的时间内不能收回，则认为项目是不可行的。

4. 动态投资回收期的优缺点

动态投资回收期是一个常用的经济评价指标，它不仅考虑了资金的时间价值，而且具有较高的直观性和较简便的计算过程。该指标能够在一定程度上反映资本的周转速度，资本周转速度越快，投资回收期就越短，相应的风险越小，盈利能力也越强。这一特性使得动态投资回收期在分析某些特定类型的项目时尤为重要，例如技术更新速度快的项目、资金较为短缺的项目，以及未来发展情况难以预测但投资者高度关注资金补偿能力的项目。

动态投资回收期的不足是，没有全面地考虑投资方案整个计算期内的现金流量，即忽略了发生在投资回收期以后的所有情况，对总收入不作考虑。只考虑回收之前的效果，不能反映投资回收之后的情况，即无法准确衡量方案在整个计算期内的经济效果。所以它同静态投资回收期一样，通常只适用于辅助性评价。

5.2.3 总投资收益率

总投资收益率（return on investment，ROI），是指项目达到设计生产能力时的一个正常年份的年息税前利润（earnings before interest and tax，EBIT）或运营期内年平均息税前利润与项目总投资的比率。其计算公式为

$$总投资收益率 = \frac{年平均息税前利润}{项目总投资} \times 100\% \tag{5-6}$$

$$年息税前利润 = 年营业收入 - 年营业税金及附加 - 年总成本费用 + 补贴收入 + 利息支出 \tag{5-7}$$

$$年营业税金及附加 = 年消费税 + 年营业税 + 年资源税 + 年城市维护建设税 + 年教育费附加$$

$$项目总投资 = 建设投资 + 建设期利息 + 流动资金 \tag{5-8}$$

当计算出的总投资收益率高于行业收益率参考值时，认为该项目盈利能力满足要求。ROI 适用于项目融资后的盈利能力分析。

5.2.4 项目资本金净利润率

项目资本金净利润率（return on equity，ROE），表示项目资本金（equity）的盈利

水平，指项目达到设计能力后正常年份的年净利润或运营期内年平均净利润与项目资本金的比率。其计算公式为

$$资本金净利润率 = \frac{正常年份的年净利润或运营期内年平均净利润}{项目资本金} \times 100\% \quad (5\text{-}9)$$

$$年净利润 = 年产品营业收入 - 年产品营业税金及附加 - 年总成本费用 - 所得税 \quad (5\text{-}10)$$

$$项目资本金 = 原有股东增资扩股 + 吸收新股东投资 + 发行股票 +$$
$$政府投资 + 股东直接投资 \quad (5\text{-}11)$$

当计算出的资本金净利润率高于行业净利润率参考值时，表明用项目资本金净利润率表示的盈利能力满足要求。

资本金净利润率指标常用于项目融资后盈利能力分析。

5.2.5 净现值

1. 净现值的概念

净现值（net present value，NPV）是一项投资所产生的未来现金流的折现值与项目投资成本之间的差值。该方法是指按一定的折现率（基准收益率），将方案计算期内的净现金流量折现到计算基准年（通常是期初，即第0年）的现值的代数和，然后根据净现值的大小来评价投资方案。

2. 净现值的计算

净现值是考察项目在计算期内盈利能力的主要动态评价指标，其计算公式为

$$\text{NPV} = \sum_{t=0}^{n}(\text{CI} - \text{CO})_t(1+i_c)^{-t} \quad (5\text{-}12)$$

净现值的计算方法有两种：列表法和公式法。

（1）列表法，在项目的现金流量表上按基准折现率计算寿命期内累计折现值。

（2）公式法，利用一次支付现值公式或等额支付现值公式将寿命期内每年发生的现金流量，按基准折现率折现到期初，然后累加起来。

3. 净现值的判别准则

1）单一方案

根据式（5-12）计算出 NPV 后，其结果有三种情况，即 NPV > 0，NPV = 0，或 NPV < 0。在用于投资方案的经济评价时其判别准则如下。

若 NPV > 0，说明方案可行。因为这种情况说明投资方案实施后的投资收益水平不但能够达到基准折现率的水平，而且还会有盈余，即项目的盈利能力超过其投资收益期望水平。

若 NPV = 0，说明方案可考虑接受。因为这种情况说明投资方案实施后的收益水平恰好等于基准折现率，即盈利能力能达到所期望的最低财务盈利水平。

若 NPV < 0，说明方案不可行。因为这种情况说明投资方案实施后的投资收益水平达不到基准折现率，即其盈利能力水平比较低，甚至有可能出现亏损。

2）多方案

多方案进行比选时，选择NPV值大于0且最大的方案。

【例5-4】 表5-6所示为某项目的经济数据，已知基准折现率$i_c = 10\%$，计算该项目的净现值，并判断项目方案在经济上是否可行。

表5-6　某项目现金流量表　　　　　　　　　　单位：万元

年份	0	1	2	3	4	5	6
现金流出	100	100					
现金流入				50	60	80	100

（1）列表法。根据表5-6计算可得表5-7。

表5-7　某项目净现金流量表　　　　　　　　　　单位：万元

年份	0	1	2	3	4	5
累计现金流量	−100	−100	50	60	80	100
折现系数	1	0.9091	0.8264	0.7531	0.6830	0.6209
折现值	−100	−90.91	41.32	45.078	54.64	62.09
累计折现值	−100	−190.91	−149.59	−104.51	−49.87	12.22

解：

NPV = 寿命期内的累积折现值 = 12.22（万元）

$$\begin{aligned}NPV &= -100 - 100 \times (P/F, 10\%, 1) + 50 \times (P/F, 10\%, 2) + 60 \times (P/F, 10\%, 3) + \\ & \quad 80 \times (P/F, 10\%, 4) + 100 \times (P/F, 10\%, 5) \\ &= -100 - 100 \times 0.9091 + 50 \times 0.8264 + 60 \times 0.7513 + 80 \times 0.6830 + 100 \times 0.6209 \\ &= 12.22 (万元)\end{aligned}$$

（2）公式法。由于NPV = 12.22 > 0，根据判别标准，项目在经济上是可行的。

4. 净现值的优、缺点

（1）优点：①考虑了资金的时间价值并全面考虑了项目在整个寿命期内的经济情况；②经济意义明确直观，能够直接以货币额表示项目的净收益；③可表现项目投资额与资金成本之间的关系；④适用于单一方案比选，也可用于多方案优选。

（2）缺点：①必须首先确定一个符合经济现实的基准折现率，而基准折现率的确定往往是比较困难的；②不能直接说明项目运营期间各年的经营成果；③不能真正反映项目投资中单位投资的使用效率。

5.2.6　净现值率

1. 净现值率的概念

净现值指标用于多个方案的比选时，没有考虑各方案投资额的大小，因而不能直接反映资金的利用效率。为了考察资金的利用效率，通常采用净现值率作为净现值的辅助指标。

净现值率（net present value ratio，NPVR）是指项目的净现值与投资总额现值的比值，其经济含义是单位投资现值所能带来的净现值，是一个考察项目单位投资的盈利能力的指标。

2. 净现值率的计算

净现值率的计算公式为

$$\text{NPVR} = \frac{\text{NPV}}{K_p} \tag{5-13}$$

式中，K_p 为项目总投资现值。

3. 净现值率的判别准则

（1）单一方案。当 NPVR≥0 时，方案可行；当 NPVR＜0 时，方案不可行。

（2）多方案比选。用净现值率法进行多方案比较时，以 NPVR＞0 且最大的方案为优，它体现了投资资金的使用效率，此指标主要适用多方案的优劣排序。

【例5-5】 某项目有 A、B 两个设计方案，建设期都为 1 年，计算期为 6 年，i = 15%。其中 A 方案的期初投资为 1700 万元，年运营成本 1500 万元，年销售收入为 2000 万元，无残值。B 方案期初投资为 2500 万元，年运营成本 500 万元，年销售收入为 1200 万元，残值为 100 万元。计算 A、B 方案的净现值、净现值率并对方案进行评价选择如表 5-8 和表 5-9 所示。

表 5-8　方案 A 现金流量表　　　　　　　　单位：万元

年份	0	1	2	3	4	5	6
投资	1700						
年运营费用	1500	1500	1500	1500	1500	1500	1500
年销售收入	2000	2000	2000	2000	2000	2000	2000
残值							0

表 5-9　方案 B 现金流量表　　　　　　　　单位：万元

年份	0	1	2	3	4	5	6
投资	2500						
年运营费用	500	500	500	500	500	500	500
年销售收入	1200	1200	1200	1200	1200	1200	1200
残值							100

① 求净现值。

$$\begin{aligned}
\text{NPV}_A &= -1700 + (2000 - 1500) \times (P/A, 15\%, 6) \\
&= -1700 + 500 \times 3.7845 \\
&= 192.25 (\text{万元})
\end{aligned}$$

$$\begin{aligned}
\text{NPV}_B &= -2500 + (1200 - 500) \times (P/A, 15\%, 6) + 100 \times (P/F, 15\%, 6) \\
&= -2500 + 700 \times 3.7845 + 100 \times 0.4323 \\
&= 192.38 (\text{万元})
\end{aligned}$$

②求净现值率。

$$\text{NPVR}_A = \frac{192.25}{1700} = 0.11$$

$$\text{NPVR}_B = \frac{192.38}{2500} = 0.08$$

③评价结果。

根据计算结果可得，$\text{NPVR}_A > 0$，$\text{NPVR}_B > 0$，$\text{NPV}_A < \text{NPV}_B > 0$，根据净现值应该选择 B 方案。但是，$\text{NPVR}_A > \text{NPVR}_B$，故与净现值法结论相反，应该选择 A 方案。

由此可见，当投资额不相同时，需要对方案的投资效率进行比较，即计算方案的 NPVR，并综合考虑投资资金要求后，才能对方案进行评价和决策。

5.2.7 费用现值

费用现值法（present cost，PC）是一种特定情况下的净现值法。在比较方案时，如两个方案的寿命期和生产能力相同，也就是销售收入相同时，或者两个方案的效益基本相同，但它们有无形效益而且难以估算时，如安全保障、环境保护、劳动条件改善等，为了简化计算，可不必考虑其相同因素（收入或无形效益），仅比较其不同因素（支出）。此时，净现值法可改称为费用现值法，通常仍简称为现值法（PC）或现值比较法。为了计算上的方便，往往将支出值的负号略去，而回收残值的符号则应与支出值的符号相反，取负值。计算公式如下。

$$\text{PC} = -\text{NPV} = \sum_{t=0}^{n}(\text{CO}-\text{CI})_t(1+i_c)^{-t} \qquad (5\text{-}14)$$

【例 5-6】 A、B 两个方案的相关费用支出如表 5-10 所示，各方案寿命周期为 10 年，基准折现率为 10%，请选择最优方案。

表 5-10 A、B 方案的净现金流量表 单位：万元

方案	初始投资	年经营成本（第 1～10 年）
A	800	200
B	1000	150

各方案的费用现值计算如下。

$$\text{PC}_A = 800 + 200 \times (P/A, 10\%, 10) = 800 + 200 \times 6.1446 = 2028.92（万元）$$

$$\text{PC}_B = 1000 + 150 \times (P/A, 10\%, 10) = 1000 + 150 \times 6.1446 = 1921.69（万元）$$

$\text{PC}_A > \text{PC}_B$，故方案 B 更优，应选方案 B。

5.2.8 将来值

以项目计算期末为基准，把不同时间发生的净现金流量按一定的折现率计算到项目计算期末值的代数和。若以符号 NFV 表示将来值，则

$$\text{NFV} = F_0(1+i)^N + F_1(1+i)^{N-1} + \cdots + F_{N-1}(1+i)^1 + F_N \qquad (5\text{-}15)$$

即

$$\text{NFV} = \sum_{t=0}^{N} F_i (1+i)^{N-t} \quad (5\text{-}16)$$

或

$$\text{NFV} = \sum_{t=0}^{N} F_i (F/P_i, N-t) \quad (5\text{-}17)$$

另一种计算方法是，先把有关的现金流量折算为现值，然后再把现值换算 N 年后的将来值，即

$$\text{NFV} = \text{NPV}(i)(F/P_i, N) \quad (5\text{-}18)$$

由式（5-18）可知，将来值等于净现值乘以一个常数。由此可见，方案用将来值评价的结论一定和净现值评价的结论相同。

【例 5-7】 某项目的原始投资 $F_0 = -20000$ 元，以后各年净现金流量如下。

第 1 年为 3000 元，第 2~10 年为 5000 元。项目计算期为 10 年，折现率为 10%，求将来值。

$$\begin{aligned}
\text{NFV} &= -20000 \times (F/P, 10, 10) + 3000 \times (F/P, 10, 9) + 5000 \times (F/A, 10, 9) \\
&= -20000 \times 2.5937 + 3000 \times 2.3579 + 5000 \times 13.5795 \\
&= 23097 (元)
\end{aligned}$$

同样，用式（5-18）也可求得

$$\text{NFV} = \text{NPV}(F/P, 10, 10) = 8905 \times 2.5937 = 23097 (元)$$

5.2.9 内部收益率

1. 内部收益率的定义和计算

内部收益率 IRR 被定义为净现值等于零时的折现率，即 $\text{NPV} = \sum_{t=0}^{N} F_t (1+\text{IRR})^{-t} = 0$ 时的 IRR。从这个定义可以看出，内部收益率所依赖的计算基础仅仅是项目的净现金流量 F_t 和项目的计算期 N。而这些数据完全是由项目方案本身（内部）所决定的。收益率"内部"两字的含义就在于此。

"净现值指标"在给定基准贴现率的情况下，所计算出的方案能够负担资本成本以后的盈利；"内部收益率"则倒过来，用来计算投资方案对所使用的资金所能支付的最高成本。内部收益率的基准值是基准贴现率 i_0，方案可取的评价判据是 IRR $\geq i_0$。

若 IRR $> i_0$，i_0 为企业规定的折现率（资本成本），则 $\text{NPV}(i_0) > 0$，说明企业的投资不仅能够回收，还能够获得盈利，因此应考虑接受该方案。

若 IRR $= i_0$，则 $\text{NPV}(i_0) = 0$，说明企业的原始投资能够回收，并恰能支付资本成本费用。

若 IRR $< i_0$，则 $\text{NPV}(i_0) < 0$，说明企业的原始投资可能无法回收，无法支付资本成本费用，该投资方案应拒绝。

内部收益率的计算求解较为困难，直接按定义求解时，要解一个 N 次的高次方程，一般无法解出，通常都是采用反复试算的方法。

【例 5-8】 某项目的原始投资 $F_0 = -20000$ 元，以后各年净现金流量如下：第 1 年为 3000 元，第 2~10 年为 5000 元。项目计算期为 10 年，求内部收益率。

解：按照内部收益率的定义可得

$$\text{NPV} = -2000 + 3000 \times (1+i)^{-1} + 5000 \sum_{t=2}^{10} (1+i)^{-t} = 0$$

解方程式求 i，计算工作很复杂。以折现率 i 从小到大逐个计算净现值，直至出现相邻两个净现值的符号相反，即 $\text{NPV}_1(i_1) > 0$，$\text{NPV}_2(i_2) < 0$ 时，则内部收益 IRR 必在 (i_1, i_2) 之间。当区间 (i_1, i_2) 不大时（一般小于 3%），可以用直线内插法求得内部收益率的近似值。

$$\text{IRR} \approx i_1 + (i_2 - i_1) \times \frac{|\text{NPV}_1|}{|\text{NPV}_1| + |\text{NPV}_2|} \quad (5-19)$$

折现率为 0，10%，12%，15%，18%，20%，25% 的净现值，如表 5-11 所示。

表 5-11　不同折现率下的净现值　　　　　　　　　单位：元

折现率	Excel 计算公式（净现金流量存放于 A1：A11 内）	净现值
0%	A1+NPV（0%，A2：A11）	28000.00
10%	A1+NPV（10%，A2：A11）	8904.65
12%	A1+NPV（12%，A2：A11）	6465.40
15%	A1+NPV（15%，A2：A11）	3354.71
18%	A1+NPV（18%，A2：A11）	775.52
20%	A1+NPV（20%，A2：A11）	-704.31
25%	A1+NPV（25%，A2：A11）	-3747.48

当 $i_1 = 18\%$ 时，$\text{NPV}_1 = 775.52$；当 $i_2 = 20\%$ 时，$\text{NPV}_2 = -704.31$。按照这两点直线内插，则有

$$\text{IRR} \approx 18\% + (20\% - 18\%) \times \frac{775.52}{775.52 + 704.31} = 19.05\%$$

我们可以利用电子表格进行精确计算，例 5-8 的 Excel 计算公式为 IRR（A0：A10），可求得精确解 19.02%。

计算内部收益率需要求解一个 N 次多项式。在数学上，多项式有多个实根。求一个多项式所有正根的上限值，其最有效的判断方法为笛卡尔符号法则（descartes' rule of signs）：正实根的个数不会超过其系数系列 F_0，F_1，F_2，…，F_{N-1}，F_N 中符号变更的数目。

采用内部收益率计算时，无须事先给定折现率，它是由项目本身的净现金流量所决定的。另外，这个指标直接给出项目盈利水平的相对值，便于投资者理解和做出判断，因此，这个指标在长期投资决策中得到了广泛应用。内部收益率能反映投资方案本身的盈利水平，但由于求解内部收益率的方程是 N 次方程，如果是非常规投资方案，即在项

目计算期内各年的净现金流量有时为正，有时为负，正、负号的改变超过一次以上的投资方案，往往有若干个解，这时就不能采用内部收益率作为评价指标。由于内部收益率不能在所有情况下给出唯一确定值，使其应用受到一定程度的限制。此外，内部收益率在再投资收益率的假设上存在缺陷。

2. 内部收益率的经济含义

可以从两个方面来理解内部收益率的经济含义。一种理解是从项目对所占用资金的偿付能力出发的。建设项目是一种不断通过项目获取的效益来回收所投入资金的过程。因为资金存在时间价值，这要求项目不仅回收投入资金，还偿付资金的时间价值。资金的时间价值是按资金的占用量和占用的时间长短来计算的。单位资金被占用单位时间（通常以年为单位时间）的价值就是利率或折现率的概念，可以理解为资金占用的成本。从这个角度出发，内部收益率表示的是项目能够偿付的最大资本成本。当实际的资本成本低于内部收益率时，项目除能偿付投入的资金和资金占用的成本外还有富余。内部收益率越高，项目对资金占用的偿付能力就越高，由于计算期内项目各年占用资金的数额是不同的，一般开始占用多，后期占用少。求出的内部收益率是整个项目计算期内一个总的最大能偿付的资本成本。例如，某项目的其内部收益率 IRR = 10%。按以上解释，它表示项目恰好可以偿付占用资金的价格的 10%。第一年占用 1000 万元，按 10%计算，占用的时间价值是 100 万元。第 1 年末偿付能力是 400 万元，其中 100 万元用于偿付这一年资金占用的时间价值，还有 300 万元用于偿付初始的资金投入，因此第 2 年占用的资金是 700 万元；第 2 年资金的时间价值将仍按 10%计算，则占用的时间价值是 70 万元……依此类推，则计算期末时，恰好偿付完全部占用的资金和资金占用的时间价值。由此可以看出，内部收益率不是对初始投资 1000 万元的偿付能力，而是对各年实际占用资金的偿付能力。

资金时间价值存在的主要原因是资金在再生产过程中的增值。单位资金在单位时间内的增值就是资金的盈利率。因此，内部收益率另一种经济含义的表述就是项目在计算期内占用资金所能达到的盈利率。以图 5-4 为例，可以说该项目的资金盈利率是 10%。第 1 年末收益 400 万元中的 100 万元是盈利，余下的 300 万元偿付年初的资本投入。资金的盈利率是 10%，第 2 年年末收益 370 万元中的 70 万元是该年占用资金（700 万元）的盈利，余下 300 万元是偿付投入的资金。以后 2 年的盈利分别是 40 万元和 20 万元，偿付资金分别是 200 万元和 0 元。因此，项目达到的盈利率始终是该年占用资金的 10%，并偿付完全部的投入资金。按以上分析，内部收益率的经济含义可表述为：项目在计算期内对占用资金所能偿付的最大资本成本，或者说，项目所占用资金在总体上的资金盈利率。

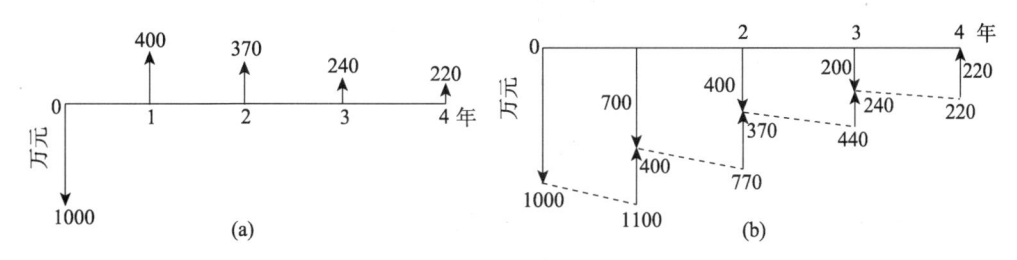

图 5-4 内部收益率的经济含义

5.2.10 外部收益率

外部收益率（external rate of return，ERR）是使一个投资方案原投资额的终值与各年的净现金流量按基准收益率或设定的折现率计算的终值之和相等时的收益率。

外部收益率既是按统一的收益率计算各年的净现金流量形成的增值，又可避免非常规方案的多个内部收益率问题，可弥补上述内部收益率指标的不足。

外部收益率的计算公式为

$$\sum_{t=0}^{n} CO_t (1+ERR)^{n-t} = \sum_{t=0}^{n} CI_t (1+i_c)^{n-t} \quad (5\text{-}20)$$

外部收益率可以说是对内部收益率的一种修正，计算外部收益率与内部收益率一样假定建设项目在计算期内所获得的净收益全部用于再投资，但不同的是假定再投资的收益率等于基准收益率。其经济含义是：建设项目在基准收益率的利率下，在建设项目寿命终了时，以每年的净收益率恰好把投资全部收回。

当外部收益率法用于建设项目经济效果评价时，也需要与基准收益率 i_c 比较，其独立建设项目评判准则为：外部收益率大于等于基准收益率 i_c，建设项目可行；否则，建设项目不可行。

外部收益率法用于多个可行建设项目的优选与排序时，其评判准则为：外部收益率越大的建设项目越优。

常规建设项目的外部收益率往往不能准确地反映其建设项目投入资金年动态收益率的大小，而且对于多次投资且寿命周期比较长的建设项目来说，外部收益率的计算也比较麻烦，需要求解诸如 $a_0 + a_1 x + a_2 x^2 + \cdots + a_n x^n = b$（$n \geq 3$）的高次一元方程。但相对于内部收益率法来说，外部收益率法具有内部收益率法无法比拟的优点。

（1）对于非常规建设项目，根据外部收益率的计算公式可知，其方程仅具有唯一的正实数解，从而避免了非常规建设项目可能存在多个内部收益率的问题。

（2）外部收益率法中各年现金流出量按外部收益率折现后的终值，等于各年现金流入量按基准收益率再投资后得到的终值。这样就克服了建设项目尚未回收的投资和建设项目回收取得的资金都能获得相同的收益率的弊病。

（3）外部收益率法所用的再投资报酬率是基准收益率，而基准收益率是根据特定的经济环境、资金市场、投资项目，以及特定的时期用科学方法进行猜测得到的，是使建设项目可行的最低要求，因此外部收益率与实际再投资报酬率更为接近。

（4）由于外部收益率表示建设项目在计算期内按基准收益率将获得的净收益全部用于再投资的收益水平，因而，对于多个可行建设项目的比选，就不必运用内部收益率类似的方法—两差额比较，则可直接采取各建设项目外部收益率的值直接进行优劣排序，从而大大简化了比选过程。

因此，外部收益率不仅比内部的收益率计算简便，而且其计算结果更为客观正确，在投资决策中更能为决策者提供可靠有用的信息。

【例 5-9】 设某投资方案的净现金流量表如表 5-12 所示。

表 5-12　某投资方案的净现金流量表　　　　　　　　单位：万元

年份	0	1～4	5
净现金流量	−20000	5600	4000

其外部收益率按下列方法计算（设要求达到的最低收益率为 10%）。

按要求达到的最低收益率计算各年净现金流入量到寿命期终了时的终值之和。

$$5600 \times (F/A, 10\%, 5) + 4000 = 38188（元）$$

上述终值之和相当于原投资额至方案寿命期终了时的本利和，可据此推算原投资额在方案寿命期内取得的收益率为

$$终值系数：(F/P, ERR, 5) = 381884 - 20000 = 1.9094$$

从复利终值表中找出在相同期数里与上述系数相邻的折现率，再依据两个相邻的折现率和已计算的终值系数，用"内插法"计算出方案的收益率为 13.807%。

5.2.11　简单收益率

简单收益率在计算时使用会计报表的数据，用投资收益除以投资额来计算项目的盈利水平。

常见的几种具体形式有

全部投资收益率 =（年利润 + 利息）/ 全部投资额

权益投资收益率 = 年利润 / 权益投资额

投资利税率 =（年利润 + 税金）/ 全部投资额

投资利润率 = 年利润 / 全部投资额

以上指标与行业基准水平进行比较，若大于行业基准水平则项目可行；否则项目不被考虑。

【例 5-10】 假定某一新设备投资 8000 元，寿命期 5 年，各年利润合计为 6000 元，求投资利润率。

解：其投资利润率计算如下。

年平均利润 = 6000/5 = 1200（元）

投资利润率 = 1200/8000 = 15%

计算时，式中的分母也可以使用平均投资额代替，平均投资额等于原始投资额减去残值以后的值再除以 2，这样计算的结果数值提高一倍以上，但不改变投资收益率法的性质。

使用简单收益率的理由除其计算简便、易理解外，还有以下两个主要原因。

（1）保证新增投资不会逆向影响净利润。投资收益率高的项目，每一元投资带来的年利润高，从而能够增加企业的净利润。

（2）有利于企业经理人员获得奖励。通常衡量投资中心经理人员工作成绩的指标是投资利润率。投资前期选用简单收益率指标来选择投资方案，有利于显示经理人员的经营业绩。

这个指标的缺点是：首先，当投资项目各年利润相差较大时，正常年的利润值将不

好选择；其次，该指标不能反映项目计算期获益时间的长短，只能反映某特定年份或某些年份的盈利水平；最后，分母一般用的是项目初始投资，随着项目收益的增加，项目实际占用的资金是逐步减少的，用初始投资做分母显然低估了投资项目的盈利水平。

5.3 清偿能力指标

项目偿债能力分析是项目融资后分析的重要内容，是项目融资主体和债权人共同关心的指标。

5.3.1 利息备付率

利息备付率（interest coverage ratio），也称已获利息倍数，是指项目在借款偿还期内各年可用于支付利息的息税前利润与当期应付利息费用的比值。其表达式为

$$利息备付率 = \frac{息税前利润}{当期应付利息费用} \times 100\% \tag{5-21}$$

$$息税前利润 = 利润总额 + 计入总成本费用的利息费用 \tag{5-22}$$

式中，当期应付利息是指计入总成本费用的全部利息。

利息备付率在借款还清之前须分年计算。利息备付率越高，表明利息偿付的保障程度越高。

利息备付率表示使用项目利润偿付利息的保证倍率。参考国际经验和国内行业的具体情况，根据我国企业历史数据统计分析，一般情况下，利息备付率不宜低于1，并满足债权人的要求。

5.3.2 偿债备付率

偿债备付率（debt service coverage ratio），是指项目在借款偿还期内，各年可用于还本付息的资金与当期应还本付息金额的比值。其计算公式为

$$偿债备付率 = \frac{可用于还本付息资金}{当期应还本付息金额} \times 100\% \tag{5-23}$$

式中，可用于还本付息资金包括可用于还款的折旧和摊销，成本中列支的利息费用，可用于还款的所得税后利润等；当期应还本付息金额包括当期应还贷款本金额及计入成本的全部利息。融资租赁的本息和运营期内的短期借款本息也应纳入还本付息金额。

偿债备付率在借款还清之前分年计算。偿债备付率高，表明可用于还本付息的资金保障程度高。

偿债备付率表示可用于还本付息的资金偿还借款本息的保证倍率。偿债备付率正常情况下应大于1，并满足债权人的要求。

5.3.3 资产负债率

资产负债率（liability on asset ratio）是指各期末负债总额同资产总额的比率。其计

算公式为

$$资产负债率 = \frac{期末负债总额}{期末资产总额} \times 100\% \quad (5\text{-}24)$$

适度的资产负债率，表明企业经营安全、稳健，具有较强的筹资能力，也表明企业和债权人的风险较小。对该指标的分析，应结合国家宏观经济状况、行业发展趋势、企业所处竞争环境等具体条件判定。项目财务分析中，在长期债务还清后，可不再计算资产负债率。

5.4 财务生存能力指标

财务生存能力分析是指通过考察项目计算期内的投资、融资和经营活动所产生的各项现金流入和流出，计算净现金流量和累计盈余资金，分析项目是否有足够的净现金流量维持正常运营，以实现财务状况持续良好。

$$年净现金流量 = 年经营活动净现金流量 + 年投资活动净现金流量 +$$
$$年筹资活动净现金流量 \quad (5\text{-}25)$$

$$累计盈余资金 = \sum_{t=1}^{n} 各年净现金流量 \quad (5\text{-}26)$$

5.5 基准收益率的确定方法

5.5.1 基准收益率的影响因素

基准收益率（minimum attractive rate of return）的确定一般以行业的平均收益率为基础，同时综合考虑资金成本、投资风险、通货膨胀以及资金限制等影响因素。对于国家投资项目，进行经济评价时使用的基准收益率是由国家组织测定并发布的行业基准收益率；对于非国家投资项目，由投资者自行确定，但应考虑以下因素。

1. 资金成本和机会成本

资金成本（capital cost），是为取得资金使用权所支付的费用。项目投资后所获利润额必须能够补偿资金成本，才能实现盈利。因此，基准收益率最低限度不应小于资金成本。投资的机会成本是指投资者将有限的资金用于除拟建项目以外的其他投资机会所能获得的最好收益。换言之，由于资金有限，当把资金投入拟建项目时，将失去从其他最好的投资机会中获得收益的机会。显然，基准收益率应不低于单位资金成本和单位投资的机会成本两者的最高值，这样才能使资金得到最有效的利用。这一要求可表达为

$$i_c \geqslant i_1 = \max\{单位资金成本, 单位投资机会成本\} \quad (5\text{-}27)$$

如果项目完全由企业自有资金投资建设，可参考行业基准收益率确定项目基准收益率，这时可将机会成本等同于行业基准收益率。如果投资项目资金来源包括自有资金和贷款，最低收益率不应低于行业基准收益率与贷款利率的加权平均收益率。如果存在多

种贷款形式，贷款利率应为加权平均贷款利率。

2. 风险贴补率

在整个项目计算期内，存在着发生不利于项目的环境变化的可能性，这种变化难以预料，即投资者要冒着一定风险做决策。所以在确定基准收益率时，仅考虑资金成本、机会成本因素是不够的，还应考虑风险因素。通常，以一个适当的风险贴补率(i_2)来提高i_c值。就是说，以一个收益水平增量补偿投资者所承担的风险，风险越大，贴补率越高。因此，投资者通常要求较高的利润，以弥补其所面临的风险。否则不愿承担此类投资。为了限制对风险大、盈利低的项目进行投资，可以采取提高基准收益率的办法来进行项目经济评价。

一般说来，从客观上看，资金密集项目的风险高于劳动密集型的风险；资产专用性强的高于资产通用性强的；以降低生产成本为目的的低于以扩大产量、扩大市场份额为目的的。从主观上看，资金雄厚的投资主体的风险低于资金拮据者。

3. 通货膨胀率

在通货膨胀影响下，各种材料、设备、房屋、土地的价格及人工费都会上升。为反映和评价出拟建项目在未来的真实经济效果，在确定基准收益率时，应考虑通货膨胀率(i_3)。

通货膨胀的大小以通货膨胀率来表示，通货膨胀率主要表现为物价指数的变化，即通货膨胀率约等于物价指数变化率。由于通货膨胀的持续存在，因此，通货膨胀的影响具有复利性质。一般每年的通货膨胀率是不同的，但为了便于研究，常取一段时间的平均通货膨胀率，即在所研究的计算期内，通货膨胀率可视为固定值。

4. 资金限制

资金越少，越需要精打细算，使之利用得更加有效。为此，在资金短缺时，应通过提高基准收益率的办法进行项目经济评价，以便筛选掉盈利能力较低的项目。

5.5.2 基准收益率的确定方法

基准收益率的确定可采用代数和法、资本资产定价模型法、加权平均资金成本法、典型项目模拟法、德尔菲专家调查法等方法，也可同时采用多种方法进行测算，将不同方法测算的结果互相验证，经协调后确定。

1. 代数和法

若项目现金流量是按当年价格预测估算的，则应以年通货膨胀率i_3修正i_c值。这时，基准收益率可近似地用单位投资机会成本i_1、风险贴补率i_2、通货膨胀率i_3之代数和表示，即

$$i_c = (1+i_1)(1+i_2)(1+i_3) - 1 \approx i_1 + i_2 + i_3 \qquad (5\text{-}28)$$

若项目的现金流量是按基年不变价格预测估算的，预测结果已排除通货膨胀因素的影响，就不再考虑通货膨胀的影响。即

$$i_c = (1+i_1)(1+i_2) - 1 \approx i_1 + i_2 \qquad (5\text{-}29)$$

上述近似计算的前提条件是 i_1、i_2、i_3 都为较小的数。

2. 资本资产定价模型法

采用资本资产定价模型法（capital asset pricing model，CAPM）测算行业财务基准收益率的公式为

$$k = K_f + \beta \times (K_m - K_f) \tag{5-30}$$

式中，k 为权益资金成本；K_f 为市场无风险收益率；β 为风险系数；K_m 为市场平均风险投资收益率。

式（5-30）中的风险系数，是反映行业特点与风险的重要数值，也是测算工作的重点和基础。应在行业内抽取有代表性的企业样本，以若干年企业财务报表数据为基础，进行行业风险系数测算。

式（5-30）中的市场无风险收益率一般可采用政府发行的相应期限的国债利率，市场平均风险投资收益率可依据国家有关统计数据测定。

由式（5-30）测算出的权益资金成本，可作为确定财务基准收益率的下限，再综合考虑采用其他方法测算得出的行业财务基准收益率并进行协调，确定基准收益率的取值。

3. 加权平均资金成本法

采用加权平均资金成本法（weighted average cost of capital，WACC）测算基准收益率的公式为

$$\text{WACC} = K_e \frac{E}{E+D} + K_d \frac{D}{E+D} \tag{5-31}$$

式中，WACC 为加权平均资金成本；K_e 为权益资金成本；K_d 为债务资金成本；E 为股东权益；D 为企业负债。

权益资金与负债的比例可采用行业统计平均值，或者由投资者进行合理设定。债务资金成本为公司所得税后债务资金成本。权益资金成本可采用式（5-30）资本资产定价模型确定。

根据式（5-31）测算出的行业加权平均资金成本，可作为全部投资行业财务基准收益率的下限，再综合考虑其他方法得出的基准收益率，进行调整后，确定全部投资行业财务基准收益率的取值。

4. 典型项目模拟法

采用典型项目模拟法测算基准收益率，应在合理时间区段内，选择一定数量的具有行业代表性的已进入正常生产运营状态的典型项目，采集实际数据，计算项目的财务内部收益率，并对结果进行必要的分析后确定基准收益率。

5. 德尔菲专家调查法

采用德尔菲（Delphi）专家调查法测算行业财务基准收益率，应统一设计调查问卷，征求一定数量的熟悉本行业情况的专家，依据系统的程序，采用匿名发表意见的方式，通过多轮次调查专家对本行业建设项目财务基准收益率取值的意见，逐步形成专家的集中意见，并对调查结果进行必要的分析，综合各种因素后确定基准收益率。

通过上述讨论，可进一步认识到，合理地确定基准收益率，对于决策的正确性是极

为重要的。要正确确定基准收益率，其基础是确定资金成本、机会成本，而投资风险、通货膨胀和资金限制也是必须考虑的因素。

5.6 多方案之间的关系类型

5.6.1 方案的相关性

许多工程项目的投资方案之间，在政治、技术、经济甚至生态平衡等方面都存在着一定的联系和影响。从经济角度看，如果一个有确定现金流量模式的项目方案被接受或被拒绝直接影响到另一个具有一定现金流量模式的项目方案被接受或被拒绝，那么这两个方案就是经济相关的。

影响项目方案经济相关性的因素主要有三种。

1. 资金的约束

无论什么样的投资主体，可用于投资的资金不可能是无限的，投资资金的限制主要有两方面的原因：一是筹集数量的限制，二是资本成本的约束。

企业按企业认为经济的价格从资本市场上得到的资金额是有限的。如图 5-5 所示，超过点的供应曲线上各点都会大大增加企业的资本成本。可见，资本市场供应资金额的有限性限制了部分投资方案的资金有效性，企业必须对各种投资方案组合选择。

企业对能够使用的资金，要求其投资的收益率大于企业的资本成本率，资本费用的提高使得投资主体必须放弃收益率低于资本成本的方案，尽管这些方案是满足各类评价标准的，如图 5-6 所示。

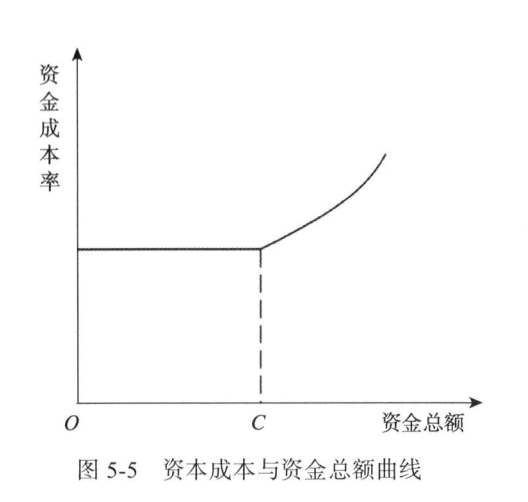

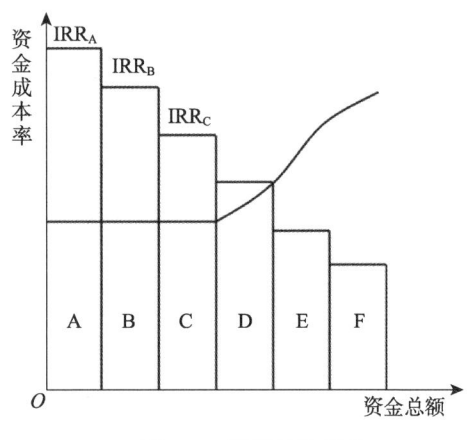

图 5-5 资本成本与资金总额曲线

图 5-6 投资的边际性

无论以上哪种情况，都使企业的内部资金定量分配，而使一些方案受到限制。

2. 资源的限制

企业所能调动的资源是有限的，除第 1 条的资本有限外，其他生产要素，如土地、自然资源、企业家才能、人力资源等，也都是有数量限制的。由于资源的限制，导致不可能实施所有可行的项目。

3. 项目的不可分性

一个项目作为一项资产总是完整地被接受或被拒绝,不可能将其拆分为部分项目或若干子项目来执行。因此,由于资金是定量分配,接受一个大项目方案往往会自动排斥接受若干个小项目方案。

在有些情况下,一个项目由若干个相互关联的子项目组成,如果每个子项目的费用和效益相互独立,那么该项目就具有可分性,每个子项目应视为一个单独项目。

5.6.2 方案的分类

前文介绍了经济评价指标,但是,要想正确评价项目技术方案的经济性,仅凭对评价指标的计算及判别是不够的,还必须了解工程项目方案所属的类型,从而按照方案的类型确定适合的评价指标,最终为作出正确的投资决策提供科学依据。

项目方案类型是指一组备选方案之间所具有的相互关系。这种关系类型一般可分为:独立方案、互斥方案、相关方案三种类型,如图 5-7 所示。

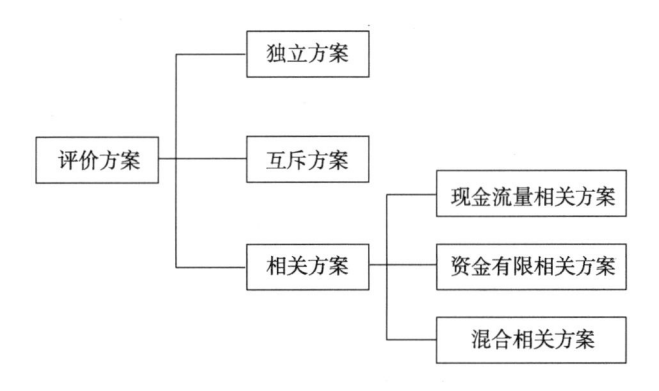

图 5-7 评价方案的分类

独立方案是指在经济上互不相关的方案,即接受或放弃某个项目,并不影响其他项目的接受与否。如果两个方案不存在资本、资源的限制,这两个方案就是相互独立的,其中每一个方案都称为独立方案。例如,某企业有三个项目可供选择:房产项目,生物制药项目,信息工程项目。如果企业的资金等资源是充足的,那么这三个方案就是独立方案。

互斥方案是指采纳一组方案中的某一方案,必须放弃其他方案,即方案之间具有排他性。互斥关系既可指同一项目的不同备选方案,也可指不同的投资项目。同一项目的不同被选方案之间显然是互斥关系。常见的例子有:

项目地址应设在北京、上海还是深圳?

项目技术是采用日本技术,还是德国技术?

设备是购买进口的,还是购买国产的?

不同的投资项目可能由于资本、资源及项目不可分而成为互斥关系。如上述的三个项目,如果企业资金有限,只能投资其中的一个项目,则这三个项目是互斥关系。

互补方案是指执行一个方案会增加另一个方案的效益。例如,在一个商业网点周围建立一个大型停车场，可以促进该商业网点的繁荣，而停车场本身并不是以商业网点为前提的，这两个项目方案就是互补方案。

相关方案分为现金流量相关方案、资金有限相关方案和混合相关方案。

现金流量相关方案。现金流量相关方案是指各方案的现金流量之间相互影响，即方案间不完全互斥，也不完全互补，但在若干方案中任一方案的取舍会导致其他方案现金流量的变化，因此这些方案之间也具有相关性。例如，一过江交通项目，有两个考虑方案，一个是建桥方案 A，另一个是轮渡方案 B，两个方案都是收费的，由于客流量的影响，任一方案的实施或放弃都会影响另一方案的现金流量。

资金有限相关方案。在若干可采用的独立方案中，如果有资源约束条件，如受资金、劳动、材料、设备及其他资源拥有量限制，则只能从中选择一部分方案实施。例如，现有独立方案 A、B、C、D，它们所需的投资分别为 20000 元、12000 元、8000 元、6000 元。现若资金总额限量为 20000 元，除 A 方案具有完全的排他性，其他方案由于所需金额不大，可以互相组合。这样，可能选择的方案共有：A、B、C、D、B+C、B+D、C+D 七个组合方案。因此，当受某种资源约束时，独立方案可以组成多种组合方案，这些组合方案之间是互斥的。

混合相关方案。混合相关方案是指在一组备选方案中，既有互补方案，又有替代方案，既有互斥方案，又有独立方案。对于这种类型的项目决策，需要认真研究各方案的相互关系，最终选择的不是单个方案，而是最佳的方案组合。

5.7 互斥方案的经济评价方法

5.7.1 互斥方案比较的原则

进行互斥方案比较，必须明确以下三点原则。

（1）可比性原则。两个互斥方案必须具有可比性。

（2）增量分析原则。对现金流量的差额进行评价，考察追加投资在经济上是否合算，如果增量收益超过增量费用，那么增加投资的方案是值得的。例如，有两个方案 A 和 B，方案 A 比方案 B 投资金额大，方案 A 是否好于方案 B，就要看增加的投资是否有利。

（3）选择正确的评价指标。增量分析无论用哪一个评价指标都能得出正确的结论，这时，就可以按照一般净现金流量，采用前面介绍的净现值、内部收益率等指标。如果这些指标大于基准值，则认为投资大的方案 A 优于投资小的方案 B。如果不用增量分析法，则需要合理选用适合的评价指标。

5.7.2 增量分析法

互斥方案的比较通常采用增量分析法。增量分析法是用投资大的方案减去投资小的方案，形成寻常投资的增量现金流，应用增量分析指标考察经济效果。增量分析指标有增额投资回收期、增额投资净现值、增量投资收益率法及增额投资内部收益率。

1. 增额投资回收期

增额投资回收期（ΔP_t）指两个方案净现金流量差额的投资回收期。当 ΔP_t 小于规定的基准回收期 n_0 时，投资大的方案好。

2. 增额投资净现值

增额投资净现值（ΔNPV）是指两个方案净现金流量差额的净现值。比选原则为

若 $\Delta \text{NPV} \geqslant 0$，则选投资大的方案。

若 $\Delta \text{NPV} < 0$，则选投资小的方案。

3. 增量投资收益率法

增量投资所带来的成本上的节约与增量投资之比就叫增量投资收益率（incremental rate of return）。增量投资收益率法就是通过计算互斥方案的增量投资收益率，以此判断互斥方案的相对经济效果，据此选择方案。

某科技服务公司拟购进一台工程复印机，市面上有 A、B 两种型号的机器均能满足需要且效率基本相同。A 型设备为 2 年前出产的设备，价格低，但经营成本较高；B 型设备为刚刚面市的新设备，价格高，但经营成本低。这样，价格高的 B 型设备就与价格低的 A 型设备形成了增量投资，同时也形成了经营成本的节约。

现设 I_2、I_1 分别为 A、B 型设备的投资额，C_1、C_2 为 A、B 型设备的经营成本。

若 $I_2 > I_1$，$C_1 > C_2$，则增量投资收益率 $R_{(2-1)}$ 为

$$R_{(2-1)} = \frac{C_1 - C_2}{I_2 - I_1} \times 100\% \qquad (5\text{-}32)$$

若计算出来的增量投资收益率大于基准投资收益率，则投资大的方案可行，它表明投资的增量 $I_2 - I_1$ 完全可以由经营费的节约 $C_1 - C_2$ 来得到补偿；反之，投资小的方案为优。

式（5-32）仅适用于对比方案的生产率（或产出量、年营业收入）相同的情形。当对比方案的生产率（或产出量）不同时，则先要做产量等同化处理，然后再计算追加投资利润率。产量等同化处理的方法有两种。

（1）用单位生产能力投资和单位产品经营成本计算。即用方案 1、方案 2 对应的投资或经营成本分别除以产量 Q_1、Q_2，得到单位能力投资或单位产品经营成本的计算公式如下。

$$R_{(2-1)} = \frac{\left(\dfrac{C_1}{Q_1} - \dfrac{C_2}{Q_2}\right)}{\left(\dfrac{I_2}{Q_2} - \dfrac{I_1}{Q_1}\right)} \times 100\% \qquad (5\text{-}33)$$

（2）用扩大系数计算。以两个方案年产量的最小公倍数作为方案的年产量，这样达到产量等同化。

$$R_{(2-1)} = \frac{C_1 b_1 - C_2 b_2}{I_2 b_2 - I_1 b_1} \times 100\% \qquad (5\text{-}34)$$

式中，b_1、b_2 分别为方案 1、方案 2 年产量扩大的倍数，b_1、b_2 必须满足 $Q_1 b_1 = Q_2 b_2$。

以上两种产量等同化处理方法是一致的。但须注意：式（5-33）、式（5-34）计算的追加投资收益不是两个原方案的而是产量等同化处理后的两个新方案的追加投资利润率，比较结果只用于方案比选。

当两个对比方案不是同时投入使用时，其增量投资利润率 $R'_{(2-1)}$ 的计算公式为

$$R'_{(2-1)} = \frac{C_1 - C_2}{I_2 - I_1 \pm \Delta k} \times 100\% \qquad (5\text{-}35)$$

式中，Δk 为某一方案提前投入使用的投资补偿额。当方案 1 提前使用时取 $+\Delta k$；方案 2 提前使用时取 $-\Delta k$。

4. 增额投资内部收益率

增额投资内部收益率（ΔIRR）是指两个互斥方案的差额投资净现值等于 0 时的折现率。比选原则为

若 $\Delta\text{IRR} \geq i_0$，则投资大的方案为优。

若 $\Delta\text{IRR} < i_0$，则投资小的方案为优。

增量分析法将两个方案的比选问题转化为一个方案的评价问题，从而可以利用前文介绍的指标进行评价，增量分析的结论显然是准确可靠的。

5.7.3 产出相同、寿命相同的互斥方案的比较

先考虑两个产出和使用寿命完全相同的工程技术方案的比较，这是费用的比较问题。当一个方案的一次投资和经常性费用都小于另一方案时，不言自明，前者优于后者，不存在比较问题。经常碰到的问题是：方案 2 的一次投资费用 K_2 大于方案 1 的一次投资费用 K_1，而经常性费用 C_2 要小于 C_1，由于投资和经常性费用的支出时间不同，就不能简单地用绝对的费用节省来判定方案的好坏。采用增量分析方法，看方案 2 比方案 1 是否有利的准则，是看方案 2 多花的投资 $K_2 - K_1$ 是否能通过经常性费用的节省 $C_2 - C_1$ 在规定的时间内回收回来，或者看方案 2 多花的投资 $K_2 - K_1$ 是否能通过经常性费用的节省 $C_2 - C_1$ 在预定的期限内达到要求的收益水平（图 5-8）。

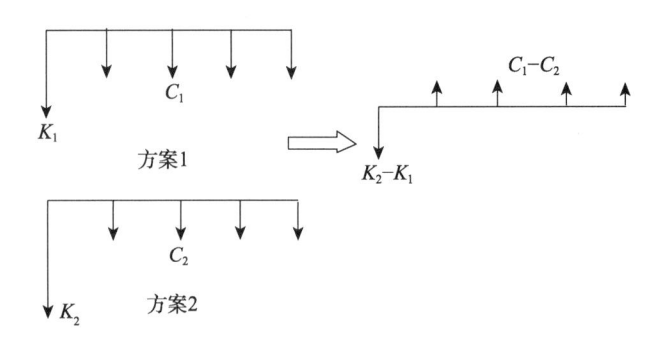

图 5-8 产出相同、寿命相同的互斥方案的比较

通过投资大的方案每年所节省的经常性费用来回收相对增加的投资所需要的时间即为增额投资回收期，可用公式表示为

$$\Delta P_t = \frac{K_2 - K_1}{C_1 - C_2} \tag{5-36}$$

当 ΔP_t 小于规定的基准回收期 n_0 时，我们认为方案 2 比方案 1 好。

通过投资大的方案每年所节省的经常性费用能否达到要求的收益率水平，可采用价值类指标（增额投资净现值等）或收益类指标（增额投资内部收益率等）。

若选用增额投资年度等值判据，这个判据大于 0 时说明投资大的方案好，那么

$$(C_1 - C_2) - (A/Pi_0, N)(K_2 - K_1) > 0$$

整理上式得

$$C_2 + (A/Pi_0, N)K_2 < C_1 + (A/Pi_0, N)K_1 \tag{5-37}$$

式（5-37）左右两边的表达式分别为方案 1 和方案 2 的年度等值，由于考虑的现金流量均是方案的费用，故一般称该年度等值为年度费用。

方案 2 优于方案 1，表明方案 2 的年度费用小于方案 1；反之亦然。我们可以直接计算互斥方案的年度费用，哪个方案年度费用小，哪个方案就是最好的方案。一般地，方案 j 的第 t 年投资或经常性费用，用统一的符号 C_{jt} 来表示，有

$$\min(AC_j) = \min\left\{\left[\sum_{t=0}^{N} C_{jt}(1+i_0)^{-t}\right](A/Pi_0, N)\right\} \tag{5-38}$$

年度费用最小的方案就是最优的方案。

【例 5-11】 某厂需要一部机器，使用期为 3 年，购买价格为 77662 元，在其使用期终了时预期残值为 25000 元，同样的机器每年可花 32000 元租得，基准收益率为 20%，问租还是买？

解：计算各个方案的年度费用

$$AC_1 = 77662 \times (A/P, 20, 3) - 25000 \times (A/F, 20, 3) = 30000(元)$$
$$AC_2 = 32000(元)$$

由计算结果可知，应选择买机器。

5.7.4 产出不同、寿命相同的互斥方案的比较

如果产出的质量相同，仅数量不同，则可用单位产出的费用来比较方案的经济性。例如，电厂的每千瓦时的成本、住宅建筑的每平方米造价等。在一般情况下，不同方案的产出质量是不同的，不同行业和部门的工程项目方案的性质也完全不同，为使方案之间具有可比性，最常用的方法是，用货币统一度量各方案的产出和费用，利用增量分析法进行分析比较。按投资大小将方案排队，首先选择投资最小的方案作为基准，其次看追加投资在经济上是否合算。

下面举例说明如何比较几个相互排斥的方案。

【例 5-12】 现有三个互斥的投资方案，其费用数据如表 5-13 所示，试进行方案比较。

解：

第一步，先将方案按照初始投资的顺序排列，如表 5-13 所示。A_0 为全不投资方案，有时所有互斥方案均不可行，因此我们把全不投资也作为一个方案。

表 5-13　各方案的投资费用数据　　　　　　　　　　　　　单位：万元

年份	方案			
	A_0	A_1	A_2	A_3
0	0	−5000	−8000	−10000
1～10	0	1400	1900	2500

第二步，选择初始投资最少的方案作为临时最优方案，这里选定全不投资方案作为临时最优方案。

第三步，选择初始投资较高的方案作为竞赛方案，计算两个方案的现金流量之差。这里选择 A_1 作为竞赛方案，假定 $i_0 = 15\%$，计算所选定的评价指标为

$$\Delta \text{NPV}_{A_1-A_0} = -5000 + 1400 \times \sum_{t=1}^{10}(1+15\%)^{-t} = 2026.32（万元）$$

$$\Delta \text{IRR}_{A_1-A_0} = 25.0\%$$

如增额现金流量的净现值大于 0，或者内部收益率大于基准收益率，说明竞赛方案优于临时最优方案，所以应把临时最优方案 A_0 划掉而将竞赛方案 A_1 作为临时最优方案。否则，维持临时最优方案。

第四步，把上述步骤反复进行下去，直到所有方案比较完毕，可以找到最后的最优方案。现在，以 A_1 为临时最优方案，将 A_2 作为竞赛方案，计算方案 A_2 和方案 A_1 两个现金流量的差的净现值或内部收益率。

$$\Delta \text{NPV}_{A_2-A_1} = -3000 + 500 \times \sum_{t=1}^{10}(1+15\%)^{-t} = -490.60（万元）$$

$$\Delta \text{IRR}_{A_2-A_1} = 10.5\%$$

净现值为负，内部收益率小于 15%，说明方案 A_2 较差，将之舍弃，方案 A_1 仍为临时最优方案。再将 A_3 作为竞赛方案，计算方案 A_3 和方案 A_1 两个现金流量之差的净现值或内部收益率。

$$\text{NPV}_{A_3-A_1} = -5000 + 1100 \times \sum_{t=1}^{10}(1+15\%)^{-t} = 520.68（万元）$$

$$\text{IRR}_{A_3-A_1} = 17.6\%$$

由于净现值大于 0，或内部收益率大于 15%，所以 A_3 优于 A_1，即 A_3 为最后的最优方案。

从上述例子可以看出，采用增额投资净现值法和增额投资内部收益率法比较其结论是一致的。可以证明，按方案净现值的大小直接比较也可以得到完全相同的结论。证明如下：

$$\begin{aligned}
\text{NPV}_B - \text{NPV}_A &= \sum_{t=0}^{N} F_{B_t}(1+i)^{-t} - \sum_{t=0}^{N} F_{A_t}(1+i)^{-t} \\
&= F_{B_0} - F_{A_0} + F_{B_1}(1+i)^{-1} - F_{A_1}(1+i)^{-1} + \cdots + F_{B_N}(1+i)^{-N} - F_{A_N}(1+i)^{-N} \\
&= F_{(B-A)_0} - F_{(B-A)_1}(1+i)^{-1} + \cdots + F_{(B-A)_N}(1+i)^{-N} \\
&= \sum_{t=0}^{N} F_{(B-A)t}(1+i)^{-t} = \Delta \text{NPV}_{B-A}
\end{aligned}$$

若 $NPV_{B-A} > 0$，则有 $NPV_B > NPV_A$；反之亦然。

因此，可以方便地直接用净现值的大小进行比较。仍然采用上述例子，根据各个方案的现金流量计算的净现值如表 5-14 所示，同样得出 A_3 为最优方案。

但是不能直接使用内部收益率法，直接使用内部收益率会导致不一致的结论（表 5-14）。

表 5-14　某项目净现金流量

方案	净现值/万元	优序	内部收益率/%	优序
A_0	0	4	15	4
A_1	2026.32	2	25	1
A_2	1535.72	3	19.9	3
A_3	2547.00	1	21.9	2

仍然采用上述例子，根据各个方案的现金流量计算的内部收益率值如表 5-14 所示，A_1 方案的内部收益率最大，但选择该方案不能选出净现值最大的方案。这是因为 $i'_{A_1} > i'_{A_3}$，并不一定有 $i'_{A_1-A_3} > 15\%$（基准收益率），由于企业的目标一般是使企业价值最大化，所以一定要用投资增额内部收益率，而不能直接用内部收益率进行比较。

投资回收期指标不反映项目在投资回收期后的收支情况，也不能区别有相同投资回收期但现金流量分布不同的方案，因此一般不采用。

5.7.5　寿命不同的互斥方案的比较

相互比较的两个方案必须具有可比性，当两个方案寿命不同时，这两个方案就不能直接比较，否则可能是不公平的，因此必须加以处理，使两者的寿命期相同。通常有两种处理方法：最小公倍数法和研究期法。

1. 最小公倍数法

取各方案寿命的最小公倍数作为各方案的共同寿命，在此期间，各方案的投资、收入支出等额实施，直到最小公倍数的寿命期末为止。例如，两个方案分别有 4 年、6 年的寿命期，最小公倍数就是 12 年，方案 1 反复实施 3 次，方案 2 反复实施 2 次。当最小公倍数较小时，这种重置的假设是合理的，但当最小公倍数很大时，由于技术进步，这种假设就不符合实际了。

【例 5-13】 有两个方案 A 和 B，方案 A 原始投资费用为 2300 万元，经济寿命为 3 年，寿命期内年运行费用比 B 多 250 万元，寿命期末无残值；方案 B 原始投资费用比方案 A 多 900 万元，经济寿命为 4 年，寿命期末残值为 400 万元。基准贴现率为 15%，比较两个方案的优劣。

解：方案 A 寿命期为 3 年，方案 B 寿命期为 4 年，最小公倍数为 12 年，所以方案 A 重置 4 次，方案 B 重置 3 次，现金流量如表 5-15 所示。

表 5-15　重置后现金流量　　　　　　　　　　　　　　单位：万元

年	方案 A 年运行费用	方案 A 原始投资	方案 B 年运行费用	方案 B 原始投资
0		−2300		−3200
1	−250			
2	−250			
3	−250	−2300		
4	−250		400	−3200
5	−250			
6	−250	−2300		
7	−250			
8	−250		400	−3200
9	−250	−2300		
10	−250			
11	−250			
12	−250		400	−3200

采用净现值作为判据，计算如下。

$$NPV_A = -2300 - 2300 \times (P/F,15,3) - 2300 \times (P/F,15,6) - 2300 \times (P/F,15,9) - 250 \times (P/A,15,12) = -6819（万元）$$

$$NPV_B = -3200 - 2800 \times (P/F,15,4) - 2800 \times (P/F,15,8) + 400 \times (P/F,15,12) = -5612（万元）$$

在 12 年的寿命期内，方案 B 的费用现值（5612 万元）小于方案 A（6819 万元），因此方案 B 优于方案 A。

采用年度费用作为判据，计算如下。

方案 A 第一次实施的年度费用为

$$AC_A = 2300 \times (A/P,15,3) + 250 = 1257.4（万元）$$

方案 A 第二次实施的年度费用为

$$AC_A = 2300 \times (A/P,15,3) + 250 = 1257.4（万元）$$

方案 A 第三次实施的年度费用为

$$AC_A = 2300 \times (A/P,15,3) + 250 = 1257.4（万元）$$

注意，方案 A 第二次、第三次实施的年度费用与第一次实施的值完全相同，因此没有必要计算第二次之后实施的值，只需计算一次实施的值就行了。

$$AC_B = 3200 \times (A/P,15,4) - 400 \times (A/F,15,4) = 1040.84（万元）$$

所以方案 B 优于方案 A。

从上面的例子可以看出，使用现值判据必须采用最小公倍数法。例如，两个方案寿命期分别为 10 年和 13 年，必须在共同的寿命期限 130 年内应用现值法。用年度等值作为判据，只需对方案的第一个寿命期的年度等值做出比较，完全避开了寿命不等问题。

2. 研究期法

研究期法是指对不等寿命的方案制订一个计划期作为各方案的共同寿命。研究期通常是取所有竞争方案的最短寿命,该方法假定在研究期末处理掉所有资产,因此必须估计残值。如果能够准确地估计残值,则该方法将比最小公倍数法更合理。但通常估计各方案资产的将来市场价值是非常困难的,变通的做法是计算最低残值,然后判断资产的市场价值是高于还是低于该最低残值,据此选择可取方案。

【例 5-14】 资料同例 5-13,请用研究期法进行比选。

解:选 2 年为研究期,假定残值为 0。

$$\text{NPV}_A = -2300 - 250 \times (P/A, 15, 2) = -2707(万元)$$
$$\text{NPV}_B = -3200(万元)$$

确定方案 B 的残值 F 使 $\text{NPV}_B = \text{NPV}_A$,有

$$2707 = 3200 - F(P/F, 15, 2) = 652(万元)$$

即当方案 B 的残值比方案 A 大 652 万元时,方案 B 比方案 A 可取。

5.8 独立方案的经济评价方法

所谓独立方案是指作为评价对象的各方案的现金流是独立的,不具有相关性,而且任意方案的采用与否都不影响其他方案是否被采用的决策。

独立方案经济评价的特点如下。

(1)不需要进行方案比较,因为所有的方案都是独立的。

(2)各方案之间不具有排他性,采用甲方案并不要求放弃乙方案,在资金无限制的情况下,几个方案甚至全部方案可以同时存在。

(3)所采纳的方案的经济效果可以相加。

根据独立方案的特点,在对独立方案进行评价时,首先进行绝对经济效果的检验,然后对于满足绝对经济效果的方案结合资金约束情况进行优选。

在资金不受限制的情况下,独立方案的采纳与否,只取决于方案自身的经济效果。这样只需检验它们是否通过净现值或内部收益率指标的评价标准,凡是方案通过了自身的"绝对经济效果检验",即认为它们在经济效果上是可以接受的,否则应予以拒绝。

【例 5-15】 两个独立方案 A 和 B,期初时投资及各年净收益如表 5-16 所示,试进行评价和选择($i = 15\%$)。

表 5-16 独立方案 A 和 B 的净现金流量　　　　　　　　单位:万元

方案	1	1~5
A	−100	50
B	−100	20

解:根据净现值的计算公式,所得到的两方案的净现值为

$$\text{NPV}_A = -100(P/F, 15\%, 1) + 50(P/A, 15\%, 5)$$
$$= -86.9565 + 50 \times 3.3522 = 80.65(万元)$$
$$\text{NPV}_B = -100(P/F, 15\%, 1) + 25(P/A, 15\%, 5)$$
$$= -86.9565 + 25 \times 3.3522 = -3.15(万元)$$

由于方案 A 和方案 B 属于独立方案,因此,只要方案本身的净现值大于 0,就说明方案通过了绝对经济效果的检验,则方案是可以接受的。

对于例 5-15 来讲,由于 $NPV_A > 0$, $NPV_B < 0$,所以方案 A 可接受,方案 B 应予以拒绝。

当然对于这样的独立方案的评价,还可以用净年值、内部收益率等指标,其评价结论是一致的。

【例 5-16】 有两个独立方案 A 和 B。方案 A 期初投资 100 万元,每年净收益为 25 万元;方案 B 期初投资 200 万元,每年净收益为 38 万元。方案 A 的寿命期为 8 年,方案 B 的寿命期为 10 年,若基准收益率为 12%,则试用年值法对方案进行选择。

解:两方案的净年值为

$$NAV_A = -100(P/F,12\%,1)(A/P,12\%,8) + 25$$
$$= -100 \times 0.8929 \times 0.2013 + 25$$
$$= 7.03(万元)$$

$$NAV_B = -200(P/F,12\%,1)(A/P,12\%,10) + 38$$
$$= -200 \times 0.8929 \times 0.17698 + 38$$
$$= 6.39(万元)$$

由于 A、B 两方案的净年值均大于 0,根据净年值的判别标准,可以得出 A、B 两方案均合理可行的结论。

5.9 相关方案的经济评价方法

5.9.1 现金流量相关方案经济评价

对现金流量相关方案,不能简单地按照独立方案或互斥方案的评价方法来分析,而应首先确定方案之间的相关性,对其现金流量之间的相互影响做出准确的估计,其次根据方案之间的关系,把方案组合成互斥方案。如跨江收费项目的建桥方案 A 或轮渡方案 B,可以考虑的方案组合是方案 A、方案 B 和 AB 混合方案。在 AB 混合方案中,方案 A 的收入将因方案 B 的存在而受到影响。最后按照互斥方案的评价方法对组合方案进行比选。

【例 5-17】 甲、乙两城市之间可建一条公路和一条铁路。仅建一条公路或仅建一条铁路的净现金流量如表 5-17 所示。若两个项目都上,由于客货运分流的影响,两项目都将减少净收入,其净现金流量如表 5-18 所示。试用净现值指标进行决策,基准收益率为 10%。

表 5-17 公路、铁路独立建设的现金流量　　　　单位:百万元

	年	0	1	2	3～32
方案	铁路 A	-300	-300	-300	150
	公路 B	-150	-150	-150	90

表 5-18　公路、铁路同时建设的现金流量　　　　单位：百万元

方案	年	0	1	2	3～32
	铁路 A	−300	−300	−300	120
	公路 B	−150	−150	−150	52.5
	A+B	−450	−450	−450	172.5

解：先将两个相关方案组合成三个互斥方案，然后分别计算其净现值。

$$\text{NPV}_A = -300 \times \left[1 + (P/F, 10\%, 1) + (P/F, 10\%, 2)\right] + 150 \times \left[(P/A, 10\%, 30)(P/F, 10\%, 2)\right]$$
$$= -300 \times 2.7355 + 150 \times 7.79 = 347.85 (百万元)$$

$$\text{NPV}_B = -150 \times 2.7355 + 90 \times 7.79 = 290.78 (百万元)$$

$$\text{NPV}_{A+B} = -450 \times 2.7355 + 172.5 \times 7.79 = 112.80 (百万元)$$

可见，在三个互斥方案中，方案 A 净现值最大，故方案 A 为最优可行方案。

若用净年值法和内部收益率法对表 5-17、表 5-18 中的互斥方案进行评价选优，也可得到相同的结论。

5.9.2　资金有限相关方案评价

对于独立方案，如果资金预算总额受到限制，在评价的过程中，就不能像资金无限制的情况那样。凡是通过绝对经济效果检验的方案都被采用。换言之，即使有些方案通过了绝对经济效果检验，由于资金受限，也必须放弃。在资金受限制的情况下，独立方案的评价和选择的标准是：在确保预算资金总额不超支的前提下，获得最佳的经济效益。对于资金受限制情况下独立方案的评价及选择一般有两种方法，即净现值率排序法和互斥方案组合法。

1. 净现值率排序法

所谓净现值率排序法，就是在计算各方案净现值率的基础上，将净现值率大于或者等于 0 的方案按净现值率大小排序，并依此次序选取项目方案，直至所选取方案的投资总额最大限度地接近或等于投资限额。本方法所要达到的目标是在一定的投资限额的约束下，使所选项目方案的投资效率最高。

【例 5-18】 有六个可供选择的独立方案，各方案初始投资及各年净收入如表 5-19 所示。资金预算为 1000 万元，按净现值率排序法对方案做出选择（$i_c = 10\%$）。

表 5-19　各方案初始投资及各年净收入　　　　单位：万元

方案	初始投资（第 1 年）	第 1～10 年净收入
A	300	60
B	250	40
C	280	50
D	200	35
E	180	35
F	120	24

解：根据表 5-19 给出的各方案净现金流量，计算所得到的各方案净现值及净现值率为

$$NPV_A = -300(P/F,10\%,1) + 60(P/A,10\%,10)$$
$$= -300 \times 0.9091 + 60 \times 6.1446$$
$$= 95.946（万元）$$

$$NPVR_A = \frac{95.946}{300(P/F,10\%,1)} = \frac{95.946}{300 \times 0.9091} = 0.3518$$

$$NPV_B = -250(P/F,10\%,1) + 40(P/A,10\%,10)$$
$$= -250 \times 0.9091 + 40 \times 6.1446$$
$$= 18.509（万元）$$

$$NPVR_B = \frac{18.509}{250(P/F,10\%,1)} = \frac{18.509}{250 \times 0.9091} = 0.0814$$

$$NPV_C = -280(P/F,10\%,1) + 50(P/A,10\%,10)$$
$$= -280 \times 0.9091 + 50 \times 6.1446$$
$$= 52.682（万元）$$

$$NPVR_C = \frac{52.682}{280(P/F,10\%,1)} = \frac{52.682}{280 \times 0.9091} = 0.2070$$

$$NPV_D = -200(P/F,10\%,1) + 35(P/A,10\%,10)$$
$$= -200 \times 0.9091 + 35 \times 6.1446$$
$$= 33.241（万元）$$

$$NPVR_D = \frac{33.241}{200(P/F,10\%,1)} = \frac{33.241}{200 \times 0.9091} = 0.1828$$

$$NPV_E = -180(P/F,10\%,1) + 35(P/A,10\%,10)$$
$$= -180 \times 0.9091 + 35 \times 6.1446$$
$$= 51.423（万元）$$

$$NPVR_E = \frac{51.423}{180(P/F,10\%,1)} = \frac{51.423}{180 \times 0.9091} = 0.3142$$

$$NPV_F = -120(P/F,10\%,1) + 24(P/A,10\%,10)$$
$$= -120 \times 0.9091 + 24 \times 6.1446$$
$$= 38.378（万元）$$

$$NPVR_F = \frac{38.378}{120P/F,10\%,1} = \frac{38.378}{120 \times 0.9091} = 0.3518$$

将计算结果汇总如表 5-20 所示。

将表 5-20 净现值率按照从大到小的顺序进行排列，排序结果如表 5-20 所示。首先选择排序第一的 A 方案和 F 方案。所需资金为 420 万元，离 1000 万元的资金约束还有 580 万元剩余；接下来选择排序第二的 E 方案，所需资金为 180 万元，在选择了 A、F、E 三个方案后，还有 400 万元的剩余资金……以此类推，直到选择方案所需要的资金大于剩余资金为止。此时，所选择的方案组合就是最优的方案。按照这样的思路，例 5-18 的最优组合为方案 A、F、E、C，所用资金总额为 880 万元。

表 5-20　各方案初始投资及各年净收入　　　　　　　　单位：万元

方案	净现值（NPV）	净现值率（NPVR）	按 NPVR 排序
A	95.945	0.3518	①
B	18.509	0.0814	⑥
C	52.682	0.2070	④
D	33.241	0.1828	⑤
E	51.432	0.3124	③
F	38.378	0.3518	①

净现值率排序法的主要优点是计算简便、容易理解。对资金有限的独立方案的评价和选择，该方法的基本思路是单位投资的净现值最大。然而由于投资项目的不可分性，净现值率排序法不能保证现有资金的充分利用，不能达到净现值最大的目标。这一点从例 5-18 中可以看出，尽管还有 120 万元的剩余资金，但是，由于 D 方案的投资为 200 万元（大于 120 万元），所以仍然被淘汰。因此，只有在各方案投资占预算投资的比例很低，或各方案投资额相差不大，或各入选方案投资累加额与投资预算限额相差不大的情况下，净现值率排序法才能达到或接近净现值最大的目标。

2. 互斥方案组合法

互斥方案组合法是在各种情况下都能确保实现独立方案最优选择的更为可靠的方法。这一方法的目标是保证最终所选择的方案组的净现值最大，因此它是以效益最大化作为评价目标的。

互斥方案组合法是利用排列组合的方法列出待选方案的全部组合方案。保留投资额不超过投资限额且净现值大于 0 的组合方案，淘汰其余组合方案。互斥方案组合法在各种情况下都能保证实现项目效益的最优选择（即净现值最大化）。

利用互斥方案组合法进行方案选择的基本思路及步骤如下。

第一步，对于 m 个独立方案，列出全部相互排斥的方案组合，共 2^m-1 个。这 2^m-1 个方案彼此相互排斥，互不相容。

第二步，计算各组合方案的投资及净现值。

第三步，淘汰投资额超过投资限额的组合方案，并在保留下来的组合方案中选出净现值最大的可行方案组，即为最优方案组合。

【例 5-19】 现有三个独立项目方案 A、B、C，其初始投资分别为 300 万元、180 万元和 120 万元，年净收入分别为 60 万元、35 万元和 24 万元。三个方案的计算期均为 10 年，基准收益率为 10%，若投资限额为 500 万元，试进行方案选择。

解： 若采用净现值率排序法选择方案，计算结果如表 5-21 所示。

表 5-21　各方案初始投资及各年净收入

方案	第一年投资/万元	第 1～10 年净收益/万元	净现值/万元	净现值率
A	300	60	95.95	0.352
B	180	35	51.44	0.314
C	120	24	38.38	0.352

各方案的净现值率均大于。按净现值率由大到小的顺序，应选择方案 A、C，其净现值总额为 95.95 + 38.38 = 134.33（万元）。

若采用互斥方案组合法，其方案组合及指标的计算结果如表 5-22 所示。

表 5-22 互斥方案组和法的计算结果　　　　　　单位：万元

互斥组和方案	A	B	C	第 1 年投资	第 1~10 年净收益	净现值
1	1	0	0	300	60	95.95
2	0	1	0	180	35	51.44
3	0	0	1	120	24	38.38
4	1	1	0	480	95	147.44
5	1	0	1	420	84	134.39
6	0	1	1	300	59	89.83
7	1	1	1	600	119	185.83

表 5-22 结果显示，在效益最大化的目标下，最优方案组合应为方案 A、B，其净现值为 147.44 万元。所以，按净现值率排序法所选择的方案 A、C 不是效益最大化目标的最优选择。

5.9.3　混合相关型方案评价

混合相关型方案就是在一组备选方案中，既有互斥方案又有独立方案的方案组合。对于这种类型的投资决策问题，需要认真研究各方案的相互关系，最终选择的不是单个方案，而是最佳的方案组合。

混合型方案评价和选择的基本程序如下。

（1）形成所有可能的组间独立、组内互斥的方案组合。

（2）按互斥方案比选原则进行组内方案比选。

（3）在总的投资限额下，按独立方案比选原则选择最优的方案组合。

【例 5-20】某公司计划在其所属的 A、B 两个厂各投资一个项目，两个厂又都同时提出三个方案，提供的预测数据如表 5-23 所示。

表 5-23 预 测 数 据　　　　　　单位：万元

A 厂	投资	利润	B 厂	投资	利润
A_1	100	40	B_1	100	20
A_2	200	54	B_2	200	38
A_3	300	66	B_3	300	54

解：基本步骤如下。

（1）形成方案组合。形成 A、B 两个方案组，方案组 A 与方案组 B 独立，A_1、A_2、A_3 互斥，B_1、B_2、B_3 互斥。

（2）组内方案比选。方案组 A 和方案组 B 内各方案的差额投资利润率计算如表 5-24 所示。

表 5-24　方案的差额投资利润率　　　　　　　　　　　　　单位：万元

A厂	投资	利润	差额投资利润率（%）	B厂	投资	利润	差额投资利润率（%）
A₁	100	40	40	B₁	100	20	20
A₂	200	54	14	B₂	200	38	18
A₃	300	66	12	B₃	300	54	16

（3）选择最优方案组合。不同投资预算限额的最佳方案组合与盈利额如表 5-25 所示。根据表 5-25 分析结果，公司就可根据每年的预算情况，做出科学的决策。

表 5-25　方案组和与盈利额　　　　　　　　　　　　　　单位：万元

方案	预算				
	200	300	400	500	600
A	A₁	A₁	A₁	A₂	A₃
B	B₁	B₂	B₃	B₃	B₃
盈利	60	78	94	108	120

5.10　公用事业项目的经济评价

在前面的章节中，重点关注了私人部门的投资决策，这类投资的主要目标是增加公司财富。在公共部门，联邦、州和地方政府在各种公共活动中每年花费达数千亿美元。此外，各级政府都通过对个体和商业活动进行规制影响大量生产资源的利用。那么公共决策制定者是如何考虑他们的决策，以影响各种资源的有效使用，实现公共利益的呢？许多土木工程师从事各种公共工程领域，如高速公路建设、机场建设及水务工程。机场扩建工程分析的重要一点就是用货币度量航班延误费用。换言之，规划者会问："减少航班延误的经济效益是什么？"对航空公司而言，滑行和到达的延迟意味着增加燃料费用。对机场而言，延误意味着飞机起降的收入损失。从公众角度来看，延误意味着利益损失，因为人们不得不花费更多的时间在交通上。将投资的费用与潜在的效益进行比较就是费用-效益分析，它是经济分析的一个重要方法。

5.10.1　费用-效益分析

费用-效益分析是通过系统化分析公共项目的有利和不利结果，为投资决策提供有效信息的决策制定工具。从某种意义上说，可以将公共部门的费用-效益分析视为私人部门的盈利能力分析。换言之，费用-效益分析试图判断出一项公共活动的社会效益是否超过其社会成本。一般来说，公共投资决策涉及巨大的支出，其效益也会在很长的一段时间内产生。费用-效益分析的案例通常包括以下研究：①公共交通系统；②噪声和污染的环境规制；③公共安全计划；④教育和培训计划；⑤公共卫生计划；⑥洪水控制；⑦水资源规划；⑧国防计划。

费用-效益分析的三个典型目标是：①在给定的费用（或者预算）内最大化效益；

②当效益和费用变动时最大化净效益；③在效益固定时最小化费用（通常称为费用-效益分析）。任何一项公共投资决策，都必定与其中一个目标有关，本章将会讨论这三种类型的决策问题。

5.10.2 费用-效益分析的框架

为了评估具有不同目标的公共项目，需要以相同的尺度测算其费用和效益，从而在评价不同的项目时有一个共同的视角。在实践中，这也就意味着将费用和效益货币量化，这一过程往往没有精确的数据。在实施费用-效益分析时，将公众视为使用者，将政府视为发起者。

费用-效益分析的一般框架总结如下。

步骤1：确认所有使用者因该项目所获得的效益。

步骤2：尽量将这些效益货币量化，从而不同的效益可以互相比较并与相关的费用进行比较。

步骤3：确认发起者的费用。

步骤4：尽量将这些费用货币量化以用来进行比较。

步骤5：根据项目合适的折现率，计算基期内的效益和费用等值。

步骤6：如果使用者的效益等值超过发起人的费用等值，则接受该项目。

费用-效益分析可用于公共交通运输系统、有灌溉系统的大坝、高速公路或者空中交通控制系统等项目的资源配置决策。如果项目的费用固定在某一范围，那么只需要选择效益超出费用最大的项目。上面归纳的步骤针对的是单个（或者独立）的项目评价。如同内部收益率评价判据，为了比较互斥方案，必须使用增量费用-效益比。

5.10.3 效益和费用的估值

本质上，费用-效益分析的框架与本书所讲的私人投资项目评价并没有区别。困难之处（实践中即会发现）在于如何对公共项目所有的费用和效益进行识别和估值。

1. 使用者效益

进行费用-效益分析，首先需要确定项目给使用者带来的所有效益（令人满意的结果）和负效益（令人不满意的结果的同时，项目所造成的间接结果也称为从属效果）。

为了确定使用者效益，我们必须区分主要效益（直接由项目带来的效益）和从属效益（项目间接带来的效益）。例如，美国政府曾经想在得克萨斯州建造一座超导体研究实验室，如果该项目得以实现，它将会为该地区吸引很多科学家和工程师及其他附属人员。该项目主要的国家效益就是研究成果商业化给美国带来的长期效益。主要的地区性效益就是研究实验活动所带来的经济效益，因为它会产生许多附属商业机会。从属效益可能包括国际贸易的增加，以及由人口增长地区生产者收入增加所带来的新经济财富。

之所以做这种区分，是为了简化分析：如果单是主要效益，就足以说明项目的可接受性，那么我们就可不花精力量化从属效益。

2. 发起人费用

通过识别和划分所需各项支出以及实现的任何费用节省（或者收入）来估算发起人费用。发起人费用既应包括资本支出也应包括年经营成本。项目完成之后产品或服务的任何销售都会产生收入。例如，高速公路收费收入。这些收入减少了发起人费用。因此，综合上述费用因素可计算发起人费用为

$$\text{发起人费用} = \text{资本投资费用} + \text{运营和维护费用} - \text{收入} \qquad (5-39)$$

3. 社会折现率

正如前文所述，在私人部门的投资项目评价中，确定一个合理的 MARR 是十分关键的。在公共项目分析中，我们也需要选择一个利率，以将效益和费用进行等值换算，它称为社会折现率。公共项目评价中社会折现率的确定和私人部门最低吸引力收益率的确定同样重要。

自 20 世纪 30 年代开始在对公共水资源和相关土地开发利用的项目评价中使用现值计算以来，与私人财产市场利率相比，采用较低的折现率的做法一直沿用。20 世纪 50—60 年代，水利项目采用的折现率是 2.63%，甚至低于那一时期长期国债的收益率。水利项目之所以坚持使用较低的折现率是政治原因。最近几年，随着 20 世纪 60 年代绩效预算和系统分析中的利率提高，政府机构也开始考虑在公共部门中采用合适的折现率以实现整体经济的有效资源配置。目前比较流行的关于社会折现率确定的观点主要有以下两种。

（1）私人部门不存在相似的项目。社会折现率应该仅反映政府部门的现行借款利率。比如，为控制洪水而建的大坝、非商业用途的通道及为社区供水的水库可能都没有相应的私人参照项目。在这些领域的政府活动中，使用费用-效益分析评估时，习惯采用的折现率都是政府的借款利率。事实上，水利项目评价完全遵循这种观点。

（2）私人部门存在相似的项目。社会折现率应反映私人部门未退出资金所获得的收益率。对那些通过借款融资对私人投资有挤出效应的公共项目而言，在确定社会折现率时，我们应该关注私人部门投资的资本机会成本。在一些与私人部门类似的公共投资项目中，其产品或者服务（比如电力）也可以在市场中销售，这时采用的社会折现率就应该是前文讨论的平均资本成本。之所以在那些与私人部门类似的项目中使用私人部门的投资收益率作为资本机会成本，原因有以下两个方面。

①为了防止公共部门将资金从高收益投资领域转移到低收益领域。
②为了迫使公共项目分析人员在评价项目时采用市场标准。

管理和预算办公室赞同第二种观点。自 1992 年 10 月以来，管理和预算办公室已经要求针对拟议投资和规制政策按不变价进行的费用-效益分析，应以 7% 的实际折现率（无通货膨胀率）估算其净现值和其他结果。这一比率接近于近几年私人部门平均投资的边际税前收益率。如果将市场中 3% 的通货膨胀率考虑在内，折现率就大致等于 10% 的市场利率。在管理和预算办公室未来更新的文件中将反映出这一利率的重要变化。

5.10.4 效益和费用的量化

本章已经讨论了费用-效益分析的一般框架及合适的社会折现率，接下来将介绍公共

项目所产生的效益和费用量化的过程，案例为美国新泽西州发起的一个机动车检测计划。

美国许多州都采用了机动车检测系统。批评人士认为这些计划缺乏效力，并且在减少死亡、伤害、交通事故和污染方面有很低的效益–费用比。

新泽西州确认了新检测项目的主要效益和从属效益如下。

1. 使用者效益

（1）主要效益。与机动车交通事故相关的伤亡会给个人和社会带来财务支出。通过该项检测计划避免类似成本可以产生下列主要效益。

①避免由个体的死亡可能会对社会造成的贡献损失。

②避免个体因交通事故而需要恢复的过程中所产生的生产力损失。

③医疗、法律和保险服务的节省。

④财物更新或者维修费用的节省。

（2）从属效益。从属效益有不可度量的（比如，伤痛和病痛的避免）和可度量的两种类型的效益，均应进行仔细分析。

①交通事故受害人的家人、朋友收入的节省，否则这些收入可能用于对受害人的照顾上。

②避免空气和噪声的污染，以及节省燃料费用。

③与事故调查相关的执行和管理费用的节省。

④伤痛和病痛的避免。

2. 使用者负效益

（1）进行车辆检测的时间成本（包括旅行时间），因为可以将这些时间做其他用途（机会成本）。

（2）检测付费成本。

（3）如果没有该项检测活动不会发生的修理费用。

（4）车辆修理所耗时间的价值（包括旅行时间）。

（5）重新检测的时间成本和直接支付的费用。

3. 发起人费用

（1）检测设施所需的资本投入。

（2）与检测设施相关的运营和维护费用（包括所有的直接和间接人工，人事和行政管理费用）。

4. 发起人收入或者费用节省

效益和费用的估值，费用–效益分析的目标是全部效益减去全部费用的等值（以现值或者年值表示）最大化。该目标是与提高居民经济福利相一致的。一般来说，公共项目的效益很难测算，而费用则较容易确定。简化起见，将以年值形式量化主要使用者效益和发起人费用。

5. 主要使用者效益计算

（1）由死亡人数减少所带来的效益。重大交通事故受害人的平均收入损失的等值预计为571106美元/人。该州估计实施该项检测计划每年将会减少交通事故死亡人数304

人，则潜在的费用节省为

$$304 \times 571106 = 173616224（美元）$$

（2）由财产损失减少带来的效益。每一次交通事故所造成的平均财产损失估算为 1845 美元。这个数字包括了损坏车辆的维修费用、保险费用、诉讼和法庭受理费用、警察事故调查费用以及由事故导致的交通延误费用。州政府估计每年的事故将减少 37910 起，并且有 63% 的事故将只会造成财产损失。因此，财产损失减少每年所带来的效益估算为

$$1845 \times 37910 \times 0.63 = 44064689（美元）$$

年主要效益估算合计如表 5-26 所示。

表 5-26　年主要效益估算合计

死亡人数减少的价值	173616224 美元
财产损失减少的价值	44064689 美元
合计	217680913 美元

6. 主要使用者负效益的计算

（1）将车辆送去检测所花费时间的机会成本。该成本估算为

$$C_1 = 检测车辆数 \times 平均旅行时间 \times 平均工资率 \quad (5\text{-}40)$$

每辆车的平均旅行时间估算为 1.02 小时，每小时的平均工资是 14.02 美元，每年检测的车辆数是 5136224 辆，可得

$$C_1 = 5136224 \times 1.02 \times 14.02 = 73450058（美元）$$

（2）检测费。该项成本可以根据以下公式计算。

$$C_2 = 检测费 \times 检测车辆数 \quad (5\text{-}41)$$

假设每辆车的检测费是 5 美元，每年的检测费用总计为

$$C_2 = 5 \times 5136224 = 25681120（美元）$$

（3）检测过程等待时间的机会成本。该项成本可以由下列公式计算。

$$C_3 = 平均等待的小时数 \times 每小时平均工资率 \times 检测车辆数 \quad (5\text{-}42)$$

假设平均等待时间为 9 分钟（或者 0.15 小时），则

$$C_3 = 0.15 \times 14.02 \times 5136224 = 10801479（美元）$$

（4）检测过程的车辆使用成本。这些费用估算为

$$C_4 = 检测车辆数 \times 每英里的车辆运行成本 \times 往返监测站的平均英里数 \quad (5\text{-}43)$$

假设每英里的运行成本是 0.35 美元，往返是 20 英里（1 英里 = 1609.344 米），可得

$$C_4 = 5136224 \times 0.35 \times 20 = 35953568（美元）$$

每年的主要负效益合计如表 5-27 所示。

表 5-27　每年的主要负效益合计　　　　　　　　　　　　单位：美元

项	金额
C_1	73450058
C_2	25681120

续表

项	金额
C_3	10801479
C_4	35453568
负效益合计	145886225
	（或者平均每辆车 28.40 美元）

7. 主要发起人费用的计算

新泽西机动车管理部门报告显示检测设施的支出为 46376703 美元（每年的资本恢复费用），用于检测的年经营支出是 10665600 美元，合计是 57042303 美元。

8. 主要发起人收入的计算

发起人的费用在很大程度上都被每年的检测收入所抵销，因此必须减去以避免重复计算。每年的检测收入等于发生在使用者身上的直接检测成本，其数值是 20339447 美元。

最终，6%的折现率被视为是合理的，因为新泽西州政府通过发行 6%的长期免税债券来资助大部分公共工程。费用和效益流通过折现得到现值和年度等值数据。

根据州政府的估算，检测的主要效益估值为 217689486 美元，而检测的主要负效益总共是 145886225 美元。因此，使用者的净效益为

使用者净效益 = 217680913 − 145886225 = 71794688（美元）

发起人的净费用是：

发起人净费用 = 57042303 − 20339447 = 36702856（美元）

因为所有的效益和费用都是以年度等值表示的，根据这些数值可以直接计算出效益超过发起人费用的程度。

71794688 − 36702856 = 35091832（美元/年）

年度等值为正表明新泽西的检测系统在经济上是合理的。我们可以推断，如果将从属效益也计算在内，这个数值将会更大。（例如，为简化起见，我们没有考虑新泽西州的机动车数量增长。如进行完整的分析，这一增长因素必须考虑在内，以计算出所有相关的费用和效益的等值）

5.10.5　公共项目分析的固有困难

从上节机动车检测计划的案例中可见，公众的效益很难以一种令人信服的方式来进行量化。以某一情况下对挽救的生命进行估值为例。理论上挽救一个生命的全部效益包含避免的保险管理费用，以及避免的法律和诉讼费用。此外，由过早死亡（考虑年龄和性别）导致的潜在收入损失也应该考虑在内。显然，为生命赋予精确价值的困难是难以克服的。

例如，几年以前，一个 50 岁的商业主管在一场飞机事故中丧生。调查表明该飞机没有按照联邦指南进行合理的维护。受害人家属起诉航空公司，法院最终判定航空公司

赔偿受害人家属 5250000 美元。法官计算其生命价值的依据是，假设这名主管活着，在原职位继续工作直至退休，他的余生所得收入等值将是 5250000 美元。这是一个将个体生命进行货币量化的具体案例，但显然，人的生命价值的平均估值是具有争议的。我们可以对该个案表示异议：受害人的工资足以代表他对家人的价值吗？我们是否应该将家属对他的依赖关系进行货币量化，如果这样做，这个数值又是多少呢？

又如，美国某地方政府打算加宽城市道路以减轻交通拥堵状况。已知该工程将由当地和州政府的税收来支持，许多州外的旅行者也将受益，决策者是否应该仅仅以当地居民的受益为判断项目的依据呢？应从哪个角度衡量效益？是市政的层面还是州的层面，或两者兼有？任何效益的测算都必须站在一定的视角进行考量。

除了估值和所持视角，还有影响费用–效益分析结论的其他许多可能因素。不像私人部门，许多公共项目的实施是由于政治压力而不仅是它们的经济效益。特别是，无论何时效益–费用比变得等于或者小于 1，政府总有潜在的办法将效益数字变大以使项目看起来可行。

本章小结

第 5 章涵盖了在项目和方案决策过程中关键的经济评价因素。首先，我们介绍了不同类型的经济评价指标，包括盈利能力、清偿能力和财务生存能力等，这些指标帮助我们全面了解项目的可行性和潜在效益。其次，章节详细探讨了盈利能力分析指标，以便读者了解如何评估项目的盈利潜力和对企业整体利润的影响。清偿能力指标也受到关注，特别是债务比率和偿债能力分析，以确定企业是否能够按时还清债务。在财务生存能力方面，我们强调了流动比率和速动比率等关键指标的重要性，以确保企业能够长期稳健发展。

确定适当的基准收益率是项目评估的关键一环，因此我们介绍了不同方法来确定这一指标，以保证对项目风险和收益的准确估计。在多方案评估方面，我们强调了竞争性、互斥性和互补性等不同类型的方案关系，以帮助读者在多个选择中做出明智的决策。

本章还着重探讨了互斥、独立和相关方案的经济评价方法，以便读者了解如何评估这些不同类型的方案，以及如何考虑它们之间的相互影响和综合效益。最后，我们关注了公用事业项目的经济评价，强调了在这类项目中需要考虑的特殊因素，以确保它们对社会带来最大的效益。

总之，第 5 章为读者提供了全面的技术经济评价工具和指导，帮助他们更好地理解如何评估不同类型的项目和方案。通过合理的经济评价，可以更好地支持决策制定，确保资源的有效利用和项目的成功实施，这对于各种组织和企业都至关重要。

思考与练习

1. 什么是投资方案的内部收益率？试述其经济含义。
2. 什么是独立方案？其经济评价的特点是什么？

3. 当净现值率排序法和互斥方案组合法所得出的评价结果不一致时，应遵循哪一种方法的评价结果？为什么？

4. 对于互斥方案的评价，为什么在进行相对经济效果检验之前一定要进行绝对经济效果检验？试举例说明在方案比较中不进行绝对经济效果检验可能出现的问题。

5. 采用年值法对寿命期不同的互斥方案进行评价时，其隐含的基本假定是什么？

拓 展 阅 读

第 6 章

不确定性评价方法

6.1 不确定性问题及其分析方法

在进行数字经济分析时,由于大量数据来自对未来情况的估计和预测,这些数据往往具有不确定性。因此,不确定性分析至关重要。通过对方案不确定问题变化的综合分析,就可以对方案的技术经济效果是否可接受做出评价,提出具体的论证结果或修改方案的建议和意见,从而做出比较切合实际的方案评价或决策。同时,通过不确定性分析还可以预测方案对某些不可预见的政治与经济风险的抗冲击能力,从而说明方案的可靠性和稳定性,尽量弄清和减少不确定性因素对方案的经济效益和影响,避免投产后不能获得预期利润和收益的情况发生,出现亏损状态。因此,为了有效地减少不确定性因素对经济效果的影响,提高方案的风险防范能力,进行不确定性分析是很有必要的。

6.1.1 不确定性分析的含义

不确定性分析旨在把握方案未来可能发生的情况,分析不确定性因素的变化范围及其对方案技术经济效果的影响程度。从根本上讲,不确定性和风险是不同的。美国经济学家奈特认为风险是"可测定的不确定性",而"不可测定的不确定性"才是真正意义上的不确定性。即当不确定性的结果可以用发生的概率来表达和分析时,称为风险分析,反之,当不能用发生的概率表述时,称为不确定性分析。虽然不确定性分析和风险分析存在区别,但是,从项目经济评价的实用角度来看,将两者严格区分开来的实际意义并不大,因此,一般习惯于将不确定分析和风险分析统称为不确定性分析,并将其概括为分析和研究由不确定性因素的变化所引起的经济效益指标的变化和变化程度。

6.1.2 不确定性问题产生的原因

(1)数据的统计偏差:这是指由原始统计上的误差、统计样本点的不足、公式或模型套用不合理等造成的误差。

(2)通货膨胀:由于有通货膨胀的存在,会产生物价的浮动,从而会影响评价中所采用的价格,进而导致诸如年经营收益、年经营成本等数据与实际发生偏差。

(3)技术进步:技术进步引起新老产品和工艺的替代,这样,根据原有技术条件和生产所估计出的年经营成本、收益等指标就会与实际值发生偏差。

(4)市场供求结构的变化:市场供求结构的变化会影响到产品的市场供求状况,进而对某些指标值产生影响。

（5）其他外部影响因素：如政府政策的变化，新法律法规的颁布，国际政治经济形势的变化等，均会对经济效果产生难以预料的影响。

当然，还有其他一些影响因素。在进行技术经济分析时，如果我们想全面分析这些因素的变化对经济效果的影响是十分困难的，因此，在实际工作中，我们往往要着重分析和把握那些影响较大的关键因素，以期取得较好的结果。

6.1.3　不确定性分析方法的类型与程序

为评价不确定性因素对技术方案经济效果的影响，通常采用盈亏平衡分析、敏感性分析和概率分析等方法。比如，对工程项目进行不确定性分析的方法和内容要在综合考虑了工程项目的类型、特点、决策者的要求、相应的人力财力，以及对国民经济的影响程度等条件下来选择。一般来讲，盈亏平衡分析只适用于技术经济项目的财务评价，而敏感性分析和概率分析则可以同时用于财务评价和国民经济评价。

分析方法的一般步骤如下。

（1）鉴别主要不确定性因素。在投资项目中，不确定性因素在不同投资活动中的不确定性程度及其对投资方案的影响程度各不相同。因此，分析的首要步骤是从众多变量及其相关因素中识别出不确定性较大的关键变量或因素。这些变量和因素是不确定性分析的重点。在投资项目的不确定性分析中，主要的不确定性因素有销售收入、生产成本、投资支出和建设工期等。导致这些因素变化的原因可能包括物品价格上涨、工艺技术变化导致的产品数量和质量变动、设计能力未达预期、投资超出预算以及建设周期延长等。

（2）估计不确定性因素的变化范围。在初步分析确定主要不确定性因素后，接下来就要估计其变化范围，确定其边界值或变化范围，也可先进行盈亏平衡分析。

（3）进行敏感性分析。为了评估不确定性因素对投资项目的影响程度，需要进行敏感性分析。这一步骤旨在识别对投资项目影响最大的敏感性因素，并分析其影响程度。

6.2　盈亏平衡分析

盈亏平衡分析是在完全竞争或垄断竞争的市场条件下，研究项目特别是项目产品生产成本、产销量与盈利的平衡关系的方法。对于一个项目的技术方案而言，随着产销量的变化，盈利与亏损之间一般至少有一个转折点，我们称这个转折点为盈亏平衡点（break-even point，BEP）。在这点上，营业收入与成本费用相等，既不亏损也不盈利。盈亏平衡分析旨在找出技术方案的盈亏平衡点，一般来说，盈亏平衡点越低，方案盈利的可能性越大，对不确定性因素变化所带来的承受能力越强。盈亏平衡分析的基本方法是建立成本与产量、营业收入与产量之间的函数关系，通过分析这两个函数及其图形，找出盈亏平衡点。

6.2.1 线性盈亏平衡

线性盈亏平衡分析需要满足以下四个基本假设：①产量等于销售量；②单位产品的可变成本不变；③单位产品的销售单价不变；④生产的产品可以换算为单一产品计算。

线性盈亏平衡分析的基本公式主要有以下三个。

年营业收入方程为

$$R = PQ \tag{6-1}$$

年总成本费用方程为

$$C = F + VQ + TQ \tag{6-2}$$

年利润方程为

$$B = R - C = (P - V - T)Q - F \tag{6-3}$$

式中，R 为年总盈利收入；P 为单位产品销售价格；Q 为项目设计生产能力或年产量；C 为年总成本费用；F 为年总成本中的固定成本；V 为单位产品变动成本；T 为单位产品营业税金及附加；B 为年利润。

当盈亏平衡时，$B = 0$，则

年产量的盈亏平衡点为

$$\text{BEP}_Q = \frac{F}{P - V - T} \tag{6-4}$$

营业收入的盈亏平衡点为

$$\text{BEP}_R = P\left(\frac{F}{P - V - T}\right) \tag{6-5}$$

盈亏平衡点的生产能力利用率为

$$\text{BEP}_Y = \frac{\text{BEP}_Q}{Q} = \frac{F}{(P - V - T) \times Q} \tag{6-6}$$

经营安全率为

$$\text{BEP}_S = 1 - \text{BEP}_Y \tag{6-7}$$

平衡点的生产能力利用率一般不应大于 75%；经营安全率一般不应小于 25%。

产品销售价格的盈亏平衡点为

$$\text{BEP}_P = \frac{F}{Q} + V + T \tag{6-8}$$

单位产品变动成本的盈亏平衡点为

$$\text{BEP}_V = P - T - \frac{F}{Q} \tag{6-9}$$

以上分析如图 6-1 所示。

6.2.2 非线性盈亏平衡分析

在垄断竞争条件下，随着项目产销量的增加，市场上产品的单位价格往往会呈现下降趋势。这种价格变动导致营业收入与产销量之间的关系不再是简单的线性关系，而呈现出一种非线性特征。当企业决定增加产量时，可能会面临多重成本上涨的压力。首先，原材料的市场需求可能随着产量的增加而上升，从而推高原材料价格。其次，为了满足更高的生产需求，企业可能需要支付额外的加班费、奖金以及设备维修费用，这些都会导致产品的单位可变成本上升。因此，总成本与产销量之间的关系同样表现出非线性特征。具体而言，随着销量的增加，虽然总收入在增长，但单位产品带来的收入却在减少。在这种复杂的成本-收益结构下，盈亏平衡点可能不再是一个单一的点，而是多个，如图 6-2 所示。

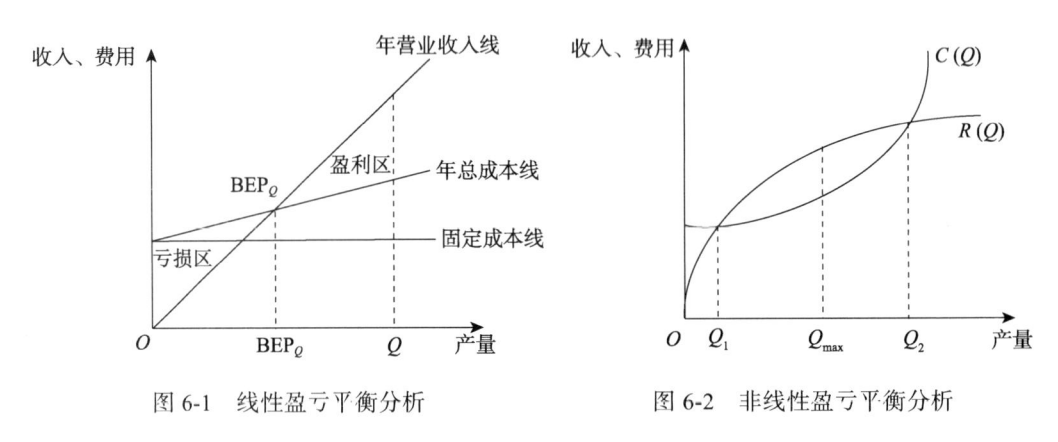

图 6-1　线性盈亏平衡分析　　图 6-2　非线性盈亏平衡分析

Q_{max} 为最优投产量，即企业按此产量组织生产会取得最佳效益。如果一个企业生产多种产品，可换算成单一产品，或选择其中一种不确定性最大的产品进行分析。运用盈亏平衡分析，在方案选择时应优先选择平衡点较低者，盈亏平衡点越低意味着项目的抗风险能力越强，越能承受意外的变化。

6.3　敏感性分析

敏感性分析旨在研究建设项目主要不确定因素变化时，技术方案经济效果指标的相应变化，从而识别敏感因素，确定其敏感程度，并分析该因素达到临界值时项目的承受能力。

6.3.1　敏感性分析的目的

（1）确定不确定因素变化范围，优化技术方案的经济效果，以便对不确定因素实施控制。

（2）区分敏感性高与低的方案，以便选出敏感性小的，即风险小的方案。

（3）识别敏感性大的因素，为决策者提供进一步研究的建议，提高经济分析的可靠性。

6.3.2　敏感性分析的步骤

一般敏感性分析可按以下步骤进行。

（1）选定不确定因素，包括产品产量、售价、资源价格（原材料、燃料等）、可变成本、固定资产投资、建设期贷款利率及外汇汇率等。

（2）确定经济评价指标：衡量技术方案经济效果的指标较多，敏感性分析一般只对几个重要的指标进行分析，如财务净现值、财务内部收益率、投资回收期等。由于敏感性分析是在确定性经济评价的基础上进行的，故选为敏感性分析的指标应与经济评价所采用的指标一致。

（3）计算评价指标变动值：一般就所选定的不确定因素，设若干级变动幅度（通常用变化率表示）。然后计算与每级变动相对应的经济评价指标值，建立一一对应的数量关系，并用敏感性分析图或敏感性分析表的形式表示。

（4）计算敏感度系数并排序：所谓敏感因素，是指该不确定因素的数值有较小的变动就能使项目经济评价指标出现较显著改变的因素。敏感度系数的计算公式为

$$\beta = \Delta A / \Delta F \quad (6-10)$$

式中，β 为评价指标 A 对于不确定因素下 F 的敏感度系数；ΔA 为不确定因素 F 发生 ΔF 变化率时，评价指标 A 的相应变化率（%）；ΔF 为不确定因素 F 的变化率（%）。

（5）计算变动因素的临界点：临界点是指技术方案允许不确定因素向不利方向变化的极限值。超过此值，技术方案将不可行。例如，当建设投资上升到某值时，内部收益率刚好等于基准收益率，此点称为建设投资上升的临界点。当可用临界点百分比或者临界值分别表示某一变量的变化达到一定的百分比或者一定数值时，技术方案的评价指标将从可行转变为不可行。临界点可用专用软件计算，也可由敏感性分析图直接求得近似值。

此外，根据分析目标的不同，敏感性分析可分为经济敏感性分析和财务敏感性分析。

6.3.3　敏感性分析的分类

依据每次所考虑的变动因素的数目不同，敏感性分析又分单因素敏感性分析、多因素敏感性分析和三项预测值敏感性分析。

（1）单因素敏感性分析，是指每次只考虑因素的变动而假设其他因素保持不变时所进行的敏感性分析。单因素敏感性分析的方法简单，但其不足在于忽略了因素之间的相关性。

（2）多因素敏感性分析。多因素敏感性分析考虑了一个因素的变动往往也伴随着其他因素的变动这种相关性，因而能反映几个因素同时变动对项目产生的综合影响，弥补了单因素分析的局限性，更全面地揭示了事物的本质。多因素敏感性分析要考虑可能发生的多种因素不同变动幅度的多种组合，计算起来要比单因素敏感性分析复杂得多。因此，在对一些有特殊要求的项目进行敏感性分析时，除进行单因素敏感性分析外，还应进行多因素敏感性分析。

（3）三项预测值敏感性分析。当分析的不确定因素不超过三个，且指标计算比较简单时，可以采用三项预测值敏感性分析。三项预测值敏感性分析的基本思路是，对技术

方案的各种参数分别给出三个预测值（估计值），即悲观的预测值 P、最可能的预测值 M、乐观的预测值 O。根据这三种预测值即可对技术方案进行敏感性分析并做出评价。

6.4 概率分析

概率分析是一种定量分析方法，使用概率预测分析不确定因素和风险因素对项目经济效果的影响。它研究和计算影响因素的变化范围、出现概率及期望值。风险性指实际价值与估计或预期价值之间的差异，通常称为风险性概率分析亦可称为风险分析。

概率分析的目的在于确定影响方案投资效果的关键因素及其可能的变动范围，并确定关键因素在此变动范围内的概率，计算概率期望值，得出定量分析的结果。风险估计需综合考虑损失或负偏离发生的大小和可能性，即概率。例如，工程建设项目的风险可用项目某一经济效益指标的负偏离发生的概率度量。概率分析的风险估计中主要采用主观概率和客观概率的统计方法，确定风险因素的概率分布，并运用数理统计分析方法计算项目评价指标相应的概率分布或累计概率、期望值、标准差。

6.4.1 概率分析的方法

概率分析是根据不确定因素在一定范围内的随机变动，分析并确定这种变动的概率分布，从而计算出其期望值及标准偏差为项目的风险决策提供依据的一种分析方法。

进行概率分析具体的方法主要有期望值法、效用函数法和模拟分析法等。

1. 期望值法

期望值法在项目评估中应用最为普遍。通过计算项目净现值的期望值和净现值大于或等于 0 时的累计概率，来比较方案优劣、确定项目可行性和风险程度的方法。

2. 效用函数法

效用是对总目标的效能价值或贡献大小的一种测度。在风险决策的情况下，可用效用来量化决策者对待风险的态度。通过效用这一指标，可将某些难以量化、有质的差别的事物（事件）给予量化，将要考虑的因素折合为效用值，得出各方案的综合效用值，再进行决策。效用函数反映决策者对待风险的态度。不同的决策者在不同的情况下，其效用函数是不同的。

3. 模拟分析法

利用计算机模拟技术对项目的不确定因素进行模拟。通过抽取服从项目不确定因素分布的随机数，计算分析项目经济效果评价指标，从而得出项目经济效果评价指标的概率分布，全面揭示不确定因素对项目经济指标的影响。

6.4.2 概率分析的步骤

（1）列出各种考虑的不确定因素，如销售价格、销售量、投资和经营成本等，并确保这些因素是相互独立的。

（2）设想各个不确定因素可能发生的情况，即其数值发生变化的几种情况。

（3）分别确定各种可能发生情况产生的可能性。确保不确定因素的各种可能发生情况出现的概率之和等于1。

（4）计算目标值的期望值。可根据方案的具体情况选择适当的方法。一种是采用净现值为目标值，将各年净现金流量所包含的不确定因素在各可能情况下的数值与其概率相乘后相加，得到各年净现金流量的期望值，然后求得净现值的期望值。另一种方法是直接计算净现值的期望值。

（5）求出目标值大于或等于0的累计概率。对于单个方案，应计算净现值大于或等于0的概率。由该概率值的大小可以估计方案承受风险的程度，该概率值越接近1，说明技术方案的风险越小；反之，方案的风险越大。

6.4.3　概率分布的类型

1. 离散概率分布

当变量的可能值为有限个数时，这种随机变量称为离散随机变量，其概率密度为间断的数。在此分布下，指标的期望值可通过加权求和得到。

$$\bar{x} = \sum_{i=1}^{n} p_i x_i \tag{6-11}$$

式中，$\bar{x}$ 为指标的期望值；p_i 为 i 种状态下发生的概率；x_i 为第 i 种状态下的指标值；n 为可能的状态数。

指标的方差 D 为

$$D = \sum_{i=1}^{n} p_i (x_i - \bar{x})^2 \tag{6-12}$$

指标的均方差（或标准差）σ 为

$$\sigma = \sqrt{D} \tag{6-13}$$

2. 连续概率分布

当一个变量的取值范围为一个区间，这种变量称为连续变量，其概率密度分布为连续函数。常用的连续概率分布有以下几种。

1）正态分布

正态分布是一种最常用的概率分布，特点是密度函数以均值为中心对称分布。正态分布概率密度图如图6-3所示。正态分布适用于描述一般经济变量的概率分布，如销售量、售价、产品成本等。

设变量为 x，x 的正态分布概率密度函数为 $p(x)$，x 的期望值 $\bar{x}$ 和方差 D 的计算公式为

$$\bar{x} = \int x p(x) \mathrm{d}x \tag{6-14}$$

$$D = \int_{-\infty}^{+\infty} (x - \bar{x}) p(x) \mathrm{d}x \tag{6-15}$$

当 $\bar{x}=0$ 且 $\sqrt{D}=1$ 时称这种分布为标准正态分布，用 $N(0,1)$ 表示。

2）三角分布

三角分布的特点是密度系数由悲观值、最可能值和乐观值构成的对称的或不对称的三角形。它适用于描述工期、投资等不对称分布的输入变量，也可用于描述产量、成本等对称分布的输入变量，如图6-4所示。

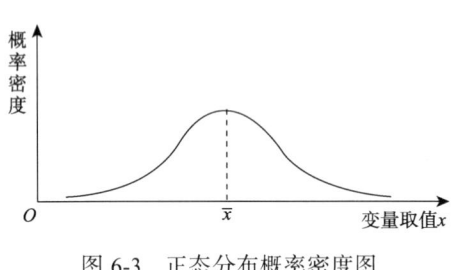

图6-3　正态分布概率密度图

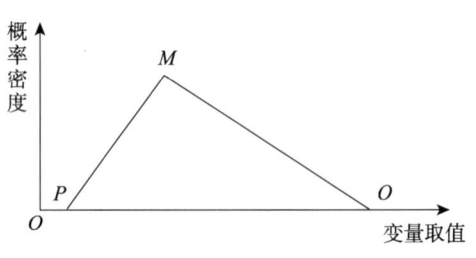

图6-4　三角分布概率密度图

3）梯形分布

梯形分布是三角分布的特例，在确定变量的乐观值和悲观值后，最可能值却难以确定，只能确定一个最可能值的范围，这时可用梯形分布描述，如图6-5所示。

4）β分布

如果某变量服从β分布，则其概率密度在均值两边呈不对称分布，如图6-6所示。

图6-5　梯形分布概率密度图

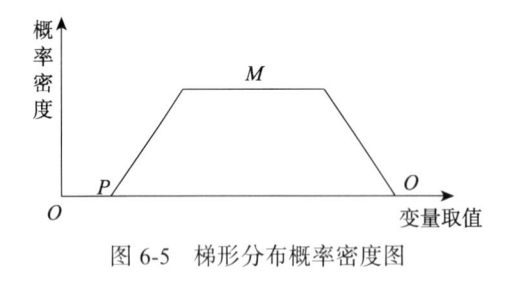

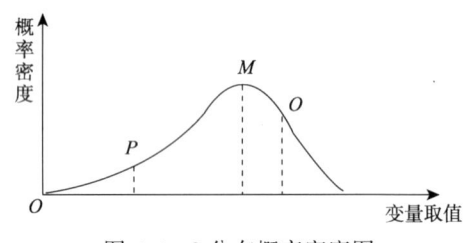

图6-6　β分布概率密度图

β分布适用于描述工期等不对称分布的变量。通常可以对变量给出三种估计值，即悲观值 P、乐观值 O、最可能值 M。其期望值及方差近似为

$$\bar{x} = \frac{P + 4M + O}{6} \tag{6-16}$$

$$D = \left(\frac{O - P}{6}\right)^2 \tag{6-17}$$

5）均匀分布

如果指标值服从均匀分布，其期望值和方差如下。

$$\bar{x} = \frac{a + b}{2} \tag{6-18}$$

$$D = \frac{(b - a)^2}{12} \tag{6-19}$$

式中，a、b分别为指标值的最小值和最大值。

均匀分布概率密度图如图6-7所示。

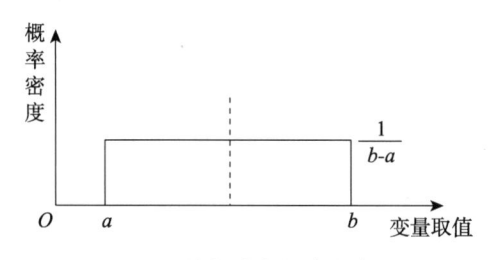

图 6-7 均匀分布概率密度图

3. 概率树分析

概率树是一种直观且有效的工具,用于处理具有多个决策点和不确定性的项目。一般步骤如下。

(1)列出要考虑的各种风险因素,如投资、经营成本、销售价格等。

(2)设想各种风险因素可能发生的状态,即确定其数值发生变化个数。

(3)分别确定各种状态可能出现的概率,并使可能发生状态概率之和等于1。

(4)分别求出各种风险因素发生变化时,净现金流量各状态发生的概率和相应状态下的净现值 $\text{NPV}^{(j)}$。

(5)计算方案净现值的期望值(均值)$E(\text{NPV})$。

$$E(\text{NPV}) = \sum_{j=1}^{k} \text{NPV}^{(j)} \times p_j \quad (6\text{-}20)$$

式中,p_j 为第 j 种状态出现的概率;k 为可能出现的状态数。

(6)计算净现值非负的累计概率,以评估项目的风险。

(7)对概率分析结果做出说明。

在风险测度中,概率树法多用于解决比较简单的问题。比如,只有一个或两个参数是随机变量,且随机变量的概率分布是离散型的。但若遇到随机变量较多且概率分布是连续型的情况,概率树法将变得十分复杂,而蒙特卡洛模拟法却能较方便地解决此类问题。

4. 蒙特卡洛模拟法

蒙特卡洛模拟法通过随机抽样来模拟项目的输入变量,并计算多个评价指标的概率分布。具体而言,是用随机抽样的方法抽取一组输入变量的概率分布特征的数值,输入这组变量计算项目评价指标,通过多次抽样计算获得评价指标的概率分布及累计概率分布、期望值、方差、标准差,计算项目可行或不可行的概率,来估计项目投资所承担的风险。实施步骤如下。

(1)确定风险随机变量,通过敏感性分析识别关键的不确定因素。

(2)确定概率分布,为每个随机变量指定一个合适的概率分布。

(3)确定随机数,模拟输入变量。

(4)选取评价指标。

(5)根据基础数据计算评价指标。

(6)整理模拟结果,计算项目可行或不可行的概率。

5. 风险价值分析

风险价值（value at risk，VaR）是通过运用数理统计模型来识别、度量和监测风险的工具，用于估计在给定概率水平和时间范围内，资产组合可能遭受的最大损失。换而言之，风险价值是指一家机构在面临"正常"的市场波动时，相信自己的资产组合可能遭受的最大损失。风险价值分析具有依赖所选择的时间范围和取决于所选择的概率水平这两个基本特征。

1）选择时间范围

时间是确定风险价值的基本要素，特别是对不同的投资方案进行比较时，因为 10 天的 VaR 和 1 天的 VaR 之间相对是没有任何意义的。对时间范围的选择主要与投资机构的业务种类和所分析的资产组合类型有关。实际上，没有必要计算每个时间段的 VaR 值，根据一个普遍被接受的法则，t 天的 VaR 大致等于 $\sqrt{t}$ 乘以用 1 天的 VaR。

2）选择概率水平

概率水平的选择与 VaR 有密切的关系。它决定了我们愿意承受多大的风险来换取潜在的收益。一般而言，损失概率 P 的取值范围为 95%～99%。

3）VaR 的非参数计算

当待估资产风险价值的概率密度函数未知时，我们可以用历史统计数据来估计 VaR。这种方法被称为非参数方法，因为它不依赖任何特定的概率分布假设。

4）VaR 的参数计算

如果待估投资项目内部收益率的概率密度函数服从正态分布（或可以近似为正态分布），那么我们可以使用参数方法来计算 VaR。这种方法基于正态分布的统计特性来估计 VaR 值。参考的计算公式为

$$\text{VaR} = Z\sigma P\sqrt{t} \tag{6-21}$$

式中，Z 是与所选的概率水平相对应的标准正态分布表中的 Z 值；σ 为正态分析中的标准差；P 为项目的市场价值；$\sqrt{t}$ 为时间调整因素。

6.4.4 风险分析

风险分析是项目管理中的关键环节，它聚焦于风险因素发生的可能性及其对项目可能造成的经济损失。这一过程主要包括风险识别、风险估计、风险评价和风险应对四个步骤。

1. 风险识别

风险识别旨在通过系统的方法全面审视项目，发现潜在的风险因素。这包括对项目进行全面考察和综合分析，找出所有可能的风险，并对它们进行比较、分类，以确定各因素间的相关性和独立性。同时，要评估这些风险发生的可能性及其对项目的影响程度，并根据其重要性进行排序或赋予权重。风险识别应根据项目的特点选用适当的方法。常用的方法有问卷调查、专家调查法和情景分析等。在具体操作中，一般通过问卷调查法或专家调查法完成，建立项目风险因素调查表敏感性分析也是初步识别风险因素的一种重要手段。

对建设项目来说，建设项目的不同阶段存在的主要风险有所不同，风险因素依项目不同具有特殊性。对于项目的有关各方（不同的风险管理主体）可能会有不同的风险，识别风险应注意借鉴历史经验，要求分析者富有经验、创建性和系统观念。

2. 风险估计

风险估计是在风险识别的基础上，进一步估算风险事件发生的概率及其可能造成的后果的严重程度。因此，风险与概率密切相关。风险估计采用主观概率和客观概率的统计方法，确定风险因素的概率分布。通过数理统计分析方法，可以计算项目评价指标相应的概率分布或累计概率、期望值、标准差等信息，这些信息可用于直接或间接地评估项目的风险。

主观概率（估计）基于人们所掌握的大量信息或长期经验的积累，是一种主观判断。客观概率（估计）是根据大量的试验数据，用统计的方法计算某一风险因素发生的可能性。在实际操作中，由于时间和资金的限制，以及事件未来的不确定性，很难计算出客观概率。因此，项目前期的风险估计通常依赖于专家或决策者的主观估计。

在确定概率分布时，需要注意充分利用已获得的各种信息进行估测和计算，在获得的信息不够充分的条件下，则需要根据主观判断和近似的方法确定概率分布，具体采用何种分布应根据项目风险特点而定。常用的确定风险事件概率分布的方法有概率树、蒙特卡洛模拟及 CIM 模型等分析法。

3. 风险评价

风险评价应根据风险识别和风险估计的结果，依据项目风险判别标准，找出影响项目成败的关键风险因素。评价标准应根据风险因素发生的可能性及其造成的损失来确定，一般采用评价指标的概率分布或累计概率、期望值、标准差作为判别标准，也可采用综合风险等级作为判别标准。

4. 风险应对

风险应对是根据风险评价的结果，研究并制定相应的规避、控制和防范风险的措施，为项目全过程的风险管理提供依据。

风险应对应遵循针对性、可行性、经济性，并贯穿于项目评价的全过程的原则。在决策阶段风险应对应进行多方案比选，对潜在风险因素提出必要研究与试验课题。对投资估算与财务（经济）分析，应留有充分的余地。对于建设或生产经营期的潜在风险，可采取回避、转移、分组和自担等措施来应对。

本章小结

不确定性分析是项目技术经济评估中的关键环节，旨在探讨项目中的不确定性因素对项目经济效果的影响，评估项目的风险承受能力，并确认其在技术经济上的可靠性，以避免不必要的损失。不确定性分析涵盖盈亏平衡分析、敏感性分析和概率分析（也称作风险分析）。不确定性产生的主要原因有数据的统计偏差、通货膨胀、技术进步、市场供求结构的变化、其他外部影响因素。盈亏平衡分析是在完全竞争或垄断竞争的市条件下，研究项目特别是项目产品生产成本、产销量与盈利的平衡关系的方法。盈亏平衡分析主要分为线性盈亏分析和非线性盈亏分析。敏感性分析主要包括单因素敏感性分析、多因素敏感性分析和三项预测值敏感性分析，其通过分析、预测项目的主要不确定性因素发生变化对经济评价指标的影响程度，找出项目的敏感因素，确定其敏感程度，并分析该因素达到临界值时项目的承受能力，对项目承受各种风险的能力做出判断，为项目决策提供可靠依据。概率分析是根据不确定因素在一定范围内的随机变动，分析并确定这种变动的概率分布，从而计算出其期望值及标准偏差为项目的风险决策提供依据的一种分析方法。风险分析应分析风险因素发生的可能性及给项目带来经济损失的程度，其分析过程包括风险识别、风险估计、风险评价与风险应对。

思考与练习

1. 何谓不确定性分析？它的主要方法有哪些？为什么在投资项目评价中要进行不确定性分析？
2. 不确定性问题产生的原因有哪些？
3. 什么是盈亏平衡分析？盈亏平衡分析有哪些种类？其基本原理是什么？盈亏平衡分析的目的是什么？
4. 什么是敏感性分析？敏感性分析的主要步骤有哪些？
5. 敏感性分析有哪些种类？如何进行选择？它们又各有什么优缺点？
6. 什么是概率分析？基本方法有哪些？风险分析的主要过程又有哪些？
7. 某企业生产某产品，今年的生产销售情况如下：销售价格500元/件，固定成本总额为800万元，单位产品变动成本为300元/件，销售量10万件，该厂通过市场调查和预测，发现明年该产品销量有继续上升的趋势，现有生产能力不能满足市场需求，因此准备扩大生产规模。由于需要购进专用设备而使固定成本总额上升到1000万元，单位产品变动成本下降5%，若销量上升到15万件，试分析：是否应扩大生产规模？
8. 某钢厂的设计生产能力为1.8万吨/年，钢材的价格为5500元/吨，单位产品变动成本为3200元/吨，总固定成本为4140万元，使用期为6年，按平均年限法分摊。试做出以下分析：①以生产能力利用率表示的盈亏平衡点；②当价格、固定成本和变动成本分别变动±10%时，对生产能力利用率盈亏平衡点的影响，并指出敏感因素。

思考与练习

拓展阅读

第三篇

技术经济方法篇

第 7 章

管理领域中的定性研究方法

7.1 定性研究与定量研究的比较

7.1.1 基本概念

定性研究（quali tative research）也称质化研究，是社会科学领域的一种基本研究范式，也是科学研究的重要步骤和方法之一，旨在通过发掘问题、理解现象、分析人类行为与观点，以及解答疑问来获取深刻洞察。其核心在于收集、描述并分析数据，以揭示数据间的联系。

定量研究（quantitative research）也称量化研究，需要用数学的工具对事物进行数量的分析。定量研究是指确定事物某方面量的规定性的科学研究，就是将问题与现象用数量来表示，进而去分析、考验、解释，从而获取研究意义。

在研究过程中，通过调查对数据的收集应用有三种方式：定性研究、定量研究和混合研究。定性研究是社会科学研究中重要的研究方法之一，它涉及观察、采访、分析及文本解读，具体方法包括实地调查、观察法、深度访谈和文本分析等。定量研究强调客观测量，通过民意调查、问卷调查等手段收集数据，并运用统计或数学方法进行分析，或借助计算机技术处理现有数据，主要方法包括调查研究法、实验研究和内容分析法。在实际应用中，定性研究与定量研究往往相辅相成。定性研究可帮助研究者确定研究现象的性质，为后续定量研究奠定基础；而在定量研究过程中，定性研究又能揭示现象发生质变的数量界限及原因。研究过程简化图如图 7-1 所示。

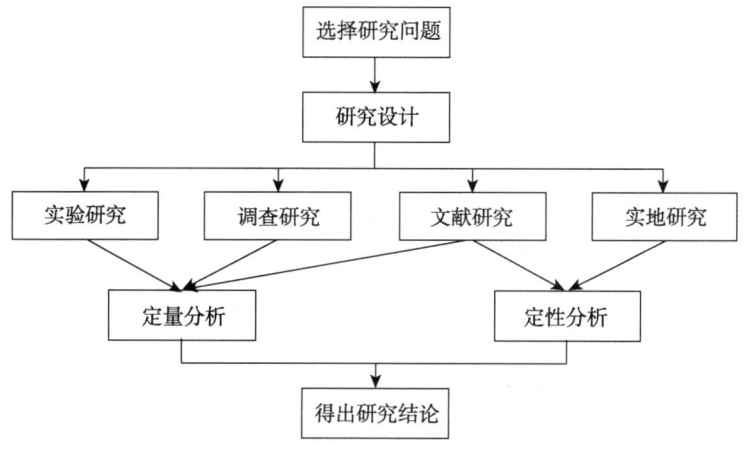

图 7-1 研究过程简化图

7.1.2 定性研究和定量研究的区别

（1）在研究设计上，定性研究与定量研究存在显著差异。定性研究主要是在自然环境下进行的，其研究方案和研究假设往往在研究过程中逐渐形成；而定量研究则通常在实验室条件下进行，并在研究开始时就明确了研究假设和问题，研究计划具有结构性。

（2）在样本数量方面，定性研究与定量研究也有所不同。定性研究是一种非程序化的、非常灵活的、基于问题的性质的研究方法，通常针对小样本进行研究，旨在探索消费需求心理层次。相比之下，定量研究则基于大量数据，通过对数据的比较和分析作出有效解释。定性研究的样本由无代表性的个案组成，而定量研究样本则由具有代表性的个案反馈的数据构成。相关资料显示，在定制调研的费用中，27%用于定性调查，其余73%用于定量研究。

（3）在研究方法和工具上，定性研究与定量研究也存在差异。定性研究是指研究者运用历史回顾、文献分析、访问、观察、参与经验等方法获得研究的资料，并用非量化的手段进行分析，得出研究结论。研究者本身常作为研究工具，运用观察、访谈等方法（或录音、录像设备）收集资料。而定量研究则是用量表、调查表等工具进行测量，得到的资料可测量和统计。定量研究主要用观察、实验、调查、统计等方法研究现象，对研究的严密性、客观性、价值中立性都提出了严格的要求，以求得到客观事实。综上，定性研究和定量研究的区别可初步概括如表 7-1 所示。

表 7-1 定性研究和定量研究的区别

比较项目	定性研究	定量研究
研究类型	探索性研究	描述性研究、因果性研究和预测性研究
研究目的	考察调查对象的态度、感觉、动机、反应等	对总体的数量特征进行判断
研究形式	讨论提纲或讨论指南	通过数学和统计分析
数据类型	定性数据	定量数据
数据分析方法	统计分析方法和心理学、社会学等分析方法	统计分析方法
样本量	小样本	大样本
对调查员的要求	需要心理学、社会学、消费者行为学、营销学、市场研究等多方面的知识储备	需要市场研究方面知识储备
硬件设备	录音机、录像机、照相机、投影机、计算机	计算机

（4）研究类型方面，定性研究与定量研究同样存在区别。定性研究主要应用于探索性研究，目的是考察管理研究中消费者、公众及企业调研中的态度、感觉、动机、反应等。在定性研究中，研究员根据讨论提纲或讨论指南进行研究，所收集的数据大多是难以量化的定性数据。定量研究通常采用数据的形式，对教育现象进行说明，通过演绎的方法来预见理论，然后通过收集资料和证据来评估或验证在研究之前预想的模型、假设或理论，可以应用于描述性研究、因果性研究和预测性研究等，如表 7-2 所示。

定量研究是基于一种称为"先在理论"的基础研究，这种理论以研究者的先验想法为开端，这是一个自上而下的过程。与定量研究相反，定性研究是基于"有根据的理论"为基础的。这种方式形成的理论，是从收集到的许多不同的证据之间相互联系中产生的，这是一个自下而上的过程。如果说定性研究是用来发现、洞察问题、动机、原因的，那么定量研究就是用来确定数量、程度的。定量研究都必须在正确的定性研究之后进行。

表 7-2 定性研究类型和定量研究类型的区别

定量研究类型	定性研究类型
测量客观的事实	构建社会现实、文化意义
焦点是变量	焦点是互动的过程、事件
信度是关键	关键在于货真价实
价值中立	价值无处不在，而且分外明显
不受情景限制	受情境限制
多个个案、受试者	少数个案、受试者
统计分析	主题分析
研究者保持中立	研究者置身其中

7.1.3 定性研究和定量研究的优势与局限

正是因为定性研究、定量研究方式方法具有各自的方法论基础、具体方法和技术手段，所以定性研究和定量研究相互共存、相互补充，构成了社会科学研究的整体。在现实研究实践中，纯粹采用定性或定量方法的情况均不存在。因此，笼统地比较两者的优劣并无实际意义，因为它们并非排他的选择。多数情况下，我们更倾向于将这两种研究策略和方法有机整合。为了实现这一结合，而非简单拼凑，我们需要深入理解并把握每种方法的优势与局限性。表 7-3 简要归纳出定性研究和定量研究的优势与局限。

表 7-3 定性研究和定量研究的优势与局限

	定量研究	定性研究
优势	更精准地回答具体问题	更深入、全面地理解问题的意义
	研究程序更标准、客观	研究过程更自然
	研究结论更具客观性	研究结论更具思想启发性
劣势	对测量等技术的依赖性	对研究主体能动性的依赖
	需要花费大量财力和人力获取数据	主观因素的影响导致信度的降低
	研究结论的抽象化	研究结论推论的局限

在需要明确地解释现象原因、各种因素的影响方式和影响程度时，定量研究具有较大优势，而定性研究虽然能把握现象的基本性质和走势，但不能提供更具体的因果解释。此外，定量研究因易于保持客观性而备受青睐。然而，仅凭数量分析解释现象特征，可能因缺少背景和实践材料，导致对现象的描述不够具体，难以提供理解现象的经验基础。例如，对社会网络与找工作之间关系的定量研究结论通常用 Logistic 回归系数来表示，如果网络的强度对找工作花费时间的回归系数为 0.76，且具有较强统计显著性，即可演绎出网络强度可以提高找工作的成功概率。这一定量研究的结论虽然发现了一般规律，但并没有帮助人们理解这条规律。此时，结合具体的定性研究，揭示哪些人如何通过强关系迅速找到工作，将极大促进人们对这一关系的理解。

所以，在研究过程中，将定性研究和定量研究有机结合的意义非常重要。有些研究既需要相对精确的答案，又需要让人理解答案的具体解释，在这种情况下，融合两者优势，方能满足研究需求。

7.2 定性研究方法的分类

关于定性研究方法的分类，学术界存在多样化的标准，形成了丰富多彩的分类体系。有的人按照研究者所探讨的研究问题分类；有的人按照研究内容的范畴进行分类；有的人按照研究者从事研究的兴趣进行归类；有的人按照学术"传统"对研究的具体实践进行划分；有的人按照"类型"对研究的活动进行探讨；还有的人反对对定性研究进行任何形式的分类。

7.2.1 按研究的问题分类

这种分类法将研究者经常探讨的问题作为分类的标准。例如，莫斯（JMorse，1994：224）将研究的问题分成五大类型：①意义类问题；②描述类问题；③过程类问题；④对话类问题；⑤行为类问题（在行为类问题下面又分成"宏观"和"微观"两个层面）。基于此，他将质性研究的主要策略归纳为六种类型，即现象学、民族志、扎根理论、常人方法学/言语分析法、参与性观察、质的生态学。同时，他还在表7-4中列出了与这些策略相对应的科学范式、具体研究方法和其他资料来源。表7-4展示了按研究问题分类的定性研究方法。

表7-4 按研究问题分类的定性研究方法

研究问题的类型	策略类型	范式	方法	其他资料来源
意义类问题	了解生活经历的本质	现象学	哲学（现象学）	录音"谈话"；笔录个人经历中的有关逸事	现象学文献；哲学反思；诗歌；艺术
描述性问题	对文化群体的价值观念、信念和行为进行描述	民族志	人类学（文化）	无结构访谈；参与型观察；实地笔记	文件；记录；照片；地图；谱系图；社会关系图
过程类问题	了解时间维度上事情发生的变化，研究问题可以呈现阶段性和不同的层面	扎根理论	社会学（象征互动主义）	访谈（录音）	参与型观察；写备忘录；记日记
对话类问题	口语互动和对话类问题	常人方法学语言分析法	语用学	对话（录音/录像）	观察；记实地笔记
行为类问题	宏观 微观	参与型观察 质的生态学	人类学 动物学	观察；实地笔记观察	访谈；照相；录像；记笔记

7.2.2 按研究的范畴分类

与上述按研究问题分类的思路类似，其他一些研究者将定性研究的方法按照研究的范畴进行分类。例如，在米勒（Miller）和克莱伯特利（Crabtree）的分类中，他们把定性研究的范畴分成七种类型，然后从这七个范畴入手，将定性研究的学术传统分成如下不同的种类。比如，当研究的范畴是文化时，研究者通常使用人类学的方法。其中，如果把文化作为一个整体来进行研究，研究者往往使用人类学中的民族志的方法；如果把文化作为符号世界进行探究，研究者则选择使用符号学的方法；如果把文化作为社会组织分享意义和语义规则的认知图式，研究者则会选择使用认知人类学的方法，如表7-5所示。

表 7-5 按研究的范畴分类

研究的范畴		研究的学术传统	常见方法
生活经验（生活世界）	作为个体的行动者的意向与社会情景相连的行动者	心理学	现象学 阐释学
个人的	个人的传记	心理学与人类学	生活史（阐释性传记）
行为/事件	有时间性并且处于情境之中、与环境有关的	心理学	性格形成学 生态心理学
社会世界	人们如何达成共识；人类如何创造象征、符号和环境，并在其中互动；社会中各种类别的一般关系	社会学	常人方法学 象征互动学（符号学） 扎根理论
文化	作为一个整体；作为符号世界；作为社会组织分享意义和语义规则的认知图鉴	人类学	民族志 符号人类学 人种科学 （认知人类学）
交流/说话	实际会话的方式与轮换规则；交流的形态与规则	社会语言学	会话分析（话语分析） 人体运动与说话之关系的科学 交流民族志
实践与过程	看护工作；教与学；管理/消费；评估	应用型专业技术	护理研究 教育研究 组织/市场研究 评论研究

7.2.3 定性研究方法的主要特征

定性研究是与研究事物的性质和特征有关的研究，通常包括对事物的性质、质量、特征、意义和趋势的评价、估计、判断、再现和预计。定性研究方法在社会科学中具有特别重要的意义，同时也是方法论领域里的争论经常涉及的问题。要理解定性研究及其方法，必须要认识此类研究及方法的性质和特征。

定性研究的特征主要反映在以下五个方面。

（1）关注并联系行为和事件的社会背景。社会背景是各种行为和事件的载体，各种行为都在特定背景中产生，理解行为首先必须了解背景。

（2）偏重个案研究。既然行为和事件相对于社会背景来说都是特殊的，理解行为和事件的意义就需要具体到个案上，从个案研究中了解和认识同类行为和事件的性质和意义。

（3）重视理论基础。定性研究倾向于从实践中归纳和总结理论，要从具体的、特殊的现象里归纳出理论，研究者必须具备相应先验性的理论知识。

（4）注重过程和结果。定性研究注重在互动实践中去理解人们的行动和社会现象，并关注行动或事件所产生的影响或意义。

（5）强调对意义的解释。与定量研究不同，定性研究不是追求发现事物内在的客观规律，而是强调对社会历史现象的特定意义的认识和理解，即从对具体行动或事件的综合考察中，去归纳和诠释关于某类行为或事件的意义，并由此解释人们是如何通过他们的特定行为，建构和维持相应的社会世界的。

定性研究在社会科学研究中有着广泛的应用。无论在探索性的研究中，还是在描述性、解释性、批判性的研究中，都具有重要作用。在探索性研究中，定性研究帮助研究者正确判断研究问题的性质和研究价值。虽然描述性研究可以用定量数据来指述对象，但通常需要定性研究来详细地展示对象的性质和特征。在解释性的研究中，定性研究可以帮助我们对事物之间的关系属性和结构有较为全面的认识和判断。批判性研究主要是对人类社会实践的反思，这一类型的研究依赖于对本质和假象的判别和评价，同时依赖的人类语言的思想功能。因此，批判性研究多为定性研究。

在自然环境下，使用实地体验、开放型访谈、参与型和非参与型观察、文献分析、个案调查等方法对社会现象进行深入细致和长期的研究；分析方式以归纳法为主，研究者在当时当地收集第一手资料，从当事人的视角理解他们行为的意义和他们对事物的看法，然后在此基础上建立假设和理论，通过证伪法和相关检验等方法对研究结果进行检验；在此过程中，研究者作为核心工具，其个人背景及与被研究者的关系对研究有显著影响，需予以重视。此外，研究过程本身就是研究结果的重要组成部分，应详细记录并报告。表7-6列出了主要定性研究方法的特征。

表 7-6 主要定性研究方法的特征

研究方法	目的	关注点	数据收集方法	数据分析方法
案例研究	对个人或某种情况（或若干人或若干情况）的深入了解	在自然情况下的一个或多个事例	观察 访谈 适当的书面材料或听觉材料	按主题对数据进行分类和解析 综合案例的总体形象
人类学	了解行为是群体文化的体现	群体中的共享文化	参与者的观察 与信息提供者进行的正式的或随意式的访谈	关注重大事件
现象学研究	从参加者的角度来理解经验	人们生活中觉察到的某个现象	深入的随意式访谈 有目的地抽取5~25人作为样本	寻找能够反映经历各个方面的"有意义的片段" 将这些有意义的片段组合成为一个典型的经历
扎根理论研究	从收集到的自然状态下的数据中得出理论	人类的活动与交流，以及产生的相互影响	访谈 其他任何有关的数据来源	将数据通过编码加以分类，确定其相互关系的特定且系统的方法 数据分析和数据收集的不间断的互动关系 从分类和相互关系中形成理论的构架
内容分析	确定研究对象主体的特定特征	任何口头的、视觉的、行为的交流方式	对研究对象的确定及取样 对研究对象进行编码以便对其特征加以预设	对每个特征的概率进行列表 回答研究问题所需要的描述性或推理性统计分析

7.3 定性研究方法的应用领域

在定性研究中，收集资料的方法可以有很多种，这是因为在定性研究中任何东西只要可以为研究的目的服务都可以成为资料，因此几乎任何方法都可以成为定性研究中收集资料的方法。在收集资料的时候最重要的问题是：如何从被研究者那里获得能够表现他们所思所想、所作所为的资料？如何从他们的角度理解他们的行为和意义建构？

定性研究方法具有简便性、参与性、灵活性，其信度和效度同样具有可控性。因此，定性方法不但在基础性、学术性的研究中有着重要价值，而且在应用性研究中同样有较高的价值。从小型的个人行动策略和团体计划的评估到大型社会发展项目和复杂工程的评估，定性方法都得以广泛的应用。本部分主要介绍定性研究中最主要的四种收集资料的方法：观察法、焦点小组座谈法、深度访谈法、投射技术法。主要定性研究方法如图 7-2 所示。

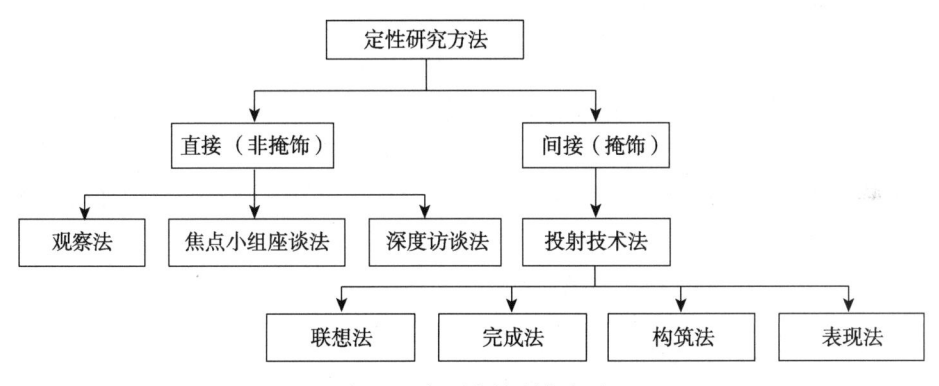

图 7-2 主要定性研究方法

7.3.1 观察法

观察法是以一种系统的、有目的的方式考察人、事物及事件的行为模式，以获得研究所需要的资料。观察法是消费者行为分析中最基本的研究方法，是指研究者在自然状态下，通过有目的、有计划地观察消费者的语言、行动和表情等方面，分析其内在原因，进而发现消费者心理现象及行为规律的研究方法。使用观察法收集信息需具备的条件有：第一，所需信息必须是能观察到的，或者能从观察到的行为中推断出来；第二，所要观察的行为必须具有重复性或者在某些方面具有可预测性；第三，所要观察的行为必须在相对短的时间内完成。

研究人员为了取得合适的资料，可根据不同的情况，采取不同的观察方法。作为收集资料的方法，观察方法可以根据不同的标准划分为不同的类型。①根据观察者的角色可分为参与观察与非参与观察。②根据是否有详细的观察计划和严格的观察程序，分为结构式观察和无结构式观察。③根据观察者是否直接接触到被观察者，可分为直接观察和间接观察。

1. 参与观察与非参与观察

这种分类是根据研究人员作为一名观察者的具体身份，是否参加到被研究的群体或单位之中，是否参与被观察者的活动而划分的。参与观察是观察者以达到深入了解情况为目的，直接加入到某一群体，以内部成员的角色参与他们的各种活动，在共同生活中进行观察，收集与分析有关资料。例如，汽车产品经理为了解新设计产品的性能和目标群体匹配度，可与消费者共同使用该款汽车进行观察；非参与观察则是观察者以旁观者的身份置身于调查群体之外进行观察。

在非参与观察中，观察者如同记者一样进行现场采访和观察，他们不参与观察者的任何活动。作为一名旁观者，他们只是在某些场合才有机会同被观察者交往，后者将他们视为外人，但在一定程度上允许他们参观某些活动。例如，新任销售区域经理为了解区域营销环境，会进行实地考察。这种观察方式虽然比较客观，但是却不能了解到被观察者的内心世界，不能深入到实际生活中的各个方面。非参与观察还可分为公开观察和掩饰观察。公开身份可能会影响被观察者的表现，如区域销售经理访问客户时，客户会调整做法以迎合其风格和要求，导致观察结果失真。另外，参与者在各种场合应参与到什么程度、充当哪种角色是值得慎重考虑的。例如，为了研究吸毒者的心态，观察者是否也要亲自吸毒？对此，大部分市场研究人员认为，在完全参与或者进行隐蔽观察时，观察者必须诚实、敏锐、讲道德，必须是从科学研究的角度出发来客观地观察具有社会经济意义的现象，而无权从个人兴趣出发来观察人们专门要避人耳目的那些现象和事件。因此，研究者需遵守职业道德，同时保障被观察者的权利和利益。

2. 结构式观察与无结构式观察

结构式观察是事先制订好观察计划并严格按照规定的内容和程序实施的观察。这种观察方法的最大优点是观察过程标准化，它对观察的对象、范围、内容和程序都有严格的要求，一般不得随意改动，因而能够得到比较系统的观察材料供解释和研究使用。当然，要制订一个既实用又科学的观察计划很不容易，这本身就需要做许多探索性的调查研究。

相比之下，无结构式观察则更为灵活，不对观察内容和程序做严格规定，而是根据现场实际情况随机决定。这种观察方式能够充分发挥观察者的主观能动性和创造性，但得到的观察资料可能不够系统、规范，受观察者个人影响较大，可信程度相对较低。

在结构式的观察中，观察员常常要为每一位被观察者填写一份问卷式表格，而在无结构式观察中，观察员只是对被观察的行为做一下备忘记录。决定观察调查是采取结构式还是无结构式，决定询问采用结构式还是无结构式都取决于研究目的。若对研究问题有较深了解，结构式观察可能更有价值；否则，无结构式观察更为合适。结构式观察常用于消费者消费能力和消费量的观察，而无结构式观察则常用于了解营销环境。

3. 直接观察和间接观察

直接观察是观察者面对面地接触，也即观察者亲自"看"到被观察者的活动。例如，在市场上看到消费者的购买过程，在座谈会上亲耳听到消费者的评论等。间接观察则是通过对自然物品、社会环境、行为痕迹等的观察，间接反映对象的状况和特征。例如，通过观察城市建筑、交通、餐饮等条件，初步了解居民消费特点和消费能力。市场调研中的大部分观察都是直接观察。

4. 其他类型的观察

观除了上述类型，观察还包括自我观察、设计观察、机器观察等。自我观察是个人按照一定的观察提纲自己记载自己的行为、行动。进行自我观察，观察者既是观察主体，又是观察对象。设计观察则是选拔特定对象进行观察，被选对象可以是人或物，如超市调查人员可将所选的多种商品更换不同陈列地点以观察消费者的反应。观察者记录下购买者在被测商品前滞留时间、购买动作及对这些商品的购买量和购买频率等，从而对陈列的效果进行评价。

7.3.2 焦点小组访谈法

焦点小组访谈法（focus groups discussions，FGD）也称小组访谈法或座谈法，是采用小型座谈会的形式，挑选一组具有代表性的消费者或客户，通常在一个特殊会场（在装有单面镜或录音录像设备的房间内，在隔壁的房间里可以观察座谈会的进程），在主持人的组织下，就某个专题进行讨论，从而获得对有关问题的深入剖解。

此法源自精神病医生的群体疗法，其独特之处在于同时访问多个被调查者，通过集体座谈来收集市场信息。因此，小组座谈不仅是主持人与被调查者间的交流，更是他们之间相互影响、相互作用的过程。要取得预期效果，主持人需充分准备，熟练掌握主持技巧，并具备驾驭会议的能力。焦点小组访谈法需要于收集以下信息、资料。

（1）调查者的具体意见、看法、观点、意图。
（2）调查对象对市场上的各家供应商及其向市场提供的产品、品牌的知晓度、忠诚度。
（3）调查对象自身各种重要特征，这些特征与其需求和行为有直接的关系。
（4）调查者正在做出的行为，这些行为又有一定的规律，反映消费者的某种心理特征。
（5）为证实某种假设是否能够成立，为找到各种因素中最重要的那个因素而进行的试验处理中所产生的信息。

7.3.3 深度访谈法

1. 深度访谈法的含义及其特点

深度访谈是指调查员和一名被调查者在轻松自然的气氛中围绕某一问题进行深入的讨论，目的是让被调查者自由发言，充分表达自己的观点。个人深度访谈的特征包括：无结构、直接性、一对一的交流。尽管调查员会事先准备一份粗略的调查提纲，但访谈过程中的具体提问措辞和顺序可根据实际情况灵活调整。访谈技巧包括：自我介绍与意图说明、营造友好氛围、利用提纲引导讨论、保持中立态度、积极倾听以及在遇到误解、回答顾虑或偏离主题时巧妙引导。

2. 深度访谈法的步骤

访谈前，调查员需确保被访者放松并建立融洽关系。首个问题应为一般性话题，旨在激发被访者的兴趣，鼓励其自由表达感受和意见。一旦开始交谈，调查员应避免打断，转而成为倾听者。为了牢固掌控访问主题，有些问题可以直截了当地提出来，且必须采用开放式提问，避免任何形式的提示或暗示。访问员的访问技巧是很重要的，应避免将深度访谈变成简单的问答环节。通常会在访问前准备好一份大纲，列举所要询问的事项，但不必严格遵循，问题的顺序应根据访谈实际情况灵活调整。

访问过程中，调查员应保持少言，仅适时提出恰当问题或意见，以鼓励被访者多谈。访问员要能善于用沉默的技巧，使被访问者无意识地泄漏动机。恰当的沉默给予被访者思考时间，并可能因感到不适或认为调查员期待其继续发言而继续表达意见。访问人员有时也可以利用一种"重播"技术，以上扬的音调重复叙述受访者答复的最后几个字，以促使受访者继续说下去。

从下述这个深度访问的片段实例，可以看出重播技术及沉默在深度访问中的作用。

> 被访者：……我只抽甲牌香烟，当我独自一个人的时候。
> 访问员：当你独自一个人的时候？
> 被访者：是的，这个牌子便宜，它看起来就是一种便宜的牌子，当和别人在一起时，我喜欢抽较好牌子的，即使价钱较贵——乙牌看起来好些，因此，我买乙牌子的香烟最多。（暂停和沉默）
> 被访者：我不能让别人看不起我，和别人在一起时，抽一种好烟，会和他们感觉一样好。自个儿一个人抽时，也就没那么多讲究了，差不多就行。

访谈过程中要注意人的记忆具有时效性，超过一定时间，便会逐渐遗忘。当人们购买某种商品时，为何选择该商品，其动机意识经过一定的时间便会忘记。为了使被访者想起这种意识，最好请他回忆决定购买商品的过程，或者重新对当时购买该商品的感受，以及如何行动的情况做详细说明，从这种说明中发现购买动机。例如，某公司在调查购买动机时，曾询问一位主妇所购买的是什么咖啡，该主妇回答是雀巢咖啡，结果得不到满意的回答。后来，访问员便请该主妇回忆在零售店购买咖啡时的情形，然后一一追问其行动及心理动机。这位主妇经过仔细回忆，突然答道："蓝色的罐子，颜色十分美丽，便买了它。"罐子颜色美丽，便是那位主妇购买的动机。

此外，深度访谈通常在被访者家中进行较为合适，因为这样可以为被访者提供便利。不论在何处实施，深度访问应单独进行，不应让第三者在场，因为让第三者在场可能在何处实施，深度访问应单独进行，不应让第三者在场。第三者的存在可能会使被访者感到困窘或不自然，从而影响其提供真实答复的意愿。深度访谈的时间通常为1~2小时，很少超过2小时。

3. 深度访谈法的优点与缺点

深度访谈法的优点如下。

（1）更深入地发掘消费者内心的动机和态度。

（2）能更自由地交换信息能取得些资料。

（3）便于对一些保密、敏感问题进行调查。

（4）能将被访者的反应与其自身相联系，便于评价所获资料的可信度。

深度访谈法的缺点如下。

（1）调查的无结构性使这种方法的质量和信度更受调查员自身素质高低的影响。

（2）深度访谈法的结果常难以进行归纳分析，它的样本通常较小，样本代表性不强。

（3）由于访问时间长，故所需要的经费较多，有时不容易取得被访者的配合。选择合适的被访者也不容易。

7.3.4 投射技术法

小组访谈法和深度访谈法在调查中都明显地向被调查者表露调查目的，但这些方法对某些敏感性问题的调查是不合适的。比如，对那些动机和原因不可告人的问题是不宜采取直接提问的。此时，调查人员尽可能地采取不依赖研究对象自我意识和情感的新方法，其中有效的方法之一就是投射技术法。它采用一种无结构的、非直接的询问方法可以激励被访者将他们所关心的话题和潜在动机、态度或情感反映出来。

投射技术法的依据在于，人们在谈论他人、从他人视角看问题或处理事务时，会间接地表达自己的真实想法。这样可以突破人们的心理防御机制，揭示应答者内心深处真实的情感与意见。投射技术法使用结构松散、刺激模糊的材料测试被调查者，并根据其反应得出调查结论。投射技术法能够穿透人们的心理防御机制，尤其适合于敏感性问题的调查。

投射技术法主要包括以下类型。

（1）联想法。联想法是在被调查者面前设置某一刺激物，然后询问被调查者最初联想到的事物。潜在假设是联想可以让调查对象揭示他们对于有关主题的内在感受。

（2）完成法。完成法提供一种不完整的刺激情景，要求被调查者将其补充完整。常用的完成法包括句子完成法和故事完成法。

（3）结构法。结构法要求被调查者以故事、对话或绘图的形式构造一种情景。图画回答法、卡通试验法、消费者绘图法都是经常使用的形式。

（4）表现法。表现法为被调查者提供一种文字或形象化的情景，要求其将他人的情感和态度与该情景联系起来。角色表演法是请被调查者以他人的角色来处理某件事，以间接反映其真实动机和态度。第三者法则是通过提问时使用第三人称（如"你的朋友""大多数人"等）来间接了解被调查者的态度和看法。

本章小结

定性研究也称质化研究，是与研究事物的性质和特征有关的研究，通常包括对事物的性质、质量、特征、意义和趋势的评价、估计、判断、再现和预计。定量研究是指确定事物某方面量的规定性的科学研究，就是将问题与现象用数量表示，进而去分析、考验、解释，从而获得意义的研究方法和过程。在研究过程中数据的收集应用有三种方式：定性研究、定量研究和混合研究。定性研究中主要的资料收集方法有：观察法、焦点小组座谈法、深度访谈法、投射技术法。观察法是以一种系统的、有目的的方式考察人、事物及事件的行为模式，以获得研究所需要的资料。观察方法可以主要划分参与观察与非参与观察、结构式观察和无结构式观察、直接观察和间接观察。焦点小组访谈法也称小组访谈法或座谈法，是调查者邀请若干被调查者，通过小组座谈的方式了解社会情况或研究社会问题的方法。小组访谈法实质上是访谈法的一种扩展形式。深度访谈法指调查员和一名被调查者在轻松自然的气氛中围绕某一问题进行深入的讨论，目的是让被调查者自由发言，充分表达自己的观点。投射技术法是采用一种无结构的、非直接的询问方法，可以激励被访者将他们所关心的话题和潜在动机、态度或情感反映出来的一种定性研究方法。

思考与练习

1. 什么是定性研究？定性研究有什么主要特征？
2. 定性研究与定量研究的区别有哪些？
3. 观察法在市场调研中有什么作用，它有什么优缺点？
4. 简要阐述一下小组访谈法。
5. 在市场分析中，消费心理调查常采用哪些方法，为什么？举例说明。

思考与练习

拓展阅读

第 8 章

管理领域中的定量研究方法

8.1 定量研究的基本概念

定量研究（study on measurement，quantitative research）是与定性研究（qualitative research）相对的概念，要考察和研究事物的量，通过收集可量化的数据，运用统计、数学或计算机技术对这些数据进行解释，以深入理解特定现象。该方法通过将问题与现象转化为数量表示，进行统计、分析、检验及解释，最终得出研究结论。其核心在于以数字化符号为基准进行测量，通过对研究对象特征的量化比较，依据一定标准测定其特征数值，或揭示不同因素间量的变化规律。

8.1.1 定量研究的优缺点

定量研究是社会科学研究领域中的一项基本方法，它除了数据分析外，还提供了一种用于探索社会中个体、组织及结构间行为与事物关系的途径。作为一种研究方法，定量研究既具备诸多优势，也存在相应的局限性。

定量研究的优点。首先，在于它的可重复性，它使研究人员可以使用相同的调查问卷来收集可比较的数据，从而有助于支撑他们的研究的可信度。其次，定量研究还具有非常有用的数据可视化功能，研究人员可以将数据以非常有效的方式可视化（例如，通过表格、图表等），从而更容易地理解研究中涉及的结果。最后，研究还提供给研究人员一种可以使用数学统计方法检验假设的方法，这样就可以了解研究发现是否有统计学意义。

然而，定量研究也存在一些缺点。首先，定量研究偏向于抽象的、统计的概念，而忽略了实际的社会现实。其次，研究人员可能会忽略被研究者的主观意见，这样可能导致获得的结果不可靠。最后，定量研究也有可能忽略某些关键因素进而导致结论的不准确。

总体而言，定量研究在社会科学领域具备客观性、可重复性和统计分析的优势，通过量化数据提供对整体社会现象的概括和趋势，有助于建立因果关系和提供决策支持。然而，其局限性在于偏向抽象概念、可能忽视主观经验，导致对社会多样性和复杂性理解的不足。过于强调统计数字也可能使研究结果过于抽象，难以捕捉个体情境的细微差异，同时存在可能忽略复杂性因素的风险。因此，在实践中，综合运用定量和定性方法可以充分发挥各种研究方法的优点，并弥补各自的缺陷。

8.1.2 定量研究的适用范围

定量研究特别适合回答以下四类主要研究问题。

（1）需要定量的答案。例如，厦门市有多少人买车了？厦门有多少学龄前儿童，我们需要多少幼儿园老师？很明显，我们需要用定量研究来回答这类问题。定性的、非数值的方法显然不能提供我们想要的（数值的）答案。

（2）精确地研究数值变化。例如，全国贫困的人数是增加了还是减少了？厦门市居民的收入是上升了还是下降了？我们需要通过定量研究来找出答案。

（3）解释现象。什么因素（如家庭、个人能力、性别等）可以预测中学生能够考上名牌大学？什么因素与学生成绩和时间的变化有关？这类问题也可以通过定量方法进行研究。许多统计技术已经被开发，这些技术使我们能够根据一个或多个其他因素或变量（如家庭经济地位、父母教育方式、就读中学、学习方式等）的得分来预测一个因素或变量（如学生高考成绩）的得分。

（4）假设检验。我们可能想要解释一些事情。例如，学生的成就与他们的自尊和社会背景是否有关系。我们可以研究这个理论，并提出一个假设，即较低的社会阶层背景导致较低的自尊，这反过来又与较低的成就有关。通过定量研究我们可以尝试检验这种模型。

上面的第一个和第二个问题是"描述性"的，试图回答社会现象"是什么"和"怎么样"。这种研究只是试图描述一种情况。第三个和第四个问题是推理性的，回答社会现象为什么会出现的问题，试图解释某事，而不是仅仅描述它。

虽然定量研究擅长回答上述四种类型的问题，但还有其他类型的问题并不适合使用定量方法来解决。

（1）当我们想要深入探讨一个问题时，定量研究就不一定合适。定量研究善于从大量的单位中提供广度上的信息，但当我们想要深入探讨一个问题或概念时，定量方法可能太过肤浅。为了真正深入了解一种现象，我们需要使用田野调查法以及访谈、深入的案例研究和其他定性技术方法等。

（2）定量研究非常适合检验理论和假设，但定量研究不能很好地提出假设和理论。被检验的假设可能来自对文献或理论的回顾，但也可以通过探索性质的研究来提出。

（3）如果要研究的问题特别复杂，进行深入的定性研究可能比定量研究更适合。这一方面是因为在任何一个定量研究中，可以看到的变量数量是有限的，另一方面是因为在定量研究中，研究者需预先界定研究变量，而定性研究则能够捕捉到意料之外的变量，从而提供更丰富的分析视角。

（4）虽然定量研究适合研究因果关系，但定性研究更适合研究特定事件或情况的意义。

8.2 变量测量的基本尺度

8.2.1 变量测量尺度的基本概念

探索不同测量尺度之前，你需要熟悉测量尺度回答问句的属性是什么，如何编制这些测量尺度,通过这些测量尺度回答问句所产生的数据类型有哪些?测量是按照测量尺度的测量特征,为受访者的回答提供一个连续的数字或符号的过程。尺度是一种通过符号或数字对现象进行区分的工具或机制,使用尺度可以基于问句的特征去测量一个客体与另一个客体之间有多么不同。在问卷之中应用尺度问句的目的就是基于研究主题来测量变量。基于受访者的回答尺度可以将个体进行区分,或者说尺度基于四种属性对个体进行区分四种属性是差异、大小、相等距离和绝对零点。"差异"是用符号将个体进行区分的能力。"大小"是指了解一种客体的尺度得分与另一个客体的尺度得分是否相等,或小于,或大于另一客体的能力。"等距"表明两个客体之间有相等的距离。最后,"绝对零点"表明尺度有一个有意义的零点,这个零点没有数量。

8.2.2 变量测量尺度的类型

基于这些性质,测量尺度可分成四种类型:类别尺度、顺序尺度、等距尺度和等比尺度。与这四种尺度相对应,市场研究中所测量的变量可分为类别变量、顺序变量、等距变量和等比变量。与此相对应而制作的量表则可称为类别量表、顺序量表、等距量表和等比量表。下面分别讨论这四种类型的量表。

1. 类别量表

类别量表是市场调研中普通的量表之一,它将数据分成各种互相排斥、互不相容的各种类别。这意味着,任何一个数字都将适合于一类而且是唯一的一个类别,在量表中所有的数据都有合适的类别。例如,种族、宗教信仰、居住类型、性别,上次购买的品牌、购买者/非购买者,以及其他用"是"或"否","同意"或"反对"来回答的问题。

类别可作为对变量的不同状态的度量,也可以用数字来表示。比如,女性为"0",男性为"1",但这种数字仅能用于区分,而不能运算。在用类别量表进行测量的过程中,调研者可以对每一类别的研究变量进行频次和百分比计算。比如,在一个消费者群体内,男性所占的百分比是48%,女性所占的百分比是52%。类别量表的数字不能反映对象的具体特征的性质和数量。对类别量表中的数字,只能计算发生频度,以及和频率有关的一些统计量,如百分比、众数、卡方检验、二次检验等。计算平均数(比如,对地理区域求平均数为2.4)或中位数是没有任何意义的,只有计算众数(出现频率最多的数)才比较恰当。

2. 顺序量表

与类别量表相比,顺序量表不仅仅具有用数字代表特征的特点,也具有比较的性质。一个变量如果能够依照特征和属性而排列等级大小、高低、先后的次序,这时就适合用顺序量表进行测量。这是基于可传递假设之上的:"如果 a>b,而 b>c,则 a>c",还有一些其他可替代的词语:"更满意""比……好"或"在……之前"。

3. 等距量表

等距量表也称区间量表,等距量表除兼有类别量表和顺序量表的特征之外还增加了量表范围内各点之间的间距相等这一维度。也就是说各点之间的间距是相等的,并可以用来相加减乘除。如果被调查者给各个品牌分别打出分数,如康佳40分、海尔60分、长虹 80 分，那么不仅可以排出对三种品牌的好恶顺序，而且，由于 80 - 60 = 60 - 40 = 20（分），因此每两种品牌之间的差距也是相同的。但不能认为对 80 分的品牌的好感程度就是对 40 分的品牌的好感的两倍，因为我们不能确定所打的分数是在以什么为零点标准的基础上计算出来的。在差距量表中计算平均态度值可采用算术平均数，也就是将所有被调查者对某一答案的分数汇总后除以人数。不同答案之间的平均态度值以算术平均数来确定顺序和差距关系。

4. 等比量表

等比量表具有类别量表、顺序量表、区间量表的一切特性，并有固定的原点。由于具有实在意义的"零点"——"0"可以被认为是测量"一无所有"的。比如，购买的数量为 0，消费金额为 0，行程距离为 0，教育年限为 0……也正因为具有了这样的特性，等比量表上的数值具有了实在的意义，反映了研究变量的实际数量也是可以进行加减乘除等各种运算的。而且这样的特性也允许我们用比例关系来计算测量结果。研究对象的一些物理特征，如身高、体重、年龄等特征都是等比量表的数值例子，而面积、距离、货币单位、人口统计、时间间隔等数据也是等比量表的测量对象。

例：上个月你在便利店中购买商品超过 5 元的次数？

A. 0　　　　B. 1　　　　C. 2　　　　D. 3　　　　E. 4　　　　F. 更多

所有的统计方法都适于等比量表，包括几何平均数的计算。

在以上四种态度测量表中，最常用的是类别量表和顺序量表。因为态度测量本质上是一种顺序关系，很难用差距关系和比率关系来表示，就如同给品牌打分，测量的结果不能表示在实际生活中被调查者在购买时会多次购买喜欢的品牌，而只能表示购物时的选择顺序是怎样的。因此，尽管等距量表和等比量表看上去包含的内容更丰富、运算方式更多，但现实运用中却使用得很少。

8.3　量表的设计及其评价标准

8.3.1　量表的设计

现实中，我们往往使用评分尺度的封闭问句使受访者在一组连续的选项上来表达他们的意见或想法。在管理研究中最常用的评分尺度是李克特量表、分项量表、语义差别量表、斯坦普尔量表等。

1. 李克特量表

李克特量表是获得受访者对某一陈述的同意或不同意的程度的量表。量表的陈述通常基于 5 点量表或 7 点量表的评分，并标以从非常不同意到非常同意的语义。李克特量表是等距尺度的一个例子，因为李克特量表中的每个选项的间隔距离是相等的。当使用李克特量表时，经常需要在问卷中加上指导语。量表中的题目并不是问句，而是对某个意见的具体陈述。访问中要求受访者对于这个陈述表达同意与不同意的程度。最后，对所有陈述的答案相加，并除以陈述的个数去计算平均得分。

2. 分项量表

分项评分量表在格式上与李克特量表非常相似，但有一些重要的不同：分项评分量表不仅展现同意与不同意的强度，也包括平衡与不平衡的选项类别。每一个答案选项的标签用来描述受访者所采取的行动。当量表使用中点时，就是一个平衡评分量表，否则就是非平衡评分量表。分项评分量表在尺度使用点数多少上（4、5、6、9等）具有弹性，它也可以使用不同的标签，如"绝对满意"和"绝对不满意"，又如"非常差"和"非常好"。分项评分量表通常在管理学研究中用于测量受访者的态度、认知、偏好和行为意向等。

3. 语义差别量表

研究者经常使用语义差异量表来探索一个客体（如组织、产品个人、想法、地点或事件）在公众心目中的形象。该量表由两极形容词作为两端，中间的答案连续排列。要构建一个语义差异量表，就必须选择一系列双向形容词或属性，如"好与坏""小与大"或"便宜与昂贵"等。这些形容词或属性一定要与研究主体相关，且对受访者重要（即品牌、个人、产品、公司等）。当描述一个客体的时候，如果量表的形容词对于受访者并不重要，则达不到对这个客体形象进行画像的目的。相反，如果忽视了重要的属性，客体画像的某些方面则会与客体没有关系。当使用一系列语义差异量表来测量研究客体形象时，便可获得客体的画像，且可以与其他客体进行比较。

4. 斯坦普尔量表

斯坦普尔量表是语义差异量表的稍作修改的版本。这个量表没有绝对零点，也没有两极形容词，而是将形容词放在量表的中间，然后在这个形容词的两边以一定的范围（从+5到−5）依次排列数值答案。斯坦普尔量表可以同时测量消费者对客体（如品牌、个人和行为或想法）态度的方向与程度。斯坦普尔量表要求受访者在范围内选择适当的数值答案来表示他们认为的每个陈述描述客体的准确程度。

8.3.2 评估量表质量的标准

在评估量表的质量标准时，我们不可避免地要探讨其核心要素——信度与效度。这两个概念如同量表的基石，共同支撑着评估的准确性和可靠性。下面我们将通过解析信度与效度的内涵、类型以及两者之间的关系，为明确量表的评价标准，进而为提升量表质量提供理论指导。

1. 信度

信度指的是测量方法的质量，即采用同样的方法对同一对象重复进行测量是否可以得到相同的资料。比如，要测量一本书的厚度种方法是叫两个人来目测估计，其中一个人估计这本书厚3厘米，另一个人则估计6厘米。那么我们可以认为，让人来目测书的厚度不是一种令人信服的办法。我们可以采取另一种方法用尺子去测量这本书的厚度，如果第一次和第二次测量的结果相同，那么可以说，用尺子去测量一本书的厚度比目测估计更为可信。

信度系数的计算以变异理论为基础，通常用相关系数 r 表示。一般来说测量所得到的最后结果受到系统误差和随机误差两部分的影响。一方面，系统误差总是以相同的方式影响测量值，也就不会对测量结果造成不一致；另一方面，随机误差是随机因素造成的非系统变异，就可能导致不稳定性，从而降低信度。因此，信度是测量结果受随机误差影响的程度。

由于测量中误差变异的来源有所不同，因此不同信度系数体现了信度的不同层面。在实际应用中，信度系数可分为如下三类。

首先是重测信度。重测信度也称为"稳定性系数"，它使用同一测验，在不同时间对同一群体测量两次，这两次测量分数的相关系数就是重测系数。如果预期获得的信息不应该有变化，那么重复测量的结果应该是一致的。这种信度能够表示两次调查的结果有无变动，反映了测量的稳定程度。

重测信度的优点在于两次测量所采用的方法、使用的工具完全一样，操作起来比较方便，但缺点在于这种方法容易受到时间因素的影响。如果两次测量间隔的时间太短，那么被访者还清楚地记得上一次回答的内容，所以测量的是他的记忆而不是现在的真实情况；而如果两次测量间隔的时间太长，中间发生的一些事件、活动有可能影响被访者的观念，导致后一次测量的结果客观上发生改变也会影响测量的准确性。因此，研究者要根据自己的经验和对具体情况的理解选择合适的时间间隔。

其次是折半信度。一般来说，对于社会科学研究中复杂的社会概念，需要多几次测量。但有时候由于各种原因，测验没有复本且只能实施一次，我们通常采用对分法来估计信度。对分法是将研究对象在一次调查中所得的结果，按题目的单、双数分为两组，计算这两组之间的相关系数，这种相关系数就叫折半信度。

比如，用一个包含 20 个问题的量表测量受访者的政治信任，当采用对分法时，可以将这 20 个问题按题号单、双数分成两组，每组有 10 个问题，每一组的题都应该能很好地测量受访者的政治信任，两组问题的测量结果也应该一致。如果两组问题的测量结果不同，那么我们就要思考测量的信度问题了。

通常情况下，研究者为了采用对分法检验测量的一致性，需要在量表设计时增加一倍的测量项目，这些项目与前半部分项目在内容上是一致的，只是表达形式有所不同。

最后是复本信度。复本信度采用的是另一种思路：在一项调查中，被访者接受问卷调查时也接受问卷复本的调查，然后根据调查结果计算相关系数。但需要注意的是，使用的复本必须是他人使用过的、经过检验的、十分可信的测量方法，它在题数、内容、形式、难度等上面要与原本一致。这类似于考试中的 A、B 卷，复本信度的高低也反映了这两套测验工具在内容上的等值性程度。

复本调查可连续或相距一段时间进行，连续进行的复本信度称为"等值系数"，相距一段时间进行的复本信度称为"稳定与等值系数"。

复本信度的主要优点在于：①能够避免重测信度的一些缺点，如记忆效果练习效应等；②适用于进行长期追踪研究或调查某些干涉变量对测验的影响；③减少了辅导或作弊的可能性。但复本信度也存在局限，主要表现在：①如果测量的行为易受练习的影响，则复本信度只能减少而不能消除这种影响；②有些测验的性质会由于重复而发生改变；

③有些测验很难找到合适的复本影响信度的因素。

影响测量信度的因素多种多样，不仅受到调查问卷本身的影响，还受到调查双方的影响，主要表现在以下四个方面。

（1）调查问卷本身的因素。调查问卷必须对整个内容具有代表性；问题设计时应尽量避免容易引起误差的题型；问题难度要适中，具有较高的区分度；问卷长度要恰当，即要有一定测题量；问题的排列按先易后难的顺序。

（2）测验实施中的干扰因素。诸如被访者在测验时的兴趣、动机、情绪、态度和身心状况、健康状态，以及是否充分合作与尽力而为等，都会影响其在调查中的反应，还有调查者的专业能力。比如，是否按规定程序和标准提问，是否有意无意影响被访者，是否认真做笔记等，都会影响被访者在调查中的反应。

（3）调查环境和调查时间，如场地的布置、材料的准备、调查场所有无噪声和其他干扰因素等。

（4）样本团体。一般而言，接受调查的样本团体异质性高会高估信度。反之，则会低估信度。

2. 效度

测量的效度也称为测量的"有效度"或"准确度"，它被用来衡量一个指标是否准确地测量到了想要测量的东西。一项测量结果如能准确显示测量对象的真正特征或属性，我们就说这一测量具有效度；反之，则认为这一测量不具有效度。也就是说，我们不是验证一个测验，而是验证对来自特定程序的数据的一种阐释（Cronbach, 1971）。

在实际生活中，我们想测量的东西往往是不能直接观察到的。比如，"工业化"这样抽象的概念，所以要对它进行具体化、操作化——建立一系列具体的指标使概念从抽象层次下降到经验层次。这样以工业化为例就会编制出一系列指标。比如，每户家庭拥有的汽车数、工业产值占 GDP 的比例等，但是这些东西能不能测量到"工业化"这个概念却是个大问题，很有可能指标跟要测量的概念风马牛不相及，所以需要"效度"这样的概念来监督。

一种有效的测量工具可以被不同的研究者用来测量同一个概念或同一种现象，这样才能保证测量的内容具有一致性和可比性。对效度的检验可以保证不同的研究者对某一概念有着一致的理解。效度是任何科学的测量都需具备的条件，因此，研究者在设计问卷、量表时，首先考虑效度的问题，要考虑所设计的问题是否真的能够有效、准确测量我们想要知道的事项。

测量的效度具有四种不同的类型。

（1）表面效度。表面效度是指测量题目"看起来"是否与测量目标一致，它只考虑测量题目与测量目标之间明显的、直接的关系。这个"看起来"一般是就外行人或者说一般读者而不是专门的研究者而言的。

表面效度会对受访者的回答产生影响。比如，为了测量人们的政治信任，我们一般会设计一个量表，里面包含了中央政府、省级政府、县/市级政府、乡镇政府等一系列相关机构，询问被访者对这些机构的信任程度。我们认为，人们对于这些机构的信任程度与他们的政治信任有关。但如果研究者用人们对垃圾分类的看法去测量其政治信任，被访者就会感到疑惑，因为这个测量看起来没有任何表面效度。

（2）内容效度。内容效度是指测量内容或测量指标在多大程度上涵盖了所测量概念的意义范畴。在评价一种测量的内容效度时，首先必须明确被测量的概念是如何定义的，其次需知道测量所涉及的信息是否与这个概念的定义密切相关，并且是否足够。

比如，"社会资本"这个概念，帕特南是这样定义的：社会资本是指社会组织的特征，如信任、规范及网络，它们能够通过促进合作来提高社会的效率。这个定义包含了关系网络、互惠、信任和规范这几个方面的内容。在评价一项对社会资本的测量时，也应从这几个方面入手，看测量收集的信息是否与其密切相关、是否足够。胡荣是我国较早使用帕特南的"社会资本"概念进行研究的学者。例如，在《社会资本与中国农村居民的地域性自主参与》这篇文章中，使用了23个项目对农村居民的社会资本进行测量，这些指标涵括了社会成员之间相互关联的网络、互惠、信任及规范四个方面。

（3）准则效度。同一种概念可能有不同的测量方法或指标。准则效度指的就是用不同的测量方式或指标对同一概念或变量进行测量时，将原来的测量方式或指标作为准则，并用新的测量方式或指标与得到的测量结果进行比较。如果新的测量方式或指标的结果与原有准则的测量结果具有相同的效果，则认为这种新的测量方法或指标具有准则效度；否则，则认为不具有准则效度。

（4）建构效度。建构效度涉及一个理论的关系结构中其他概念或变量的测量，通过利用现有的理论或命题来考察当前测量工具或手段的效度。建构效度的基础就是变量之间的逻辑关系。比如，两种具有一致方向的变量，是否在测量的结果中也表现出一致的方向性。

例如，研究者设计了一种测量方法去测量农村村民在村级选举中的参与，为了评价这种测量方法，我们需要用到与"农村村民在村级选举中的参与"有关的理论命题或假设中的其他变量。可以假定：农村村民在村级选举中的参与和选举的规范程度有关。那么，如果在实际测量中，选举规范程度与村民在村级选举中的参与具有一致性，则说明这种测量方法具有建构效度。而如果在不同选举规范程度下，村民在村级选举中的参与都是相同的，则说明这种测量方法的建构效度不足，需要重新思考和选择。

3. 信度和效度的关系

对于研究者来说，往往希望自己的测量兼具信度和效度，这两者也是科学的测量工具所必须满足的条件，但是信度和效度之间经常存在张力。

测量的信度和效度之间存在着既相互联系又相互制约的关系。一方面，测量的信度很低，其效度必然也低；但高信度的测量并不意味着同时也是高效度的测量。另一方面，低效度的测量，其信度有可能很高；而高效度的测量，其信度必然也高。信度是效度的必要条件，但不是充分条件。也就是说，一个测量工具没有信度就没有效度，但是有了信度不一定有效度。

但在实际研究中，研究者常常面临信度与效度之间的平衡问题。为了获得效度而舍弃信度，或者为了增加信度而牺牲效度。例如，我们使用结构式问卷测量"生活满意度"

通过使用问卷中的问题反复询问同样的对象，这样就可以得到相对较高的测量信度。但是，这种测量方法的效度往往会比较低。因为人们对于生活满意度的感知并不局限于问卷上所列的这些项目，现实中，人们往往有更多更复杂的感受。如果我们对每个研究对象进行深入的观察、访谈，那么所得资料的效度会比较高。但是，这种方法不可避免地损失了信度。

8.4 模型选择与不确定性评价方法

随着定量研究的不断发展，专家学者不断地将不同的数学模型应用与研究之中，通过统计学的相关概念知识进一步提升了研究方法的客观性及可靠性。同时通过不同数学模型可以构建的不同方法可以相互印证，提升研究的可信度，因此本节主要目的是介绍不同的数学模型及其构建方法。

8.4.1 结构方程模型

结构方程模型是一门基于统计分析技术的研究方法，它主要用于解决社会科学研究中多变量研究数据的探究与分析。在社会科学及经济、市场、管理等研究领域，有时须处理多个原因、多个结果的关系，或者会碰到不可直接观测的变量（即潜变量），这些都是传统的统计方法不能很好解决的问题。结构方程模型能够对抽象的概念进行估计与检定，而且能够同时进行潜在变量的估计与复杂自变量/因变量预测模型的参数估计。

结构方程模型通过求解联立方程组来运作，其优势表现为不对假设条件进行严格限制，并且能接纳自变量与因变量中存在的测量误差。众多科学领域的研究所面临的一个共同挑战是部分变量无法直接测量，它们更多是研究者为特定研究目的而构建的理论构想，缺乏直接的测量手段。为解决这一问题，研究者常采用可观测变量作为这些潜在变量的"代理指标"，但这些代理指标往往伴随着显著的测量误差。即便是对那些可以直接测量的变量，统计分析过程中也难免会受到测量误差的干扰。特别是自变量中的测量误差往往会扭曲到常规回归模型，影响参数估计结果。即使传统的因子分析能够设定多元标识来代表潜在变量，并处理一定的测量误差，但它仍然无法揭示因子之间的关联。相比之下，结构方程模型则兼具有两大优势：一是能够在研究过程中有效应对测量误差，二是能够解析潜在变量之间的复杂结构关系，所以这种方法在管理学应用研究中很常见。

简单而言，与传统的回归分析不同，结构方程分析能同时处理多个因变量，并可比较及评价不同的理论模型。与传统的探索性因子分析不同，在结构方程模型中，我们可以提出一个特定的因子结构，并检验它是否吻合数据。通过结构方程多组分析，我们可以了解不同组别内各变量的关系是否保持不变，各因子的均值是否有显著差异。

为更好地学习结构方程模型，先明确以下的基本概念。

观测变量：可直接测量的变量，如人的年龄、性别等变量。

潜在变量：无法直接测量的变量。例如，人们对某一行为的态度、对某些社会性规范的感受等。

内生变量：指模型中会受到任何一个其他变量影响的变量。

外源变量：指模型中不受任何其他变量影响但影响他人的变量。

测量模型：表示潜在变量与观测变量间的共变关系，可看作一个回归模型，由观测变量向潜在变量回归。

结构模型：表示潜变量间的结构关系，也可看作一个回归模型，由内生潜在变量对若干内生和外生潜在变量的线性项作回归。

结构方程模型的实施步骤如下。

（1）模型设定。研究者根据先前的理论以及已有的知识，通过推论和假设形成一个关于一组变量之间相互关系（常常是因果关系）的模型。这个模型也可以用路径表明制定变量之间的因果联系。

（2）模型识别。模型识别是设定结构方程模型时的一个基本考虑。只有建设的模型具有识别性，才能得到系统各个自由参数的唯一估计值。其中的基本规则是，模型的自由参数不能够多于观察数据的方差和协方差总数。

（3）模型估计。结构方程模型的基本假设是观察变量的反差、协方差矩阵是一套参数的函数。把固定参数之和自由参数的估计带入结构方程，推导方差协方差矩阵 Σ，使每一个元素尽可能接近于样本中观察变量的方差协方差矩阵 S 中的相应元素。也就是，使 Σ 与 S 之间的差异最小化。在参数估计的数学运算方法中，最常用的是最大似然法（ML）和广义最小二乘法（GLS）。

（4）模型评价。在已有的证据与理论范围内，考察提出的模型拟合样本数据的程度。模型的总体拟合程度的测量指标主要有 χ^2 检验、拟合优度指数（GFI）、校正的拟合优度指数（AGFI）、均方根残差（RMR）等。关于模型每个参数估计值的评价可以用 t 值。

（5）模型修正。模型修正是为了改进初始模型的适合程度。当尝试性初始模型出现不能拟合观察数据的情况（该模型被数据拒绝）时，就需要将模型进行修正，再用同一组观察数据进行检验。

8.4.2 层次分析法

层次分析法是美国运筹学家、匹兹堡大学 Saaty 教授在 20 世纪 70 年代初期提出的。层次分析法是对定性问题进行定量分析的一种简便、灵活而又实用的多准则决策方法。它的特点是把复杂问题中的各种因素通过划分为相互联系的有序层次，使之条理化。根据对一定客观现实的主观判断结构，把专家意见和分析者的客观判断结果直接而有效地结合起来，将一层次元素两两比较的重要性进行定量描述。而后，利用数学方法计算反映每一层次元素的相对重要性次序的权值，通过所有层次之间的总排序计算所有元素的相对权重并进行排序。该方法自 1982 年被引入我国以来，迅速地在我国社会经济各个领域内得到了广泛的重视和应用。层次分析法的操作步骤如下。

（1）通过对系统的深刻认识，确定该系统的总目标，弄清规划决策所涉及的范围、所要采取的措施方案和政策、实现目标的准则、策略和各种约束条件等，广泛地收集信息。

（2）构造成对比较阵：1～9 尺度构造各层对上一层每个因素相对重要性的成对比较阵。

（3）计算权向量并做一致性检验：对每一个成对比较阵计算最大特征根和其对应的特征向量。若通过一致性检验，则令此特征向量为权向量。

（4）计算组合权向量：计算出组合权向量可以作为决策的定量依据。

8.4.3 熵值法

熵值法是根据指标信息熵的大小对指标客观赋权的一种方法，信息熵越小，代表该指标离散程度大，所含的信息就多，所赋予的权重就越大。熵值法可以避免层次分析法和专家打分法等主观赋权方法的主观性偏误，又可以避免主成分分析法所致的信息缺失，所以在综合评价中应用较多。具体计算步骤如下。

（1）原始数据进行归一化操作。由于熵值法运算中不允许出现负数和 0，因此对于标准化后的数据可以进行数据平移的操作，对于负向指标可以采取正向指标标准化取相反数的操作。对于正向指标操作如下。

$$x'_{ij} = \frac{x_{ij} - x_{\min}}{x_{\max} - x_{\min}}$$

$$x''_{ij} = x'_{ij} + 0.001 \tag{8-1}$$

式中，x_{ij} 表示第 i 个对象的第 j 项指标原始数据；$x_{\min}$ 表示第 j 项指标的原始数据最小值；$x_{\max}$ 表示第 j 项指标的原始数据最大数据；x'_{ij} 表示第 i 个对象的第 j 项指标标准化数据；x''_{ij} 表示第 i 个对象的第 j 项指标归一化数据。

（2）分别计算每一项的权重，则第 j 项指标下第 i 个对象指标权重为

$$p_{ij} = \frac{x''_{ij}}{\sum_{i=1}^{n} x''_{ij}} \tag{8-2}$$

式中，p_{ij} 表示第 i 个对象下第 j 项指标的数据权重。

（3）分别计算每一项指标的信息熵，则第 j 项指标的信息熵为

$$e_j = -\frac{1}{\ln(n)} \sum_{i=1}^{n} p_{ij} \ln(p_{ij}) \tag{8-3}$$

式中，e_j 表示第 j 项指标的信息熵。

（4）分别计算每一项指标的差异化系数，则第 j 项指标差异化系数为

$$g_j = 1 - e_j \tag{8-4}$$

式中，g_j 表示第 j 项指标的差异化系数。

（5）对差异化系数进行归一化，计算第 j 项指标的权重。

$$w_j = \frac{g_j}{\sum_{j=1}^{m} g_j} \tag{8-5}$$

式中，w_j 表示第 j 项指标的权重。

（6）计算最终的统计测度。

$$M_i = \sum_{j=1}^{m} w_j x_{ij}'' \tag{8-6}$$

式中，M_i 表示第 i 个对象的最终测度。

8.4.4 耦合协调法

耦合协调度法主要用于分析事物的协调发展水平。其中耦合度是指两个或两个以上系统之间的相互作用影响，实现协调发展的动态关联关系，可以反映系统之间的相互依赖相互制约程度。协调度指耦合相互作用关系中良性耦合程度的大小，它可体现出协调状况的好坏。

耦合协调法又称耦合协调度模型，一般涉及耦合度 C 值，协调指数 T 值，耦合协调度 D 值三个指标值的计算，并且要结合耦合协调度 D 值和协调等级的划分标准，最终可以得出各项的耦合协调程度计算公式，具体计算过程如式（8-7）。

$$\begin{aligned} C &= \left(\frac{\prod_{i=1}^{n} U_i}{\left(\frac{1}{n} \sum_{i=1}^{n} U_i \right)^n} \right)^{\frac{1}{n}} \\ T &= \sum_{i=1}^{n} w_i U_i \\ D &= \sqrt{CT} \end{aligned} \tag{8-7}$$

式中，C 为耦合度，取值[0,1]，C 越大说明两个系统耦合状态越好，C 越小说明两个系统耦合状态越不好，将趋向无序发展；T 为多个系统的综合协调指数；U_i 分别为系统 i 的综合指数；w_i 分别表示多个系统的权重；D 为耦合协调度，取值[0,1]，D 越大说明两系统发展水平越协调，反之则说明两系统之间协同程度低。

从三个指标的计算公式中可以看出，耦合协调度 D 值主要受到综合值 U 和权重 w 值影响。因此，我们在进行计算过程中不会直接采用原始矩阵数据进行计算，而是利用熵值法等一系列可以计算权重的方法，在子系统中先采用该权重计算综合值，然后求其耦合协调度。

8.4.5 数据包络法

数据包络分析法是一种基于线性规划的用于评价同类型组织（或项目）工作绩效相对有效性的特殊工具手段。这类组织，如学校、医院、银行的分支机构、超市的各个营业部等，各自具有相同（或相近）的投入和相同的产出。衡量这类组织之间的绩效高低，通常采用投入产出比这个指标，当各自的投入产出均可折算成同一单位计量时，容易计算出各自的投入产出比并按其大小进行绩效排序。但当被衡量的同类型组织有多项投入和多项产出，且不能折算成统一单位时，就无法算出投入产出比的数值。例如，大部分机构的运营单位有多种投入要素，如员工规模、工资数目、运作时间和广告投入，同时也有多种产出要素，如利润、市场份额和成长率。在这些情况下，很难让经理或董事会知道，当输入量转换为输出量时，哪个运营单位效率高，哪个单位效率低。

数据包络法的基本思想是一个经济系统或者一个生产过程可以看成一个单元在一定可能范围内，通过投入一定数量的生产要素并产出一定数量的"产品"的活动。虽然这些活动的具体内容各不相同，但其目的都是尽可能地使这一活动取得最大的"效益"。由于从"投入"到"产出"需要经过一系列决策才能实现，或者说，由于"产出"是决策的结果，所以这样的单元被称为"决策单元"（decision making units，DMU）。可以认为每个DMU都代表一定的经济含义，它的基本特点是具有一定的输入和输出，并且在将输入转换成输出的过程中努力实现自身的决策目标。

8.4.6　灰色综合评价法

灰色综合评价法是一种新型的综合评价方法，它结合了定性分析和定量分析的优点，克服了它们的缺点，可以有效地提取出评价对象的客观性和主观性，并将它们结合起来，使评价结果更加客观准确。它的应用非常广泛，可以用于评价系统、组织、产品和服务等，从而提出有效的改进措施。因此，灰色综合评价法是一种非常有用的综合评价方法，它可以为决策者提供可靠的决策依据，从而更好地指导系统和组织的发展。一般的抽象系统，如社会系统、经济系统、农业系统、生态系统、教育系统等都包含有许多种因素，多种因素共同作用的结果决定了该系统的发展态势。人们常常希望知道在众多的因素中，哪些是主要因素，哪些是次要因素；哪些因素对系统发展影响大，哪些因素对系统发展影响小；哪些因素对系统发展起推动作用需强化发展，哪些因素对系统发展起阻碍作用需加以抑制……这些都是系统分析中人们普遍关心的问题。例如，粮食生产系统，人们希望提高粮食总产量，而影响粮食总产量的因素是多方面的，有播种面积及水利、化肥、土壤、种子、劳力、气候、耕作技术和政策环境等。为了实现少投入多产出，并取得良好的经济效益、社会效益和生态效益，就必须进行系统分析。这种方法的具体计算步骤如下。

（1）设定评价对象，对象可以是某一年，即相同年份下的不同地区，也可以是某一地区的不同年份。

（2）建立评价指标体系，选取对应的指标以达到评价目的。

（3）为每个评价指标设定相应的权重W，权重可以是专家打分也可以通过层次分析法计算得到。

（4）确定最优指标集S。若某一指标取极大值为好，则取该指标在各方案中的最大值；若取极小值为好，则取各方案中的最小值。

（5）指标的规范化处理。由于原始数据矩阵指标相互之间具有不同量纲和不同的数量级，因此有必要对原始指标值进行无量纲化处理。处理公式如下。

$$y_{ij} = \frac{x_j^{\max} - x_{ij}}{x_j^{\max} - x_j^{\min}} \quad （正向指标）$$

$$y_{ij} = \frac{x_{ij} - x_j^{\min}}{x_j^{\max} - x_j^{\min}} \quad （负向指标） \tag{8-8}$$

式中，x_{ij} 表示第 i 个对象第 j 项指标的原始数据；$x_{\min}$ 表示第 j 项指标的原始数据最小值；$x_{\max}$ 表示第 j 项指标的原始数据最大数据；y_{ij} 表示第 i 个对象第 j 项指标的标准化数据。

（6）计算关联度系数。先将 s_j 表示为第 j 个指标在不同对象中的最优值，并把最优指标集记为：$\{s_j\} = (s_1, s_2, s_3, \cdots, s_n)$。

$$\delta_i(j) = \frac{\left(\min_i \min_j |s_j - y_{ij}| + \rho \cdot \max_i \max_j |s_j - y_{ij}| \right)}{\left(|s_j - y_{ij}| + \rho \cdot \max_i \max_j |s_j - y_{ij}| \right)}$$

$$E = \begin{bmatrix} \delta_1(1) & \delta_1(2) & \dots & \delta_1(m) \\ \delta_2(1) & \delta_2(2) & \dots & \delta_2(m) \\ \vdots & \vdots & \ddots & \vdots \\ \delta_n(1) & \delta_n(2) & \dots & \delta_n(m) \end{bmatrix} \tag{8-9}$$

式中，$\delta_i(j)$ 表示第 i 个对象的第 j 个指标与最优指标集的关联系数；s_j 表示为最优指标集中的第 j 项指标；$\min_i \min_j |s_j - y_{ij}|$ 和 $\max_i \max_j |s_j - y_{ij}|$ 分别为两极极小差和两极极大差；ρ 为分辨系数，$0 < \rho < 1$，一般 ρ 取值为 0.5；E 为关联系数矩阵。

（7）计算综合评价结果。综合评判结果 $R = E \times W = (r_1, r_2, \cdots, r_m)$，即关联系数 r_i 越大越好。

本章小结

通过仔细研读本章内容，读者将获得丰富的研究技能。首先，他们将掌握量表设计的基本原则，从而能够灵活应用于不同研究场景，确保量表的设计符合研究目的和参与者特点。其次，读者将了解如何评价量表的信度和效度，这是保证研究数据可靠性和准确性的关键。再次，他们还将学会处理量表设计过程中常见的问题，提高量表的质量。更重要的是，他们能够在实际研究中灵活运用这些知识，为研究提供可靠的数据支持，从而提升研究的质量和可靠性。最后，通过对不确定性评价方法的学习，读者将掌握在管理研究中如何应用定量研究方法，评价模型的准确性和可靠性，从而为决策提供科学依据。这些技能将使读者能够在管理领域的研究中运用定量研究方法，设计高质量的量表，并评估研究数据的可靠性和准确性，为科学研究与决策提供有力支持。

思考与练习

1. 何谓定量调查？定量调查的方法有哪些？
2. 什么是测量？
3. 什么是测量尺度？每一种类型的尺度之间可以做何种比较？
4. 抽样技术有哪几类？各类有何特点？
5. 有效性的几种类型是什么？
6. 什么是可信性?它对确定一个测量是否准确可以提供什么信息？
7. 我们如何建立可信的测量？
8. 定量研究的基本模型有哪些？各有什么优劣之处？

思考与练习

拓展阅读

第 9 章

问卷设计方法与技巧

9.1 问卷的功能及设计原则

问卷是询问调查中使用的以问题的形式系统地记载所需要调查的具体内容,让访问员向受访者发问并记录受访者答案,以收集第一手资料的一种书面文件。问卷是国际通用的询问调查的基本工具。研究人员将问卷作为一种工具,通过面对面访谈、电话访谈、在线访谈等方式向受访者提出一些具体的调研问句。调研问卷可以记录受访者对调研问句的回答。显然,如果没有调研问卷,提问就会杂乱无章,受访者无法提供提议的答案要求回答。因此设计科学有效的问卷是问卷调查的重要环节。

作为调查者与被调查者之间沟通桥梁的调查问卷,其设计是否科学合理,将直接影响问卷的回收率,影响资料的真实性、实用性。所以在问卷设计时,设计人员在明确某项调查的目标、方法之后将需要调查的内容细化为具体的问题,应采用与调查内容、方式、对象相适应的提问方式和回答形式,按照一定的逻辑顺序将问句系统地排列组合,最终印制成书面的文件。

因此,当考虑要使用问卷调查时,首先应当思考与问卷相关的问题。例如,研究目的是什么?问卷的类型是什么?该当访问多少人?谁是受访对象?问卷如何实施?回收的问卷如何处理?如何编辑数据?如何编码?

9.1.1 问卷的类型

调查问卷的类型,按不同的分类可分为不同的类型。

(1)按照使用问卷的方法可分为自填式问卷和访问式两类。其中自填式问卷是指调查者把问卷发给目标群体,由应答者自己填写问卷。而访问式问卷则是由调查者早已准备好的问卷或问卷提纲,向应答者提问的形式进行填写。

(2)根据问卷发放的形式不同可分为送发式问卷、报刊式问卷、邮寄式问卷、电话访问式问卷,网络问卷等。

①送发式问卷是指由调查者将调查问卷发送给选定好的目标群体,回答完问题后再进行统一收回。

②报刊式问卷是指把问卷设计在报纸上,随报纸把问题发送到各地,没有确切的目标,当读者看到报纸后在报纸上填写问卷,然后寄回报刊编辑部。其优点是有稳定的传播途径、保密性好、费用低,缺点是回收率不高。

③邮寄式问卷是指通过邮局把问卷邮寄给相应的人员，待答完问题后再通过邮局将问卷统一回收。

④电话访问式问卷更容易理解，就是通过互通电话的形式，向应答者提问，调研者根据应答者在电话中的回答情况进行填写。

⑤网络问卷是当前较为普遍运用一种形式，是将问卷在网络上发布。这种形势的优势是保密措施好，不受时间和空间的限制，可以获得更多的信息。

（3）根据问卷中题型的类型可分为封闭式问卷和开放式问卷。封闭式问卷就是答案已拟定好，由应答者进行选择性回答；而开放式问卷则是没有固定的答案，完全由应答者根据自己的理解进行填写。

9.1.2 问卷的功能

问卷调查最首要的用途是收集数据样本，获得需要的研究资料。但收集数据并非问卷调查的最终目的，问卷调查研究的目的是根据获得的数据资料进行变量变化的描述，并进一步阐释变化的原因，即相关分析与因果分析。它是由一系列的问题，备选答案及说明等所组成，向被调查者收集必要的数据。

而在非社会研究专业领域，问卷调查被广泛用于企业或个人获取所需的客户特征数据集，以及根据调查数据分析需求走向、概括产品优劣势特征等。同时，问卷调查也常见于国家统计数据的收集。

问卷的历史渊源深远，其起源可追溯至 19 世纪末的心理学研究领域。自 20 世纪 60 年代起，问卷在管理学研究的多个分支，包括学术研究、管理咨询及市场调研中，得到了广泛应用。这一时期，管理决策理论的兴起极大地推动了问卷的普及，该理论强调理性决策能力对于有效管理至关重要，尤其在面对不确定性时更为凸显。因此，问卷所提供的信息成为制定合理决策的重要依据。鉴于此，如何精心设计一份科学、合理的问卷，以确保其为后续研究或决策提供准确有效的信息支持，成为一个关键问题。

一份理想的问卷在设计过程中要进过多方面的考虑，包括问卷的结构、排版、问题及答案的编写、质量等环节，但其中最核心的是要有设计思路，明确研究主题，在此基础上把关每个环节才能制作出一份高质量的问卷。下面具体展开说明。

1. 问卷思路

很多人第一次设计问卷没有经验，完全不知从何下手，也不知道需要设计什么样的问题，多少个问题合适。事实上问卷中应该设置多少个问题，问题设计成什么类型，这些重要性相对较低，核心在于你的思路是什么？有了思路，一切都会有解决方案。那如何让自己的问卷具有思路呢？

比如说，你想研究"消费者网购情况和社交媒体使用的关系情况"，首先确认好是这样的主题，有了这一点，接下来就好办很多。从这一主题可以看出，核心想研究的点包括两个关键词，分别是网购和社交媒体；有了此两个关键词后，接着需要做的是细分；网购可以用一些什么样的问题表示呢？社交媒体应该用一些什么样的问题表示呢。

在通常情况下，一个关键词下属对应有 4～7 道题即可，不需要太多。如果按照此逻辑，2个关键词就只有8～14道题，还是比较少，怎么办呢？一个关键词下是否可以再继续拆分呢？比如，常见的拆分可以分成两类，包括基本行为和基本态度，那么网购就可以再拆分成网购行为和网购态度两个方面。类似地，社交媒体也可以拆分成，社交媒体使用情况和社交媒体态度情况两个方面。

再这样的思路前提下，将一个研究题目分拆成4～7个关键词，每个关键词4～7道题，整个研究就会充实饱满。这样做的目的非常简单，一是对整个研究思路有清楚的梳理，并且通过具体问题进行量化表达呈现出来；二是也只有这样后续才会进行有效的研究分析。

2. 问卷结构

问卷结构非常关键值得注意，问卷设计一开始，基本上已经确定了研究思路和研究方法的使用等。如果后面想要进行某种分析，在问卷设计时就要注意添加上对应的题目，否则在后面分析时就会出现无法分析的尴尬情况。调查者可根据自己的研究思路选择合适的模板进行问卷设计。关于问卷的结构相关问题将在第 9.2 节问卷的基本结构与格式中展开介绍。

3. 问卷排版

问卷的字体、颜色、行距、页面排版都决定一个问卷看起来是否让人舒服，问卷设计的过程中要对整个问卷进行一定的美化设计，让受调查者很舒服地完成调查。

4. 问题、选项的设计

首先一份思路清晰的问卷，应该是任何人一看就完全理解想做什么，所以问卷中的逻辑也不宜过多。如果问卷中逻辑太多，比如，选择一个第 1 题，才能回答第 5 题；然后选择第 3 题才能回答第 4 题，各类逻辑非常多；这种情况的产生会导致最终进行研究分析的结果非常糟糕。

然后问题设置的要清晰、语言通畅陈述简明。提问态度保持客观，不要有偏向性。多站在被调查者角度思考，提问方式选择恰当，不要引起不满，等等。更多关于问卷问题及选项编写在本章的第 9.3 节关于问题与选项的设计技巧的知识中详细介绍。

5. 问卷质量

信度和效度分析是问卷分析的第一步，也是检验该问卷是否合格的标准之一，所以在做问卷调查时要进行信度和效度的分析，以确保问卷结果有意义。

9.1.3 问卷设计的原则

基于上述合理问卷具备的特点，我们可以将问卷设计分为五大原则，分别是有效性原则、人性化原则、科学性原则、逻辑性原则、便于整理分析的原则。

1. 有效性原则

有效性原则指的是问卷必须与调查主题紧密相关。问卷能否调查主题，取决于问卷设计环节，能否找出与调查主题相关的要素。例如，调查某产品的用户满意度，则需涉及用户的人口学特征，产品的价格、包装、外观等，用户的使用效果、心理满足等。

2. 人性化原则

为提高问卷的有效回收率，问卷更应做到人性化处理。作为一种普遍的调查方式，问卷被运用于各个领域、专业的调查。因调查群体、年龄等各不相同，所以在设计问卷时要尽可能地避免被调查者的抵触情绪。

首先，问卷调查应首先写明问卷用途，承诺被调查者的私人信息不会被泄露。使被调查者愿意填写问卷。

其次，问卷问题要适量，不宜问题过多使受访人产生抵触情绪。

最后，问卷中的用词要贴近生活，通俗易懂，忌出现生僻字词等影响被调查者理解问卷题目。

3. 科学性原则

设计者用词需要精准，对于数据性的问题不宜使用"有时""常常"等模棱两可的词汇，避免调查结果出现偏差。

问题的设计忌代入个人主观看法与情感，出现诱导被调查者的情况。会影响被调查者的个人判断，是不可取也不科学的，须以中立的态度提出问题，保证其科学性。

4. 逻辑性原则

逻辑性原则是指问卷的设计要有整体感，问题与问题之间要具有逻辑性，从而使问卷成为一个相对完善的小系统。举例如下。

（1）您对儿科医患关系现状的总体评价为

　　A. 和谐　　　　B. 较和谐　　　　C. 一般
　　D. 差　　　　　E. 矛盾尖锐

（2）您认为目前儿科医患纠纷发生的频率为

　　A. 经常发生　　B. 偶尔发生　　C. 很少发生　　D. 不好说

（3）您是否经历过儿科医患纠纷？

　　A. 是　　　　　B. 否

以上的几个问题，由于问题设置紧密相关，即问卷的逻辑性较好。

5. 便于整理分析的原则

问卷设计并非研究工作的终结，而是研究工作的基础。问卷调查是数据搜集与分析重要的基础工作。因此便于整理分析可以从以下几个方面提高。

（1）调查指标是能够累加和便于累加的。

（2）指标的累计与相对数的计算是有意义的。

（3）能够通过数据清楚明了地说明所要调查的问题。

9.2　问卷的基本结构与格式

9.2.1　问卷的基本结构

一份完整的调查问卷通常由前言、主体、附录三个部分组成。

1. 前言

1）问卷的标题

问卷的标题是概括说明调查研究主题，使被调查者对要回答什么方面的问题有一个大致的了解。确定标题应简明扼要，易于引起回答者的兴趣，如"大学生消费状况调查""高档住宅购买意向调查"等。而不要简单采用"问卷调查"这样的标题，它容易引起回答者因不必要的怀疑而拒答。

2）问卷说明

问卷说明旨在向被调查者说明调查的目的、意义。有些问卷还有填表须知交表时间、地点及其他事项说明等。问卷说明一般放在问卷开头，通过它可以使被调查者了解调查目的，消除顾虑，并按一定的要求填写问卷。问卷说明既可采取比较简洁、开门见山的方式，又可在问卷说明中进行一定的宣传，以引起调查对象对问卷的重视。下面举个实例加以说明。

"同学们：为了解当前大学生的学习、生活情况，并做出科学的分析，我们特制定此项调查问卷，希望广大同学予以积极配合，谢谢。"

2. 主体

1）被调查者基本情况

这是指被调查者的一些主要特征，如在消费者调查中，消费者的性别、年龄、民族、家庭人口、婚姻状况、文化程度、职业、单位、收入、所在地区等。又如，对企业的调查中，企业名称、地址、所有制性质、主管部门职工人数、商品销售额（或产品销售量）等情况。通过这些项目，便于对调查资料进行统计分组分析在实际调查中，列入哪些项目，列入多少项目，应根据调查目的、调查要求而定，并非多多益善。

2）调查的主题内容

调查的主题内容是调查者所要了解的基本内容，也是调查问卷中最重要的部分。它主要是以提问的形式提供给被调查者，这部分内容设计的好坏直接影响整个调查的价值。主题内容主要包括以下三个方面：①对人们的行为进行调查包括对被调查者本人行为进行了解或通过被调查者了解他人的行为；②对人们的行为后果进行调查；③对人们的态度、意见感觉偏好等进行调查。

3. 附录

1）编码

编码是将问卷中的调查项目变成数字的工作过程，大多数市场调查问卷均须加以编码，以便分类整理，易于进行计算机处理和统计分析。所以，在问卷设计时，应确定每一个调查项目的编号，为相应的编码做准备。通常是在每一个调查项目的最左边按顺序编号。例如：您的姓名；您的职业。而在调查项目的最右边，根据每一调查项目允许选择的数目，在其下方画上相应的若干短线，以便编码时填上相应的数字代号。

2）作业证明的记载

在调查表的最后，附上调查员的姓名、访问日期时间等，以明确调查人员完成任务的性质。如有必要，还可写上被调查者的姓名、单位或家庭住址、电话等以便于审核和进一步追踪调查。但对于一些涉及被调查者隐私的问卷，上述内容则不宜列入。这部分一般放在封面的右下角，或者是放在简单问卷的最后，单独成为一部分。

3）结束语

结束语是问卷的最后部分，包括两部分内容，一部分内容为提出几个开放式问题，让研究对象深入、自由地回答有关问题，在量化的基础上进行质的分析，加深对问题的认识；或让被调查者提出对本研究的建设性意见。另一部分内容是表示对被调查者合作的感谢。结束语可根据问卷的需要设置，也可以不要。一份完整的问卷包括以上内容，但在实际调查过程中，不同访问方式对问卷设计的要求是不一样的。问卷主体内容是核心，必不可少，其他内容可酌情删减。

9.2.2 问卷的设计格式

问卷的设计步骤是设计调查问卷过程的重要组成部分，而且问卷设计应该遵循一定的设计规律和步骤，问卷的设计程序是保证问卷的合理性的有力保证，忽略问卷设计程序会容易导致问卷调查缺乏较高信度和效度。下面是问卷设计的五个步骤。

1. 确定调查问卷的主题

确定调查问卷的主题是在设计调查问卷过程中最重要的一项，只有确定了调查问卷的主题才能够进行下面的步骤。所以确定主题是问卷设计的前提条件，在设计调查问卷之前，调查者必须弄清楚调查的主要内容及调查的目的和意义。这一步骤的实质其实是规定了设计问卷所需要的信息。我们在进行问卷设计的时候，首要工作就是要先充分了解所需要调查的目的和主题，然后在这个基础上，研究调查者再认真的讨论确定调查问卷的目的、主题和理论假设及所需要的数据资料，然后将所需要的资料化成问题，使问题具体化、条理化。如果主题过于宽泛，就可以适当的查阅一些资料，从较大的主题中选取一个比较合理的主题，如"高校毕业生择业情况调查"。这个主题就过于宽泛，不容易说明问题，高校的择业情况是和什么样的高校有直接关系的，所以诸如这样的主题，就一定要缩小范围再确定主题。

2. 选取调查对象的范围

在确定了调查主题后，就要根据调查主题选取调查对象，不同的调查主题，我们要选择不同的调查对象，如"教育部直属六所师范院校师范生择业情况调查"这个主题。根据这个主题，很明显的要选取教育部直属的六所师范院校内的师范类专业毕业生为调查对象。在选取调查对象时，还要考虑调查对象的特征，并且在了解这些特征的基础进行设计题目和问卷的形式。所以选取调查对象对于合理的设计一份调查问卷是十分重要的。

3. 确定调查方法

根据调查方式的不同，调查问卷可分为派访员访问调查问卷、电话调查问卷、邮寄调查问卷、网上调查问卷和座谈会调查问卷等。而不同的调查方法所对应的问卷调查题目和问卷调查类型不同，这就需要我们选择合适的调查方法，不同的调查主题也适用不同的调查方法，如果是对某件事情或者事件的满意度调查，一般采用电话调查问卷，如"武汉市路况出行情况调查"，这是针对全武汉市市民进行的，就需要采用电话调查比较合理，但是大部分的问卷调查都是采用派单式的问卷调查，就是做一个书面的调查问卷，然后发放给被调查者进行调查，而在实际应用中，座谈会调查问卷和邮寄调查问卷是最不经常使用的，因为邮寄调查问卷的时间周期太长，不易于操作，网络调查问卷可以涵盖邮寄式调查问卷。所以，选择合理的调查方法对于合理的设计调查问卷是十分必要的。

4. 设计问卷题目

问卷调查是主要通过问题的回答来进行调查的，所以设计问卷调查的题目是问卷调查设计过程中非常重要的一个环节。要保证所设计的问题和调查的主题密切相关，不能偏离主题，要突出重点，而且在编制问题的过程中，一定要考虑到被调查对象人群的知识水平，问题切忌过于抽象或者专业，提问方式要符合我国社会的特点，易于被人们接受。一份合理的问卷，需要有一定有效回收率的保证，现在我国大多数城市生活节奏比较快，很多人不乐于去做问卷调查，或者觉得太浪费时间，这就要求我们在设计调查问卷的过程中，首先要考虑被调查者的心理。因此要主题鲜明，能够吸引被调查者的眼光，要命题明确、提问直观。其次问题不要设计太多，过多的问题会使被调查者感到厌烦，从而影响问题的有效性和数据的准确性。设计问卷调查的题目是整个设计问卷调查过程的灵魂，所以要重视这个环节。

5. 确定整体的格式并制版

前面几项工作都完成之后，不要忘记确定整体的格式，不同的问卷调查有不同的格式和样式，这也是整个设计工作中重要的一部分。这一部分也包括问题相互间的顺序、被调查者个人信息的位置，等等。大多数的问卷调查既包括封闭性的问题，又包括开放性的问题，这就要求我们要合理放置这些不同的问题，在通常情况下，封闭性问题在前面，开放性问题在最后，因为大家做完封闭性问题后，对所要调查的方向就有了一定的把握，再做开放性问题的时候，就会有一定的思路。所以在设计调查问卷的最后，一定不能掉以轻心，要做好最后的格式并进行印刷。

9.3 问题与选项的设计技巧

问卷由若干个问题所构成，问句是问卷的核心，在进行问卷设计时，必须对问句的类别和提问方法仔细考虑，否则会使整个问卷产生很大的偏差，导致研究结果出现偏差。调查问卷中所说的问句主要有两个方面的含义：一是问句不单指询问的语句，还包括将要记录的答案、计算机编号和说明怎样回答三个部分；二是问句不一定采用问的形式和口吻，常常是叙述一种情况或事实，然后征求意见。

9.3.1 问句的种类

1. 按照问句内容的结构来分

可以将问句分为组织化——非伪装问句、非组织化——非伪装问句、非组织化——

伪装问句、组织化——伪装问句四种类型。所谓组织化，是指有系统地询问并系统地记录答案。伪装性即问句中试图隐藏调查目的。

1）组织化——非伪装问句

这类问句应用最为广泛。在收集数据时，按照相同的顺序向被调查者询问相同措辞的问题，典型的回答类型为封闭型，以保证各被调查者回答的是相同的问题，从而得到的回答可以比较。

例：对于目前浙江新闻和新闻联播之间播出的短广告条数，您认为
A. 应删减一些　　　B. 还可以再增加　　　C. 不用改变　　　D. 没意见

例中一方面明显表达出调查目的，想了解观众对这一段广告条数的看法；另一方面属于组织化形式，被调查者只能从四个选项中选择一个答案。这种问句的优势在于数据的可靠性比较强，问句易于管理与分析。缺点是可能诱导被调查者的回答，如缺少选项等。

2）非组织化——非伪装问句

调查的目的比较明显，但问句的回答是开放的。

例：您选择服装时最注重的因素是什么？（单选）
A. 颜色　　　　　　B. 款式　　　　　　C. 价格　　　　　　D. 品牌
E. 质地　　　　　　F. 其他（请说明）

这类问句多用在深度面谈时，作为预备调查或试探性调查。其优点是被调查者可以自由发表自己的意见，仔细而且有经验的访问员可以由此得出更深入、更准确的答案。其缺点是对访问员的素质要求较高；同时，由于访问时间较长，回答率可能较低；此外，答案不便于分析。

3）非组织化——伪装问句

在调查者不愿回答的情况下，掩藏调查目的，挖掘被调查者潜意识的动机和态度。该类问句经常采用联想法、完成句子法、讲述故事法等。

例：目前《浙江新闻》和《新闻联播》之间播出的短广告。

晚上 6:55 分看完《浙江新闻》后，我_____。

词语联系法和句子完成法是按固定顺序和语句提问，似乎是组织化的问题，但由于被调查者的回答与讲故事一样为非组织化的，所以也列为非组织化问题。该类问题可以解决敏感性、回答率较低的问题，但可靠性差，主要适用于探索性调查。

4）组织化——伪装问句

该类问句实践中使用较少。其特点在于：一方面，具有隐藏性，可以挖掘出被调查者潜意识的动机态度；另一方面，问句的组织化使答案便于整理分析。

例：在《浙江新闻》和《新闻联播》之间常播放一些短广告，在看到这些告时，您一般是
A. 从头到尾都认真看广告　　　　　　B. 只认真看感兴趣的广告
C. 不留意具体内容，但耐心等待下面的节目　　D. 换频道看其他节目
E. 开着电视干其他事情　　　　　　　F. 其他

2. 按照问句要收集的资料性质来分

1) 事实问句

这是指收集的资料是事实,被调查者按自己的实际情况回答问题的问句,事实问句一般较容易回答。

例:您最喜欢的洗发水是什么牌子的?

在设计事实问句时,要充分估计被询问者有可能因为时间关系记不清事实的情况。事实问句还必须有一个特定的范围,不能笼统地设问。

2) 意见问句

这是一类以收集被调查者的个人意见或评论性见解为目的的问句,也可以认为是一种态度调查句。

例:您对现在使用的手机品牌感到满意吗?

A. 满意　　　　B. 不满意

态度调查不仅需要考虑真实的态度,还有必要考虑态度的强度,这就涉及态度测量的技术。

态度调查常会出现态度判断的标准不一致的问题。例如,上例中,何种程度才能称为满意,每一位被调查者的判断标准可能都不一致。因此,调查结果的误差有可能会较大。在这种情况下,我们往往建议将意见问句转化为事实问句,而将判断的标准统一掌握在调查人员手中。

还有些问句,是为了征询被调查者对问题的认识和理解。

例:你认为海尔的成功之处在哪里?

这种问句常被看成事实问句,好像问的是事实,其实是在问一种"你认为"的意见,认为的不一定是事实,被调查者的答案不一定是事实情况的反映,而仅表一种个人的意见。故也属于意见问句。

3) 解释问句

被调查者通常很难一下子把理由完整地表达出来,因此,采用非伪装问句比较多,也即采用将答案列出的方式。有时候,解释问句又会遇到有关个人隐私等忌讳的问题,需要由高明的问句设计去攻克难关。

简言之,以上三类问句之间的区别是它们收集的资料分别属于"是什么""怎么样"和"为什么"。事实问句注重的是"是什么",意见问句注重的是"认为怎么样",而解释问句注重的是"为什么这样"。

9.3.2 设计问句的难题和要领

由于市场调查的对象在受教育程度、理解问题的能力、道德标准职业及生活习惯等方面均可能存在差异,这将会导致他们在回答问题时出现不一致。因此,在问句设计时遇到许多难题,要求设计人员加以克服,这些难题主要有以下四个方面。

(1) 被调查者不理解或误解问句的真实含义产生无法回答或误答。

(2) 被调查者理解问的含义,也愿意回答,但已回想不起真实情况产生资料的误差。

(3) 被调查者理解问句的含义,也有所需要的资料,但不愿意回答或者是不做真实的回答，造成资料的不正确。

（4）被调查者理解问句的含义，愿意回答，也有所需的资料，但是没有能力回答。这类能力的缺乏主要表现在如被调查者不太会表达意见而产生误差，也可能是被调查者不适合回答问句。例如，向男性询问女性化妆品的使用效果还可能表现为被调查者对本身的真实情况没有自知之明。比如，在动机调中被查者自己不清楚真实的动机是什么。

要克服上述问卷设计难题，调查设计人员必须积累丰富的实际经验，掌握构造问句的要领和设计问句的技术。一般来说问句设计的要领主要有以下六点。

（1）被调查者能充分理解问句含义。

这是问句设计的最基本原则。问句要单纯明了，要用短而明确的句式，使受访者易读易懂。不要故意用双重否定来表示肯定的意思，避免产生理解上的歧义，尤其是由被调查者自己填写的问卷，因为调查者无法从旁解释，被调查者会因为阅读和理解太费力而拒绝回答。

（2）被调查者能够并且愿意回答问题。

不要设置那些他们不愿意回答或不愿真实回答的问题；也不要设置时间跨度过大，他们记不太清楚的或无法回答的问题；更不要设置那些可能会令受访者难堪或引起反感的问题。对于那些受访者难以回忆的问题，要从容易记忆的事情问起，帮助他们通过联想逐步唤醒回忆；对于那些敏感的私人问题，如收入、文化程度、社会地位、女性的年龄等，不宜正面提问，而应安排一系列的问句旁敲侧击，或采取避实就虚的提问方式。

（3）界限明确，避免混淆。

一是要注意一个问句一个要点，避免在一个问句中出现数个要点的情况。二是问句中对时间、地点、人物、事件频率等问题的界限都应该有一个特定的范围，而不应该只是概括的表示。例如，"你最近经常上超级市场购物吗"问句中的"最近"的含义不确切，可改成"过去的三个月您去过几次超级市场购物"。

（4）过滤样本，发掘动机。

问卷是针对全体被调查者设计的，但具体的问句并不一定是针对全体被调查对象的。特别是有些问题是部分被调查者无法回答的，若不将这部分被调查者剔除出来，则会影响结论的准确性。因此，必须过滤样本，挖掘动机，寻求适合回答的对象来进行询问。例如，在询问"你手机每个月的话费是多少"时，由于并不是每个被调查者都有手机，所以可以先设计一个问"你使用手机吗"过滤样本，然后针对使用手机的部分对象继续进行询问，而不使用手机的部分对象则跳过这一问句。这样才更可能得到准确的答案。

（5）问句设计要尽量让被调查者能获得具体或事实的答案。

在设计问句的过程中，尽量避开玄虚、无法确定的意见，最好用具体的或事实性问题来直接设问，避免让被调查者的回答表现得主观臆断。

（6）克服偏差。

由于问句设计不当而导致答案误差的情况经常会发生。有的问句带有诱导含义，失去客观性。例如，"有人认为目前的电视广告过多，您的看法如何？"就带有明显的倾向性，容易诱导被调查者朝一个方向回答。因此，问句必须保持中立的态度，要客观、公正。有的问句则易引起反感。

例：您至今未买电脑的原因是什么？

A. 买不起　　　B. 没有用　　　C. 不懂　　　D. 软件少

这种问句会伤及被调查者的自尊，不易得到准确答案。可以将备选答案改成

A. 价格不合适　B. 用途较少　　C. 性能不大了解　D. 其他

还有的问句没有给予被调查者充分的答案选择。例如，"您在业余时间是上网还是逛街"这种问句往往使那些既不上网又不逛街的被调查者无从选择，或者上网和逛街都不是在业余时间进行的，被调查者只能选择一个并非本意的答案。当然，在纯粹调查业余时间上网、逛街发生的概率时，可以这样提问。

9.3.3　选项的设计原则

一个有效的问题不仅需要合理的问句，与之相对应的选项也是至关重要的，因此根据具体情况，选项的设计主要遵循以下六个原则。

1. 完备性

选项的设置应覆盖问题涉及的所有内容，力求让每一个被访者都有一个适宜自己的选项，如果被访者在多个问题里都没有找到属于自己的答案，那么他们可能会随便选择一个与自己真实情况不相符的答案，影响回答的有效性。

例：请问你的婚姻状况是

A. 已婚　　　　B. 未婚　　　　C. 离异　　　　D. 丧偶

在当今的社会形式下，这样的选项设置可能就是不完备的，因为现在存在着很多未婚同居的情况，研究者如何界定这种情况与自己研究目的之间的关系，决定了选项应该如何设置。如果只是想了解回答者在法律上的婚姻状况，这样的一个问题就够了。如果想了解回答者的生活状态，那么可能需要对选项进行进一步细化。

2. 互斥性

例：请问你的家庭藏书情况是

A. 0～10 本　　B. 10～25 本　　C. 25～50 本　　D. 50～100 本

E. 100～200 本　F. 200～500 本　G. 500 本以上

在这个问题的选项中，前后选项的节点之间有重复，如果某个回答者家庭的藏书情况恰好在 10 本、25 本等节点，会导致被访者难以回答的情况。对于划分区间的选项，一定要注意节点要互斥。以下选项设置是一个更好的设置。

A. 0～10 本　　B. 11～25 本　　C. 26～50 本　　D. 51～100 本

E. 101～200 本　F. 201～500 本　G. 500 本以上

3. 区分度

为了得到回答者在一个连续量表上所处的位置，很多时候我们选取一定的"节点"来划分选项。而这种节点的选择，看上去似乎可以有很多种。在这种情况下，选项应该如何设置，区分度也是一个需要重点考虑的标准。

例：您过去 12 个月的工资收入是多少万元？

A. 1 万元以下　　　B. 1 万～2 万元　　　C. 2 万～3 万元　　D. 3 万～4 万元

E. 4 万～5 万元　　F. 5 万～6 万元　　　G. 6 万元以上

所谓区分度，是选项的设置能够把调查对象相对均匀地分布到各个选项之中，具体如何设计还与研究目的密切相关。如果调查对象的年收入大部分都在 10 万元以上，那么上面选项设置就是不合适的，如果调查对象的年收入大部分都在 1 万元以下，那么下面的选项设置就是不合适的。

A. 1 万元以下　　　B. 1 万～5 万元　　　C. 5 万～10 万元　　D. 10 万～15 万元

E. 15 万～20 万元　F. 20 万～30 万元　　G. 30 万元以上

4. 定序选项方向一致

选项的含义应该在某个连续量表上，向某个方向逐渐递进，不应该出现混淆的情况，否则回答者可能会无所适从。比如，在选项设置为"A. 非常满意 B. 有些满意 C. 满意 D. 不满意 E. 非常不满意"的例子里，"有些满意"与"满意"之间的递进关系不清晰，就会造成回答者的困惑。

5. 社会期许度低的选项放在前面

对于选择题来说，多个选项如何排列，对于李克特量表来说，至少有正向排列和反向排列两种方式。

例：我乐于助人

A. 非常符合　　　B. 比较符合　　　C. 一般符合

D. 比较不符合　　E. 完全不符合

当回答者看到"非常符合"的选项时，可能受到社会期许问题的影响，觉得做人就应该是乐于助人为乐的，在后面的选项还没有看到时，可能就已经在前面的选项中做了选择。如果能够变换一下选项的顺序。

例：我乐于助人

A. 非常不符合　　B. 比较不符合　　　C. 一般符合

D. 比较符合　　　E. 非常符合

在回答者看到前面的选项时，如果认为符合对自己的描述可能就做出了选择。选项排列的原则是，社会期许度低的选项放在前面。总体的原则是，把社会期许性比较高的选项放到不易被选择的位置。

6. 测量角度统一

选项的测量角度最好是统一的，否则选项很可能就是不完备的。

例：你的健康状况怎么样？

A. 很好　　　　　B. 比较好　　　　　C. 一般

D. 有小毛病　　　E. 有重大疾病

比如，在上面这个例子中，实际上有两个测量角度，一个是自己健康状况有多"好"的主观评价，"很好""比较好""一般"，另一个角度是从疾病角度"有小毛病""有重大疾病"，这两个角度哪一个角度都是不完备的，此外，两个角度可能是重合的，比如一个"有小毛病"的人，可能认为自己的健康状况"比较好"。

本章小结

通过深入学习本章内容，读者将掌握问卷设计的基本原则，包括根据研究目的与参与者特点制定合理科学的问卷。此外，还将了解如何巧妙安排问卷的结构要素，确保其整体布局清晰有序，包括引言、主体内容和结束语的设计及格式要素的合理运用。在问题设计方面，读者将掌握如何选择适当的问题类型，保证问题表达清晰准确，同时避免引导与偏倚。对于选项设计，读者将学会如何设计全面合理的选项，以保证信息的准确收集。通过实际案例的学习，读者将能够灵活运用所学理论知识，提升问卷的可信度与有效性。最终，通过合理的问卷设计，读者将获得准确有用的研究数据，为科学研究与决策提供可靠依据。综合以上技能，读者将在实际研究中设计出具备高信度与有效性的问卷，为解决问题、做出决策提供有力支持。

思考与练习

1. 简述问卷设计的基本步骤。
2. 问卷的类型有哪些？
3. 问卷设计的基本原则是什么？
4. 问卷的基本结构是什么？
5. 自由式问句和封闭式问句各有什么优缺点？各自的适用性如何？

思考与练习

拓展阅读

第 10 章

抽样技术分析方法

10.1 抽样调查的基本介绍

10.1.1 抽样与抽样调查

抽样，就是从总体中抽取样本的过程。抽样调查实际上是一种专门组织的非全面调查。它是按照一定方式，从调查总体中抽取部分样本进行调查，用所得的结果说明总体情况的调查方法。抽样调查是现代市场调查中的重要组织形式，是目前国际上公认和普遍采用的科学的调查手段。抽样调查的理论原理是概率论，概率论中诸如中心极限原理等一系列理论，为抽样调查提供了科学的依据。

抽样调查设计有许多概念，这些概念中有些是描述抽样方式的，有些是描述抽样误差类型的。这里仅仅介绍四个紧密相关的最基本的概念。

1. 总体与样本

总体即调查对象的全体。比如，欲对上海的个体商业进行抽样调查，则所有上海市的个体商业单位就构成一个总体。总体的限定是人为的，在一项具体的调查项目中，调查对象必须是明确的而不能是模糊的。在抽样调查中，总体一般也是明确的。

样本是总体的一部分，它由从总体中按一定原则和程序抽出的部分个体所组成。因此与总体一样，样本也是一个集合。每个被抽中进入样本的单位称为入样单位，样本中包含的入样单位的个数称为样本量，抽样调查中调查的具体实施是针对样本而言的。

2. 总体指标与样本统计量

总体指标就是调查的目标量，也就是总体的有关参数。例如，在收视率调查中，某段时间内的总体平均收视率、某个节目的总体平均收视率、总体的平均日收看时间等，都是要调查的目标量，即总体参数，这些总体参数在抽样调查中可以通过有关指标来估计。

样本统计是根据样本中各单位的数值计算的。常用的样本统计量有样本均值、样本比例、样本方差等。样本统计量是样本的函数，如果样本是随机的，则在大样本下，样本统计量趋于正态分布。也正是如此，我们可以根据样本统计量对未知的总体参数进行估计，并计算抽样误差。

3. 抽样框

抽样框是供抽样所用的所有调查单位的名单。在抽样框中，可以对每个单位编上一个号码，由此可以按一定随机化程序进行抽样。在抽样后，调查人员也可以根据抽样框上所提供的信息找到被选中的人样单位，从而实施调查。

抽样框可以有多种形式，常用的有企业名录、电话簿、人员名册等。抽样框也可以是一张地图或其他适当形式。不管是什么形式，抽样框中的单位必须是有序的，便于编号。高质量的抽样框应当提供被调查单位更多的信息，并且没有重复和遗漏。

4. 抽样调查的特点

（1）从经济学上说，抽样调查节约人力、物力和财力。例如，调查某校学生对新的教学管理规定的意见，若对总体进行调查，共需进行15000次调查（该校共15000名学生），而采取抽样调查，仅需调查2000多人次。

（2）抽样调查更节省时间，收效更快。由于抽样调查仅对总体中的少量单位进行调查，故能十分迅速地得出调查结论。

（3）抽样调查具有较强的准确性。抽样调查是建立在统计基础上的科学方法，并由专门人员调查，可确保获取的信息资料具有可靠性和准确性。

（4）通过抽样调查，可使资料搜集的深度和广度都大大提高。

尽管抽样调查具有上述优点，但它也存在着某些局限性。由于抽样调查是从抽取的样本中获取的信息资料推断出来的，不可避免地会存在抽样误差。另外，如果抽取的样本数目不足，也会影响调查结果的准确性。此外，如果抽取的样本与总体存在着较大差距，也会影响到抽样结果的准确性。

10.1.2　抽样技术的分类及特点

1. 抽样技术的分类

抽样技术按其方式的不同可分随机抽样和非随机抽样两类。随机抽样是指在目标总体中不按任何规则抽取一定数量的个体作为样本，在随机抽样的条件下，每个个体抽中或不抽中完全凭机遇，排除了人的主观因素选择。非随机抽样是指在目标总体中按某种规则抽取一定数量的个体作为样本，总体中每一个个体不具有被平等抽取的机会，而是根据一定主观标准抽选样本的抽样技术。

2. 随机抽样的特点

随机抽样的特点主要表现在其优缺点上。其优点是：一方面随机抽样是从总体中按照随机原则抽取一部分单位进行的调查，它的调查范围和工作量比较小，又排除了人为的干扰，因此能省时、省力、省费用，又能较快地取得调查的结果，同时，抽取的样本可以大致上代表总体；另一方面，随机抽样能够计算调查结果的可靠程度。可通过概率推算值与实际值的差异，将抽样误差控制在一定范围内。

但随机抽样也同样存在缺陷。首先，对所要调查的样本都给予平等看待，难以体现重点。其次，抽样范围比较广，所需时间长，参加调查的人员和费用多。最后，需要专业人员进行抽样和资料分析，一般调查人员难以胜任。

3. 非随机抽样的特点

非随机抽样按一定的主观标准抽样选择样本，可以充分利用已有资料，选择较为典型的样本，使样本更好地代表总体。同时可以缩小抽样范围，节约调查时间、调查人员和调查费用。这是其优点。当然，非随机抽样由于样本被抽取的概率不一样，概率值的大小不清楚，无法借助概率计算推算值与实际值的差异，因此无法判断其误差，检查调查结果的准确性。这是最主要的缺点。

随机抽样比较适合结论性调研，因为结论性调研为了保证结论（无论描述性结论或因果性结论）的严谨性，需要较精确地估计抽样误差，需要较大的样本，操作上应严格。非随机抽样调查更适合探索性调研，因为探索性调研为了更快地探明问题的原因和大胆地提出方案假设，需要更灵活的、小样本的调查，而不必过多地计较调查误差，事实上调查误差可以让方案评估过程中进行的结论性调研去处理。

目前，大多数用作调研的样本都属于非随机抽样。如果进行真正意义上的非随机抽样，比如，对人口进行配额调研，结果通常是有效的。但是，由于其要求严格，对大多数实际应用来讲，其成本太高，而且也太耗时。因此，必须对特定调研的抽样方法予以认真的说明，给出其可接受的理由及提供精确数据的可能性。

10.2 抽样技术的过程

10.2.1 定义目标总体

图 10-1 列出的抽样程序的第一步就是定义目标总体。所谓总体是指所有符合指定要求的个体的集合。例如，为了收集汉堡喜好者的资料就必须先确定一个衡量标准——怎么样才算是一个汉堡喜好者，是指曾经吃过汉堡的人？是每个月至少吃一个汉堡的人？还是每个月必须吃够多少量以上汉堡的人？我们必须清楚而且精确地确定总体，搞清楚总体是由什么组成的，是个体、家庭、商业公司、其他机构、信用卡交易、一根集成线路上的灯泡或者其他。在研究过程中确定样本时，地理界线和时间段也必须明确，尽管通常还会有其他额外的限制。例如，当总体中元素是一些个体时，目标总体也许被确定为所有超过 18 岁的人，或者限制为女性，或者只要受过高等教育的人，或者是在过去一个月内去过一次餐馆的人。

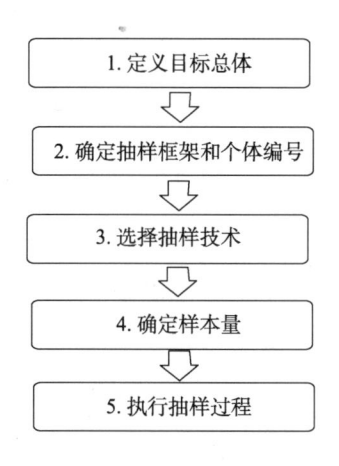

1. 定义目标总体
2. 确定抽样框架和个体编号
3. 选择抽样技术
4. 确定样本量
5. 执行抽样过程

图 10-1 抽样技术的过程

在市场调研过程中，有时候因为国家不同，使得明确目标总体的界线不同。例如，城镇与乡村的界限在不同的国家之间会有很大的区别。同样，人口组成划分也不同。比如，在智利北部聚集着许多印第安人，而南部却集中了很多欧洲人后裔。

一般来讲，目标总体的定义越简单，合格率也越高，也就能更容易、更低投入地确定样本。合格率一般是指满足调查要求的元素个数占总数的比例。如果我们以全美的一般公民（就是每个生活在美国的人）为例，并定义研究总体为所有生活在美国的女性，合格率就为51%。合格率直接关系着完成研究所花费的时间和资金。当合格率很高时（例如，一般总体中的大多数元素都符合要求，因为只用一个或几个容易满足的标准来确定符合要求的样本），收集数据所用的成本和时间就被最小化了。同样，随着总体成员资格标准的数量不断增加，就需要花费更多的资金和时间去寻找它们。

我们抽取样本的目的是确定从某个总体的子集中获得的数据信息对于总体的真实程度。我们特别的选择抽样而不是普查，是因为抽样比普查更简便，成本更低。

每一个总体都有一定的特征，每个特征被称为一个参数，我们假设在收集到的数据没有任何错误的前提下，如果可以测量这些来自所有总体元素中的特征，那么我们可以利用这些参数了解这个总体的真实情况。例如，假设研究的总体由所有住在杭州的成年人组成。我们可以用一组参数来描述这个总体，包括平均年龄、上大学的人数比例、收入水平，对于一种新式服务的态度、对一个刚开张的零售店的了解程度等。在总体中，每个参数都有一个真实的量或值，即使我们不能确定这些真正的值到底是多少，因为在实际的操作过程中，我们的测量不可能没有误差。

当我们研究一个从总体中抽取的样本时，希望能够以从样本中取得的测量结果来描述总体参数。总的来说，我们希望使用统计量这个样本的特征或度量来获取关于更大总体的参数的推论。当我们用抽样替代普查时，我们从每个总体的成员中收集到的信息很可能与实际结果存在差异，这类差异被称作抽样误差。

抽样误差如何衡量呢？它当然是调研人员必须考虑的事情。幸运的是，只要你已经抽取了正确类型的样本，就能轻松地估计抽样误差。此外，如果调研人员要减少抽样误差，可以选择增大样本。然而，由于增大样本的成本很昂贵，调研人员必须学习如何通过降低增大样本所花费的成本，来平衡降低抽样误差的需要。

10.2.2 确定抽样框架和个体编号

总体被确定之后，下一步就要找出一个适当的抽样框，它是总体元素的列表，最终的样本将从这里抽取。假设一项研究的目标总体是居住在杭州市的所有住户。乍一看，杭州市的电话号码本似乎是一个可以轻易获得的抽样框。然而，通过进一步的检查，显然电话号码本提供的杭州市住户的列表并不准确，它忽略了一些没有列出的号码，并重复列出了那些有多个号码的住户，最近迁入的住户由于没有列在表中也被忽略了。

遗憾的是，除了在特殊情况下，完美的抽样框一般不存在。这使得开发一个可接受的抽样框成为调研人员最重要的、最有挑战性的任务。很多时候，调研人员使用的抽样框是由擅长汇编数据库的公司开发的，这些公司出售姓名、地址、电话号码或电子邮件地址。例如，InfoUSA，一个数据库开发公司，雇用了超过700个数据编辑人员，在世界范围内收集信息。这个公司有 1300 万个企业的信息，包括电话号码本列表、年报、政府数据、行业刊物及其他的资源，并且还在不断更新。这家公司与数据库中的每个企业进行联络来确保信息的准确性。所以，调研人员可以轻易地选择一个相对明确的企业总体的样本结构，因为通过数据库可以轻易地获得公司的任何信息，包括行业、地理位置、公司规模、信用等级等。

确定完抽样框架后，对调查总体中的个体进行编号就是个体编号过程。

抽样程序的第三步是选择一种合适的抽样技术，前文已对抽样技术的分类及特点进行了相关介绍，这里不再分析。

10.2.3 确定样本量

确定样本容量是抽样的重要环节，除非我们使用一个连续样本，否则就要在收集数据之前，确定必要的样本容量。也许我们会认为，样本应该和客户所能提供的一样大。但是，样本容量的问题是复杂的，它取决于样本类型、所研究的统计量、总体的同质性，以及时间、资金和可供安排的研究人员多种影响因素。

1. 影响样本量的基本因素

当我们处理一个概率样本时，影响样本容量的基本因素有三个。

第一个因素是总体中参数的多样性或变化，它不受调研者的控制。当元素的某些特征的差异很小时，就不需要一个很大的样本来估计特征值。当差异增加时，就需要容量更大的样本。

第二个因素是估计的精确度，取决于问题的重要性，能够受调研者的控制。例如，假设一名调研者要研究关于某个餐馆内就餐者的平均收入，样本估计量与总体真实值的差距应该确定为多少，是 100 美元之内？还是确定更低的精确度，500 美元或 1000 美元？要使估计越准确，所需要的样本就越大。精确度（precision）是指估计中可接受的误差量。如果调查研究的结果中涉及的是数百万美元和数百位员工，这几百美元的误差就比较小。

第三个因素是调研者需要的估计量的置信度。置信度（confidence）是指待估参数的真实值落入我们设计好的精确度区间的确定程度。例如，假设你决定对餐馆内普通就餐者的收入进行描述时，估算人均收入本是一个可接受的精确度区间为–500～500 美元，即误差范围为–500～500 美元，样本中的人均收入为 45300 美元。这是否意味着总体的人均收入为 44800～45800 美元？不是。因为我们得到的是样本均值的抽样分布，但是可以有一定的置信度，即总体参数能够落入设计好的精确度区间内的概率。如何确定置信度，对于一个给定的精确度区间，置信度与样本容量直接相关；样本越大，我们就能更加肯定总体的真实值落入给定的精确度区间，这个精确度区间是基于样本估计而计算出来的。

对于任何确定的样本容量，置信度等级与精确度等级之间有一个权衡。对饭店就餐者人均收入的最精确的测量方法是点估计法，它涉及一个没有确定的相关误差的单独值。在我们的研究中，样本均值收入为 45300 美元。这个点估计值是我们对总体均值的一个最好的猜测，但是它绝对有所偏差。因此这种精确度的估计值实质上是没有置信度的。另外，我们可能会认为对总体均值收入在 0 到 1000 万美元的估计可以完全确信，但这样的估计缺乏精确性，因此并不实用。所以说精确度和置信度的期望之间必须平衡。例如，总体均值为 44800～45800 美元的置信度为 95%，这种情况的描述还是相对比较合理的。

另一个例子也阐明了置信度与精确度之间的关系：假设要估计就餐者中女性所占的比例，在我们的概率抽样中发现有 37% 的人为女性，我们不能直接确定饭店的就餐者中有 37% 是女性，还要去确定一个低精确度的估计区间，得出女性就餐者的比例在 33%～41% 之间的结果，这再次说明了精确度与置信度之间是负相关的。

2. 抽样数目的计算公式

（1）平均数指标重复抽样数目为

$$n = \frac{t^2 \sigma^2}{\Delta_{\bar{x}}^2} \tag{10-1}$$

式中，n 为样本数，σ^2 为总体方差，t^2 为概率度，$\Delta_{\bar{x}}^2$ 为平均数 $\bar{x}$ 允许误差的平方。

（2）平均数指标不重复抽样数目的计算公式为

$$n = \frac{t^2 \sigma^2 N}{N\Delta_{\bar{x}}^2 + t^2 \sigma^2} \tag{10-2}$$

式中，N 为总体单位数。

（3）成数指标重复抽样数目的计算公式为

$$n = \frac{t^2 P(1-P)}{\Delta_p^2} \tag{10-3}$$

（4）成数指标不重复抽样数目的计算公式为

$$n = \frac{t^2 N P(1-P)}{N\Delta_p^2 + t^2 P(1-P)} \tag{10-4}$$

式中，t 为概率度，P 为成数，Δ_p 为成数的允许误差，n 为抽样数目。

【例 10-1】 某地有职工家庭 9500 户，在一次电脑需求抽样调查中，先抽取 50 户进行探测性调查，调查结果为平均年需求量为 8 台，总体方差 18 台，如果允许误差不超过 0.4 台，把握程度为 95.45%，试采取重复抽样与不重复抽样数目公式计算出必要的样本单位数。

$N = 9500$，$P = 8 \div 50 = 0.16$，$\Delta_p = 0.4$，$t = 2$（查表 10-1）

表 10-1 概 率 表

概率度 t	把握程度 F	允许误差 $\Delta = t\mu$
1.00	0.6827	1.00 μ
1.50	0.8664	1.5 μ
1.96	0.95	1.96 μ
2.00	0.9545	2.00 μ
3.00	0.9973	3.00 μ

(1)重复抽样数目,即

$$n = \frac{t^2 P(1-P)}{\Delta_p^2} = \frac{2^2 \times 0.16(1-0.16)}{0.4^2} \times \frac{9500}{50} = 638.4(台)$$

(2)不重复抽样数目,即

$$n = \frac{t^2 NP(1-P)}{N\Delta_p^2 + t^2 P(1-P)} = \frac{2^2 \times 9500 \times 0.16 \times (1-0.16)}{9500 \times 0.4^2 + 2^2 \times 0.16 \times (1-0.16)} \times \frac{9500}{50} = 638.174(台)$$

3. 样本容量的非统计学方法

确立样本容量时,在考虑到各方面的因素后,必然具体到确定样本的大小。抽样调查不论是计算抽样误差,还是统计推断,都是以概率论、数理统计的有关理论为依据的,这些理论都能较好地解决样本容量的确定问题。除了公式计算样本容量之外,还有一种常用的方法,即经验法确定样本容量。

应用经验法确定样本单位数,是根据抽样调查的经验,得出不同规模总体,样本单位数占总体的比重经验数,供抽样调查抽取样本时参考。由于它是根据多次成功的抽样调查总结出的经验,所有具有较高的参考价值。不过这个比重只是为调查者提供了一个样本单位数的范围,在应用时还必须根据市场调查的具体要求和总体的具体情况确定样本单位数。举例不同规模总体样本单位数的总体比重,如表10-2所示。

表 10-2 经验确定样本容量的范围

总体规模	100 以下	100～1000	1001～5000	5001～10000	10001～100000	100001 以上
样本占比重/%	50 以下	20～50	10～30	3～15	1～5	1 以下

由经验确定样本单位数,一般多用非随机抽样;而在随机抽样中应用公式计算样本单位更为科学,当然在随机抽样中把经验作为参考也是可以的。

10.3 随机抽样及其应用

随机抽样,按随机的程度可分简单随机抽样、系统随机抽样、分群随机抽样和分层随机抽样等。

10.3.1 简单随机抽样及应用

简单随机抽样也叫单纯随机抽样。简单随机抽样是经典的抽样理论所讨论的抽样方式,是随机抽样中最简单的一种。抽样法中其他抽样技术都是以简单随机抽样为基础而发展起来的。简单随机抽样是从总体中不加任何分组、划类、排队等,完全随机地抽取调查单位。一般应用于调研总体中各个体之间差异程度较小的情况,或者调研对象不明、难以分组、分类的情况。简单随机抽样可采用抽签法或查阅随机数表的方法来得到样本。

抽签法是先将总体中的每个单元都编上号,写在签上,将签充分混合均匀,每次抽取一个签,签上号码所对应的单元即人样,抽中的签不放回,再接着抽取下一个签,直到抽够所需样本量为止。此种方法适用于总体单位数目较少的情况。

随机数表法是指含有一系列组别的随机数字的表格。许多书刊上会提供一些随机数表，市场调查人员可以根据需要选用，也可以自己制造随机数表。利用特质的摇码器（或利用电子计算机）在0~9的阿拉伯数字中，按照每组数字位数的要求（如2位一组、3位一组，甚至10位一组等），自动随机逐个摇出（或由电子计算机打出）一定数目的号码编成表，以备查用。表10-3是按照2位数编制的随机数表的片段。

表10-3 二位制随机数表

	1	2	3	4	5	6	7	8	9	10	11	12	13	14	15
1	03	47	43	73	86	36	96	47	36	61	46	98	63	71	62
2	97	74	24	67	62	42	81	14	57	20	42	53	32	37	32
3	16	76	02	27	66	56	50	26	71	07	32	90	79	78	53
4	12	56	85	99	26	96	96	68	27	31	05	03	72	93	15
5	55	59	56	35	64	38	54	82	46	22	31	62	43	09	90
6	16	22	77	94	39	49	54	43	54	82	17	37	93	23	78
7	84	42	17	53	31	57	24	55	06	88	77	04	74	47	67
8	63	01	63	78	59	16	95	55	67	19	98	10	50	71	75
9	33	21	12	34	29	78	64	56	07	82	52	42	07	44	28
10	57	60	86	32	44	09	47	27	96	54	49	17	46	09	62
11	18	18	07	92	46	44	17	16	58	09	79	83	86	19	62
12	26	62	38	97	75	84	16	07	44	99	83	11	46	32	24

当使用随机数表时，首先要把调查总体中的所有单位加以编号，根据变化的位数确定使用若干位数字，然后查随机数表。在随机数表中任意选定一行或一列的数字作为开始数，接着可按从上而下，或从左至右，或一定间隔（隔行或隔列）的顺序取数，凡编号范围内的数字号码即为被抽取的样本。如果不是重复抽样，碰上重复数字应舍掉，直到抽足预定样本数目为止。

【例10-2】 要从94家上市公司中抽取12家作为调查样本，可先将94家公司由1~94编号，$N=94$，然后在随机数表上任意选择一行（或一列）中一个数字作为起点数，从这个数字按上下或左右顺序读起，每出现两个数字，即为被抽中的单位码号。假定本例是从第四行第五列的这个数字作为起点，按从左向右的顺序读取，则所抽取的单位是：26、68、27、31、05、03、72、93、15、55、59、56。

在顺序抽取的过程中，遇到比编号大的数字，应该舍去。此例中的96大于94，故舍去不用。

简单随机抽样的优越性在于方法简单直观，当总体名单完整时，可直接从中随机选取样本，由于抽取概率相同，计算抽样误差及对总体指标进行推断时比较方便。但是在实际的调查中，编制和获得完整的总体是非常困难的，也是不可能做到的，而且简单抽样得到的样本较为分散，会消耗比较大的调查成本，因此简单随机抽样适合于总体单位数不是很庞大，而且样本分布比较均匀的情况。

10.3.2 系统随机抽样及其应用

系统抽样，也叫机械抽样或等距抽样。运用系统抽样技术抽样，是先在总体中按一定标志把个体顺序排列，并根据总体单位数和样本数计算出抽样距离（即相同的间隔），然后按相同的距离或间隔抽选样本单位。排列顺序可用与调查项目有关的标志为依据，如在购买力调查中，按收入多少由低至高排列，也可用与调查项目无关的标志为依据，如按户口册、姓氏笔画排列。

抽样间隔计算公式为

$$抽样间隔 = 总体数（N）\div 样本数（n）$$

【例 10-3】 欲从 110 户企业中采用系统抽样方法抽选 11 户进行调查，可以先对 110 户企业从 1 到 110 进行编号，确定抽样间隔为 110/11 = 10（户）。随机抽出起抽号为 2 号，则所抽的样本是编号为 2、12、22、32、42、52、62、72、82、92、102 的 11 户企业。

等距离抽样与简单随机抽样比较，可使中选单位比较均匀地分布在全部总体中，尤其当被研究现象的标志值的变异程度较大，而在实际工作中又不可能抽选更多的样本单位时，这种方法更为有效，因此，等距抽样是市场调查中应用最广的一种抽样方式。

等距抽样也有一定的局限性，表现在：运用等距抽样的前提是要具备总体每个单位的有关资料，特别是按有关标志排队时，往往要有较为详细具体的资料，这是一项复杂和细致的工作。

当抽选间隔和被调查对象本身的节奏性相重合时，就会影响调查的精度。比如，对某商场每周的商品销售量情况进行抽样调查，若抽取的第一个样本是周末，抽样间隔为 7 天，那么抽取的样本单位都是周末。而往往周末商品销售量最大，这样就会发生系统性偏差，从而影响等距抽样的代表性。

10.3.3 分群随机抽样及其应用

在实际工作中，为了便于调查、节省人力和时间，往往是一批一批地抽取样本，每抽一批时，把其中所有单位全部加以登记，以此来推断总体的一般情况，这种抽样方式称为分群抽样。例如：对工业产品进行质量调查时，每隔五个小时，抽取一个小时的产品进行检查。划分群时，每群的单位数可以相等，也可以不等，在每一群中的具体抽选方式，既可以采用随机的方式，又可以采用等距抽样的方式，但不管什么方式，都只能用不重复的抽样方法。

分群抽样的优点是组织工作比较方便，确定一组就可以抽出许多单位进行观察。但是，正因为以群体为单位进行抽选，抽选单位比较集中，明显地影响了样本分布的均衡性。因此，分群抽样与其他抽样相比，在抽样单位数目相同的条件下抽样误差较大，代表性较低，在抽样调查实践中，采用分群抽样技术一般都要比其他抽样技术抽选更多的单位，以降低抽样误差，提高抽样结果的准确程度。

当然，分群抽样的可靠程度主要还是取决于群与群之间的差异的大小，当各群体间差异越小时，分群抽样的调查结果就越准确。因此，在大规模的市场调查中，当群体内各单位间的误差较大，而各群体之间的差异较小时，最适宜采用分群抽样方式。

【例 10-4】 户转人随机抽样。

在市场调研的入户访问中，一般采用上述各种随机抽样方法确定所需访问的样本数。在确定样本数后究竟访问哪一位对象，可以参考以下流程的形式。

美国克什教授在 1949 年创造的户转人随机抽样程序流程（图 10-2）。

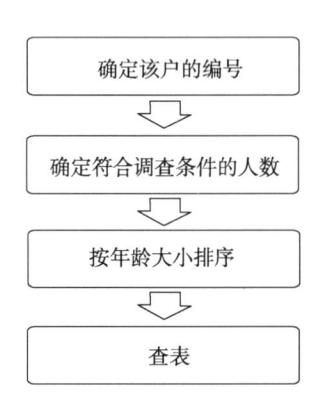

```
确定该户的编号
    ↓
确定符合调查条件的人数
    ↓
按年龄大小排序
    ↓
查表
```

图 10-2　户转人随机抽样程序流程

如查表 10-4：查找出以户编号尾数为列、以符合家庭成员人数排列（大的）为行的相交点上的号码，该号码表示该户被调查成员的顺序号，以及调查该户年龄排序编号上的第几号成员。

表 10-4　随机抽样表

按年龄从小到大的次序排列成员	年龄/岁	户编号尾数									
		1	2	3	4	5	6	7	8	9	0
1	18	1	1	1	1	1	1	1	1	1	1
2	23	2	2	2	2	2	2	2	2	1	2
3	30	1	2	3	2	1	2	3	1	2	3
4	36	3	1	2	3	1	4	4	2	3	1
5	40	4	3	3	1	5	5	2	1	4	2
6	45	5	4	6	2	3	6	1	4	3	5
7	50	6	5	7	4	2	1	7	3	6	4
8	56	7	1	4	5	6	3	2	8	7	1
9	60	8	6	2	7	4	9	1	5	3	6
10	65	4	3	5	1	8	2	0	6	5	9

10.3.4　分层随机抽样及其应用

分层随机抽样在市场调查中采用较多。它是在总体单位中先按照我们关心的对象特征标识相关的标志进行分组（层），然后在各组（层）中采用简单随机抽样或系统抽样方式，确定所要抽取的单位。分层时要注意各层之间要有明显的差异，不至于发生混淆；要知道各层中的单位数和比例；分层的数目不宜太多，每个层次内每个个体应保持一致性等。只有这样，才能使抽取的样本反映该层的特征，提高样本的代表性，减少抽样误差。分层抽样有两种形式。

第一种是等比例分层抽样，即按各个层（或各类型）中的单位数量占总体单位数量的比例分配各层的样本数量。公式为

$$n_i / n = N_i / N$$

或

$$n_i = N_i / N \times n \tag{10-5}$$

【例 10-5】 某地共有居民（N）20000 户，按经济收入高低进行分类，其中高收入的居民为（n_1）4000 户，占总体的 20%，中收入为（n_2）12000 户，占总体的 60%，低收入为（n_3）4000 户，占总体的 20%。从中抽取 200 户进行购买力调查，则各类型应抽取的样本单位数为

经济收入高的样本单位数为：$n_1 = N_1 / N \times n = 4000 \div 20000 \times 200 = 40$（户）
经济收入中的样本单位数为：$n_2 = N_2 / N \times n = 12\,000 \div 20000 \times 200 = 120$（户）
经济收入低的样本单位数为：$n_3 = N_3 / N \times n = 4000 \div 20000 \times 200 = 40$（户）

这种方法简便易行，分配合理，计算方便，适用于各类型之间差异不大的分类抽样调查。如果各类之间差异过大，则不宜采用，而应采用非等比例分层抽样方法。

第二种是非等比例分层抽样。它不是按各层中单位数占总体的比例分配样本单位，而是根据各层的变异数大小、抽取样本的工作量和费用大小等因素决定各层的样本抽取数。即有的层可多抽些样本个体，有的层可少抽些样本个体。这种分配方法大多适用于各类总体的个体数相差悬殊或均方差较大的情形。在调研个体相差悬殊的情况下，如按等比例抽样，可能在总体个数少的类型中抽取样本个数过少，代表性不足，此时可适当放宽多抽；同样，均方差较大的，也可多抽些样本个数，这样可起到平衡均方差的作用。但是，在调查前，了解各层标志变异的大小是比较困难的。

如果按分层均方差的大小调整各层样本个体数（称分层最佳抽样），其任意一层抽取的样本量 n_i 的计算公式为

$$n_i / n = N_i / N$$

或

$$n_i = (N_i \times Q_i) / \sum N_i \times Q_i \times n \tag{10-6}$$

式中，Q_i 为任意一层的标准差；N_i 为任意一层的单位数。

【例 10-6】 在上例中，如果各层抽样标准差为：高收入为 300 元，中等收入为 200 元，低收入为 100 元，根据样本标准差计算公式，结果见表 10-5。

表 10-5 调查单位数与样本标准差乘积计算表

层次（不同家庭收入/元）	各层调查单位数 N/户	各样本标准差 S/元	乘积 NS
高	4000	300	1200000
中	12000	200	2400000
低	4000	100	400000
合计	20000		4000000

按照各类型抽取的样本单位数的公式计算，可以得出各类型应抽选的样本单位为

高收入样本单位数目为：200 × 1200000/4000000 = 60（户）

中收入样本单位数目为：200 × 2400000/4000000 = 120（户）

低收入样本单位数目为：200 × 400000/4000000 = 60（户）

分层随机抽样实质上是把科学分组方法和抽样原理结合起来，前者能划分出性质比较接近的各组，以减少标志值之间的变异程度；后者是按照随机原则，可以保证大多数法则的正确运用。因此，分层随机抽样一般比简单随机抽样和系统随机抽样更为精确，能够通过较少的抽样个体的调查，得到比较准确的推断结果，特别是当总体数目较大、内部结构复杂时，分层随机抽样常常能取得令人满意的效果。

10.4 非随机抽样及其应用

非随机抽样是指抽样时不遵循随机原则，而是按照调查人员主观设立的某个标准抽选样本。在市场调查中，采用非随机抽样通常是出于以下四个原因。

（1）客观条件的限制，无法进行随机抽样。

（2）为了快速获得调查结果，提高调查的时效性。

（3）在调查对象不确定或无法确定的情况下采用。例如，对某一突发（偶然）事件进行现场调查等。

（4）总体各单位间离散程度不大且调查人员具有丰富的调查经验时。

非随机抽样的方式主要有三种：任意抽样、判断抽样和配额抽样。

10.4.1 任意抽样及应用

任意抽样又称便利抽样，是根据调查者方便与否来抽取样本的一种抽样方法。街头拦人法和空间抽样法是方便抽样的两种最常见的方法。

街头拦人法是在街上或路口任意找某个行人，将其作为被调查者，进行调查。例如，在街头向行人询问其对市场物价的看法，请行人填写某种问卷等。

空间抽样法是对某一聚集的人群，从空间的不同方向和方位对他们进行抽样调查。比如，在商场内向顾客询问对商场服务质量的意见，在劳务市场调查外来劳工打工情况等。

任意抽样简便易行，能及时取得所需的信息资料，省时、省力、节约经费，但抽样偏差较大，一般用于非正式的探测性调查，只有在调查总体各单位之间的差异不大时，抽取的样本才具有较高的代表性。但是在实践中并非所有总体中每一个体都是相同的，所以抽样结果偏差较大，可信度较低，它的样本没有足够的代表性，故在正式市场调查时，很少采用任意抽样法。

10.4.2 判断抽样及应用

判断抽样又称为目的抽样，它是凭调查人员的主观意愿、经验和知识，从总体

中选择具有代表性的样本作为调查对象的一种抽样方法。判断抽样选取样本单位一般有两种方法：一种是选择最能代表普遍情况的调查对象，常以平均型或多数型为标准。所谓的平均型是指在调查总体中，选定的样本可以代表平均水平，其目的是了解总体水平的大体位置；所谓的多数型，就是在调查总体中选择能够反映大多数单位情况的个体为样本。而另一种"极端型"就是指选择很好（高）或很差（低）的典型单位为样本，目的是分析研究造成这种异常的原因。因此，应尽量避免选择极端型。

判断抽样方法在样本规模小及样本不易分门别类挑选时有较大的优越性。但由于其精确性依赖于调查者对调查对象的了解程度、判断水平和对结果的解释情况，所以判断抽样方法的结果的客观性受到人们的怀疑。

10.4.3 配额抽样及应用

配额抽样是非随机抽样中最流行的一种，配额抽样时，首先将总体中的所有单位按其属性、特征分类。这些属性、特征被称为控制特征。例如，市场调查中消费者的性别、年龄、收入、职业、文化程度等。然后，按各个控制特性分配样本数额，并在规定数额内由调查人员任意抽选样本。

配额抽样与分层抽样有相似之处，都是事先对总体所有单位按某种标准分层，将样本分配到各层中，但它们也有明显的区别。在分层抽样中，是按随机原则在各层中抽取样本，所以分层抽样属于随机抽样；而在配额抽样中，样本的抽取不是随机的，调查人员可以根据主观判断或方便原则抽取样本，所以配额抽样属于非随机抽样。

配额抽样与判断抽样也有区别。一是抽取样本的方式不同。配额抽样是分别从总体的各控制特性的层次中抽取若干个样本，而判断抽样是从总体的某一层次中抽取若干个符合条件的典型样本。二是抽样要求不同。配额抽样注重"量"的分配，而判断抽样注重"质"的分配。三是抽样方法不同。配额抽样的方法复杂精密，判断抽样的方法简单、易行。

配额抽样的具体实施步骤如下。

第一步，选择对总体进行分类的标准，即控制特征。

第二步，按控制特征将总体分为若干个群体。

第三步，将总的样本数在各个群体中进行分配，确定各群体中的样本数。

第四步，按配额在各个群体中选定样本。

为了确保配额抽样的顺利进行，需要事先设计好配额抽样控制表，具体可以分为独立控制配额抽样和交叉控制配额抽样两类。表10-6、表10-7是独立控制配额抽样的例子。在一个城市中欲采用配额抽样抽出一个 $n=500$ 的样本。控制变量有年龄和性别，配额是按独立控制配额变量分别分配的，如各个年龄段上的配额和性别的配额。这种配额抽样操作比较简单，但有可能出现偏斜，例如年龄低的均为女性，年龄高的均为男性。

表 10-6　按年龄独立控制配额抽样

年龄/岁	人数/人
20～30	150
31～40	150
41～50	100
51 以上	100
合计	500

表 10-7　按性别独立控制配额抽样

性别	人数/人
男	250
女	250
合计	500

在具体抽样时，可以按照上表分别抽取，互相之间不要求牵制。这种方法简便易行，但是存在着不同类型中选取的样本容易不平衡的问题，为此，可以采用交叉控制配额抽样的办法。它在各个类型的调查对象之间规定了互相牵制的关系，避免了独立控制配额抽样的不足。交叉变量配额控制可以保证样本的分布更为均匀，更具有代表性，但现场调查中操作的难度要大一些。

表 10-8 是交叉变量控制配额抽样的例子。

表 10-8　交叉变量控制配额抽样

年龄/岁	男/人	女/人	人数/人
20～30	70	80	150
31～40	75	75	150
41～50	55	45	100
51 以上	20	50	100
合计	250	250	500

配额抽样方法简单易行，可以保证总体的各个类别都能包括在所抽样本之中，因此配额抽样的样本具有较高的代表性。但也应注意到这种方法具有一定的假设性，即假定具有某种相同特征的调查对象，其行为、态度与反应都基本一致，因此，对同一层内的调查对象，是否采取随机抽样就无关紧要了。由于抽样误差不大，只要问卷设计合理、分析方法正确，所得的结果同样值得信赖。而这种假设性是否得以成立，在很大程度上取决于调查者的知识、水平和经验。

10.5　抽样误差与抽样分布

10.5.1　抽样误差的确定及分析方法

抽样误差是指随机抽样中必然发生的代表性的误差，即平均误差，通常用符号表示。

因为抽样调查以样本代表总体，以样本综合指标推断总体综合指标，所以平均误差是不可避免的。但这种误差一般不包括技术性误差（即调查过程中的工作误差）。

影响抽样误差大小的因素有以下几种。①总体单位之间的标志变异程度。总体单位之间标志变异程度越大，抽样误差越大，反之则小，所以抽样误差的大小同总体标准的大小成正比例关系。②样本单位的数目多少与抽样误差的大小有关。样本单位数目越多，抽样误差越小；样本单位数目越少，抽样误差越大。③抽样方法不同，抽样误差的大小也就不同。一般来说，简单随机抽样比分层、分群抽样误差大，重复抽样比不重复抽样误差大。

重复抽样是指样本抽出后再放回去，有可能被第二次抽中。而不重复抽样是指样本抽出后不再放回，每个单位只能抽中一次。实践中大多数采用不重复抽样。

平均数重复抽样误差的计算公式为

$$\mu_{\bar{x}} = \sqrt{\frac{\sigma^2}{n}} \quad (10\text{-}7)$$

式中，$\mu_{\bar{x}}$ 是抽样平均误差；σ^2 是总体方差；n 是样本单位数。

注：σ^2 一般要进行换算求得，$\sigma^2 = \dfrac{\sum(x-\bar{x})^2}{n}$，或以样本方差代替，也可采用经验估算等。

平均数不重复抽样误差的计算公式为

$$\mu_{\bar{x}} = \sqrt{\frac{\sigma^2}{n}\left(1-\frac{n}{N}\right)} \quad (10\text{-}8)$$

式中，N 为总体单位数；$\left(1-\dfrac{n}{N}\right)$ 是修正系数。

【例 10-7】 某饮料公司进行一次居民户平均饮料消费量的抽样调研。在总体 10 万户居民家庭中，抽选样本 2000 户。已知样本标准差为 2.5，试求不重复抽样条件下的抽样误差。

$$\mu_{\bar{x}} = \sqrt{\frac{\sigma^2}{n}\left(1-\frac{n}{N}\right)} = \sqrt{\frac{2.5^2}{2000}\left(1-\frac{2000}{100000}\right)} = 0.0559$$

成数重复抽样误差的计算公式为

$$\mu_p = \sqrt{\frac{P(1-P)}{n}}$$

式中，μ_p 为成数（相对数）抽样误差；P 为成数（相对数）；n 为样本单位数。

成数不重复抽样误差的计算公式为

$$\mu_p = \sqrt{\frac{P(1-P)}{n}\left(1-\frac{n}{N}\right)}$$

【例 10-8】 从总体 10 万户居民中抽取 2000 户调查，发现饮用果汁饮料的户数为 450 户，求其抽样误差。

$$N = 100000（户） \quad n = 2000（户） \quad P = \frac{450}{2000} = 0.225$$

在重复抽样误差的情况下,有

$$\mu_p = \sqrt{\frac{P(1-P)}{n}} = \sqrt{\frac{0.225(1-0.225)}{2000}} = 0.0093$$

在不重复抽样误差的情况下,有

$$\mu_p = \sqrt{\frac{P(1-P)}{n}\left(1-\frac{n}{N}\right)} = \sqrt{\frac{0.225(1-0.225)}{2000}\left(1-\frac{2000}{100000}\right)} = 0.0092$$

10.5.2 抽样分布的确定

抽样分布也称统计量分布、随机变量函数分布,是指样本估计量的分布。样本估计量是样本的一个函数,在统计学中称作统计量,因此抽样分布也是指统计量的分布。以样本平均数为例,它是总体平均数的一个估计量,如果按照相同的样本容量,相同的抽样方式,反复地抽取样本,每次可以计算一个平均数,所有可能样本的平均数所形成的分布,就是样本平均数的抽样分布。

1. 抽样分布的类型

1)单一样本统计量

当我们要对某一总体的参数进行估计时,就要研究来自该总体的所有可能的样本统计量的分布问题,比如样本均值的分布、样本比例的分布,从而概括有关统计量抽样分布的一般规律。

(1)样本均值的抽样分布包括以下内容。

①样本均值抽样分布的形成。样本均值的抽样分布即所有样本均值的可能取值形成的概率分布。例如,某高校大一年级参加英语四级考试的人数为 6000 人,为了研究这 6000 人的平均考分,欲从中随机抽取 500 人组成样本进行观察。若逐一抽取全部可能样本,并计算出每个样本的平均考分,将会得出很多不完全相同的样本均值,全部可能的样本均值有一个相应的概率分布,即为样本均值的抽样分布。

我们知道,从总体的 N 个单位中抽取一个容量为 n 的随机样本,在重复抽样条件下,共有个可能的样本;在不重复抽样条件下,共有 $C_N^n = \dfrac{N!}{n!(N-n)!}$ 个可能的样本。因此,样本均值是一个随机变量。

②样本均值抽样分布的特征。从抽样分布的角度看,我们所关心的分布的特征主要是数学期望和方差。这两个特征一方面与总体分布的均值和方差有关,另一方面也与抽样的方法是重复抽样还是不重复抽样有关。样本均值的方差则与抽样方法有关。在重复抽样条件下,样本均值的方差为总体方差的 $\dfrac{1}{n}$,即

$$\sigma_{\bar{x}}^2 = \frac{\sigma^2}{n} \tag{10-9}$$

在不重复抽样条件下,样本均值的方差为

$$\sigma_{\bar{x}}^2 = \frac{\sigma^2}{n}\frac{N-n}{N-1} \tag{10-10}$$

从式（10-9）和式（10-10）可以看出，两者仅相差系数 $\dfrac{N-n}{N-1}$，该系数通常被称为有限总体修正系数。在实际应用中，这一系数常常被忽略不计，主要是因为：对于无限总体进行不重复抽样时，由于 N 未知，此时样本均值的标准差仍可按式（10-9）计算，即可按重复抽样处理；对于有限总体，当 N 很大而抽样比例 $\dfrac{n}{N}$ 很小时，其修正系数 $\dfrac{N-n}{N-1}=1-\dfrac{n}{N}\to 1$，通常在样本容量 n 小于总体容量 N 的 5%时，有限总体修正系数就可以忽略不计。因此，公式一是计算样本均值方差的常用公式。

③样本均值抽样分布的形式。样本均值抽样分布的形式与原有总体的分布和样本容量 n 的大小有关。如果原有总体是正态分布，那么，无论样本容量的大小，样本均值的抽样分布都服从正态分布。如果原有总体的分布是非正态分布，就要看样本容量的大小。随着样本容量 n 的增大（通常要求 $n\geq 30$），不论原来的总体是否服从正态分布，样本均值的抽样分布都将趋于正态分布，即统计上著名的中心极限定理。虽然总体成绩的分布形态未知，但 σ 已知，且 $n=150$ 为大样本，依据中心极限定理可知：样本均值的抽样分布近似服从正态分布。

（2）样本比例的抽样分布包括以下内容。

样本比例是指样本中具有某种特征的单位所占的比例。样本比例的抽样分布就是所有样本比例的可能取值形成的概率分布。例如，某高校大一年级学生参加英语四级考试的人数有 6000 人，为了估计这 6000 人中男生所占的比例，从中抽取 500 人组成样本进行观察，若逐一抽取全部可能样本，并计算出每个样本的男生比例，则全部可能的样本比例的概率分布，即为样本比例的抽样分布。可见，样本比例也是一个随机变量。

①样本比例抽样分布的特征。在大样本情况下，样本比例的抽样分布特征可概括如下。

无论是重复抽样还是不重复抽样，样本比例 p 的数学期望总是等于总体比例 P，即

$$E(p)=P \tag{10-11}$$

而样本比例 p 的方差，在重复抽样条件下为

$$\sigma_p^2=\dfrac{P(1-P)}{n} \tag{10-12}$$

在不重复抽样条件下为

$$\sigma_p^2=\dfrac{P(1-P)}{n}\left(\dfrac{N-n}{N-1}\right) \tag{10-13}$$

②样本比例抽样分布的形式。样本比例的分布属于二项分布问题，当样本容量 n 足够大时，即当 nP 与 $n(1-P)$ 都不小于 5 时，样本比例的抽样分布近似为正态分布。

2）两个样本统计量

如果要对两个总体有关参数的差异进行估计，就要研究来自这两个总体的所有可能样本相应统计量差异的抽样分布。

若从总体 X_1 和总体 X_2 中分别独立地抽取容量为 n_1 和 n_2 的样本，则由两个样本均值之差的所有可能取值形成的概率分布称为两个样本均值差异的抽样分布。

设总体 X_1 和总体 X_2 的均值分别为 μ_1 和 μ_2，标准差分别为 σ_1 和 σ_2，则两个样本均值之差的抽样分布可概括为以下两种情况。

若总体 $X_1 \sim N(\mu_1, \sigma_1^2)$，总体 $X_2 \sim N(\mu_2, \sigma_2^2)$，则

$$\overline{x_1} \sim \overline{x_2} \sim N\left(\mu_1 - \mu_2, \frac{\sigma_1^2}{n} + \frac{\sigma_2^2}{n}\right) \tag{10-14}$$

若两个总体都是非正态总体，当两个样本容量 n_1 和 n_2 都足够大时，依据中心极限定理，$\overline{x_1}$ 和 $\overline{x_2}$ 分别近似服从正态分布，则

$$\overline{x_1} \sim \overline{x_2} \sim N\left(\mu_1 - \mu_2, \frac{\sigma_1^2}{n} + \frac{\sigma_2^2}{n}\right) \tag{10-15}$$

2. 抽样分布的定理

（1）从总体中随机抽取容量为 n 的一切可能个样本的平均数之平均数，等于总体的平均数，即 $E(\overline{x}) = \mu$（E 为平均的符号；$\overline{x}$ 为样本的平均数；μ 为总体的平均数）。

（2）从正态总体中，随机抽取的容量为 n 的一切可能样本平均数的分布也呈正态分布。

（3）虽然总体不是正态分布，如果样本容量较大，反映总体 μ 和 σ 的样本平均数的抽样分布，也接近于正态分布。

3. 正态总体的抽样分布

设 $X_1, X_2, \cdots, X_n$ 是来自正态总体 $N(\mu, \sigma^2)$ 的样本，$\overline{X}$ 是样本均值，S^2 是样本方差。则有如下结论。

（1）$\overline{X} \sim N\left(\mu, \frac{\sigma^2}{n}\right)$。

（2）$\dfrac{(n-1)S^2}{\sigma^2} \sim \chi^2(n-1)$。

（3）$\overline{X}$ 与 S^2 独立。

10.6　样本估计与推断方法（参数估计）

参数估计是统计推断的一种。根据从总体中抽取的随机样本来估计总体分布中未知参数的过程。从估计形式看，区分为点估计与区间估计；从构造估计量的方法讲，有矩法估计法、最小二乘估计法、似然估计法、贝叶斯估计法等。要处理两个问题：①求出未知参数的估计量；②在一定信度（可靠程度）下指出所求的估计量的精度。信度一般用概率表示，如可信程度为95%；精度用估计量与被估参数（或待估参数）之间的接近程度或误差来度量。

参数估计的特点如下。①无偏性。无偏性是指估计量抽样分布的数学期望等于总体参数的真值。无偏性的含义是，估计量是一随机变量，对于样本的每一次实现，由估计量算出的估计值有时可能偏高，有时可能偏低，但这些估计值平均起来等于总体参数的真值。在平均意义下，无偏性表示没有系统误差。②有效性。有效性是指估计量与总体

参数的离散程度。如果两个估计量都是无偏的，那么离散程度较小的估计量相对而言是较为有效的。离散程度是用方差度量的，因此在无偏估计量中，方差越小越有效。③一致性：又称相合性，是指随着样本容量的增大，估计量愈来愈接近总体参数的真值。

参数估计有两种基本的估计方法，分别是点估计和区间估计。

10.6.1 点估计

点估计是依据样本估计总体分布中所含的未知参数或未知参数的函数。通常它们是总体的某个特征值，如数学期望、方差和相关系数等。点估计问题就是要构造一个只依赖于样本的量，作为未知参数或未知参数的函数的估计值。例如，设一批产品的废品率为 θ。为估计 θ，从这批产品中随机地抽出 n 个做检查，以 X 记其中的废品个数，用 X/n 估计 θ，这就是一个点估计。

构造点估计常用的方法有以下四种。

（1）矩估计法。用样本矩估计总体矩，从而得到总体分布中参数的一种估计。它的思想实质是用样本的经验分布和样本矩去替换总体的分布和总体矩。矩估计法的优点是简单易行且并不需要事先知道总体是什么分布。缺点是，当总体类型已知时，没有充分利用分布提供的信息。一般场合下，矩估计量不具有唯一性。

（2）最大似然估计法。该方法于1912年由英国统计学家R.A.费希尔提出，利用样本分布密度构造似然函数来求出参数的最大似然估计。

（3）最小二乘法。该方法主要用于线性统计模型中的参数估计问题。

（4）贝叶斯估计法。基于贝叶斯学派（见贝叶斯统计）的观点而提出的估计法。可以用来估计未知参数的估计量很多，于是产生了怎样选择一个优良估计量的问题。首先必须对优良性定出准则，这种准则是不唯一的，可以根据实际问题和理论研究的方便进行选择。优良性准则有两大类：一类是小样本准则，即在样本大小固定时的优良性准则；另一类是大样本准则，即在样本大小趋于无穷时的优良性准则。最重要的小样本优良性准则是无偏性及与此相关的一致最小方差无偏估计。其次有容许性准则、最小化最大准则、最优同变准则等。大样本优良性准则有相合性、最优渐近正态估计和渐近有效估计等。

10.6.2 区间估计

区间估计是依据抽取的样本，根据一定的正确度与精确度的要求，构造出适当的区间，作为总体分布的未知参数或参数的函数的真值所在范围的估计。例如，人们常说的有百分之多少的把握保证某值在某个范围内，即是区间估计的最简单的应用。1934年统计学家J.奈曼创立了一种严格的区间估计理论。求置信区间常用的三种方法。

（1）利用已知的抽样分布。例如，设 $x_1, x_2, \cdots, x_n$ 为正态总体 $N(\mu, \sigma^2)$ 中抽出的样本，要做 μ 的区间估计，则服从自由度为 $n-1$ 的 t 分布。指定 $\alpha > 0$，找这个分布的上 $\dfrac{\alpha}{2}$

分位数 $\dfrac{t\alpha}{2(n-1)}$，则有即由此得到 μ 的一个置信系数为 $1-\alpha$ 的置信区间。

（2）利用区间估计与假设检验的联系。设要做 θ 的置信系数为 $1-\alpha$ 的区间估计，对于任意的 θ_0，考虑原假设为 $H: \theta=\theta_0$，备择假设为 $K: \theta\neq\theta_0$。设有一水平为 α 的检验，它当样本 X 属于集合 $A(\theta_0)$ 时接受 H。若集合 $\{\theta_0: X\in A(\theta_0)\}$ 是一个区间，则它就是 θ 的一个置信区间，其置信系数为 $1-a$。就上例而言，对假设 $H: \mu=\mu_0$ 的检验常用 t 检验：当时接受 $\mu=\mu_0$，集合即为区间。这正是前面定出的 μ 的置信区间。若要求 θ 的置信下限（或上限），则取原假设为 $\theta\leq\theta_0$（或 $\theta\geq\theta_0$），备择假设为 $\theta>\theta_0$（或 $\theta<\theta_0$），按照同样的方法可得到所要求的置信下（上）限。

（3）利用大样本理论。例如，设 $x_1, x_2, \cdots, x_n$ 为抽自参数为 p 的二点分布的样本，当 $n\to\infty$ 时，依分布收敛（见概率论中的收敛）于标准正态分布 $N(0,1)$，以 $\dfrac{\mu\alpha}{2}$ 记 $N(0,1)$ 的上 $\dfrac{\alpha}{2}$ 分位数。所以，可作为 p 的一个区间估计，上面的极限值 $1-a$ 就定义为它的渐近置信系数。

评价置信区间的好坏有两个因素：一是其精度，可以用区间的长度来刻画，长度越长，精度越低。另一个因素是置信度，在样本容量固定时，当置信度增大，此时置信区间的长度变大，即置信区间的置信度越高，则精度越低，反之，精度越高则置信度越低。

本章小结

本章主要介绍了抽样技术的运用过程。抽样技术是指在抽样调查时采用一定的方法，抽取具有代表性的样本，以及各种抽样操作技巧和工作程序等的总称有较强的科学性，被广泛地使用。抽样技术可分为两大类：随机抽样和非随机抽样。随机抽样技术是对总体中每一个体都给予平等的抽取机会的抽样技术。非随机抽样技术是对总体中每一个个体不具有被平等抽取的机会，而是根据一定主观标准来抽取样本的抽样技术，它们各有其特点和使用范围。随机抽样常用的技术有简单随机抽样、分层随机抽样、分群随机抽样、系统抽样四类。非随机抽样常用的技术有任意抽样、判断抽样和配额抽样等类型，它们各有其特点与使用方式。本章同时介绍了抽样误差和抽样分布的确定与分析方法。抽样误差是指随机抽样中必然发生的代表性的误差。抽样分布也称统计量分布、随机变量函数分布，是指样本估计量的分布。最后文章阐述了样本估计与推断方法，重点介绍了参数估计，是根据从总体中抽取的随机样本来估计总体分布中未知参数的过程。从估计形式看，区分为点估计与区间估计；从构造估计量的方法讲，有矩法估计法、最小二乘估计法、似然估计法、贝叶斯估计法等。

思考与练习

1. 非随机抽样的优缺点有哪些？
2. 抽样技术有哪几类？各类有何特点？

3. 什么是等距离抽样法？如何计算抽样间隔？
4. 简述配额抽样的操作步骤。配额抽样为什么是非概率抽样？
5. 在随机抽样和非随机抽样之间选择时应考虑哪些因素？
6. 如何有效控制抽样误差？
7. 市场调查空调器的拥有状况，全市 120 万户家庭按收入分层有高收入家庭 12 万户，中收入家庭 83 万户，低收入家庭 25 万户计划抽取样本 10000 户，采用分层比例抽样法，应从各层中抽取多少样本？
8. 根据下列情况，确定合适的目标总体和抽样框。
（1）杭州环保协会的要检测《垃圾分类》小册子在杭州市推行的效果。
（2）一个中型的猫食制造商要在杭州市实施一项新型猫食的家庭使用测试。
（3）一家在杭州市经营家用电器的大型经销商要评估一种新的折扣策略的商业反应。
（4）一个当地的百货商店要评估提供给计费账户消费者的一项新的信用政策的满意度。
（5）一个国内制造商要评估总经销商是否有足够的存货去防止零售商的短缺。

拓展阅读

第11章

数据资料的整理与数据分析

11.1 数据分析准备

11.1.1 数据审查与编辑

在问卷调查结束后,调研人员已获得了大量的填写过的问卷,这是调查的初步成果,它的质量决定了整个调查研究的质量,因此,在实地调查阶段就必须严格检查所填写的问卷,力求在现场对错误之处进行纠正。然而,在大型的问卷调查过程中要保证把所有的登记错误都消除是困难的,因此在把问卷录入计算机之前,仍要对问卷进行检查,以免把错误数据录入。数据审查通常采用两种方法:第一种是逻辑审查,第二种是计算审查。这两种检查都可以通过自查可查或专家抽查的形式来完成。

1. 逻辑审查

所谓逻辑审查,是通过检查在问卷中是否存在逻辑性错误来更正数据。在问卷设计时,各问题之间常常具有逻辑关系,表明现象的相关关系及特征。

例:Q1. 请问您买过休闲装吗?

A. 经常买　　　　B. 不经常买　　　C. 偶尔去买　　　D. 从没买过

Q2. 请问您一般在什么地方买休闲装?

A. 大型超市　　　B. 小超市　　　　C. 百货公司

D. 专卖店　　　　E. 其他地方

Q3. 请问您通常为什么人买休闲装?

A. 为自己买　　　B. 为亲属买　　　C. 为朋友买　　　D. 为其他人买

上述三个问题之间是有密切联系的。只有第一问题选前三项者才可能继续回答接下来的问题,如果在第一问题中调查者回答从没买过,则接下来的两个问题都不必回答,否则就犯了逻辑错误。通过直接浏览问卷就能发现这类错误。

2. 计算审查

有些时候仅通过逻辑审查难以根除问卷中的错误,需要通过计算才能发现其中的错误。例如:

Q1. 您的月平均收入在下列什么范围?

A. 500 元以下　　B. 500~1000 元　　C. 1000~1500 元　　D. 1500~2000 元

E. 2000~2500 元　F. 2500~3000 元　　G. 3000 元及以上

Q2. 您每月平均购买香烟的支出在下列什么范围?
A. 50 元以下　　B. 50~100 元　　C. 100~150 元　　D. 150~200 元
E. 200~250 元　F. 250~300 元　　G. 300 元及以上

Q3. 您每月平均购买香烟的支出占全部收入的比例在下列什么范围?
A. 1%以下　　　B. 1%~3%　　　C. 4%~6%　　　D. 7%~9%
E. 10%~12%　　F. 13%~15%　　G. 16%及以上

如果一份问卷罗列的是上述情况，则可以看出它存在逻辑错误，利用计算也可以算出其香烟购买支出额与所占收入的比例存在问题。

在数据审查与编辑中的主要任务包括以下几点。①将所有答案转换为统一的单位：例如，如果收入以千美元为单位，将答案"46350"转换成46。②评估数据缺失的程度：若数据缺失不多，则保留数据若缺失很多，则放弃问卷。③可能的话，核实回答的一致性。例如，被调查者在问卷的一部分回答"从来没有接受过保健服务"，而在另外一部分却回答对某个提供保健服务的公司"十分满意"。这种情况下编辑人员需要更正其中的一个答案或者将这两个答案数据都剔除。④找出被访问者漫不经心的回答：这类答卷往往对一系列问题都进行相同的回答，需要对这样的数据进行剔除。⑤添加任何需要的编码。例如，为每一份问卷添加识别数字。

在核对审查数据的过程中，应遵循以下原则。①完整性。完整性的核对主要包括仔细审视数据表以确保各个部分都没有漏，以及核对各个独立项目。在一个特定问题上的空白可能意味着应答者拒绝回答问题；或者，它可能只是反映了应答者忽略了这个问题或不知道答案。也许对于研究目的来说知道具体的原因很重要。现场编辑被期望能在实地调查人员对访谈仍有较新印象时与其接触，并获得必要的澄清。②易读性。如果一份问卷字迹潦草或者用了一些难以理解的缩写，那么它很难进行编码。虽然要更正这些要费一些时间，但也并不是难事。③可理解性。有时候调查记录下来的回答只有实地调查人员才能看懂，这就需要通过现场编辑来将其调整清晰。④一致性。在调查中，如果记录或者回答的前后不是一致的，这将让后期的编码十分困难。例如，在调查中回答者在某部分回答说昨晚看了某一个电视节目，而在另外一部分说昨晚没看电视，这会给以后的研究带来困惑。这种错误也可以通过现场编辑来避免。⑤统一性。在记录调查回答时，使用统一的单位是十分重要的。例如，一项研究是调查每个人每周订阅某一杂志的数量，但回答者是以月为单位的，如果按照原话进行记录的话将对以后的研究带来很多麻烦。如果进行现场编辑，可以再次询问受访者，从而得到正确的答案。

11.1.2 编码与输入

当问卷经过检查以及其他问题处理后，就可以进入数据录入阶段。录入前，通常要做好数据编码工作。数据编码是将问卷中的各个问题看作变量，并以字母或其他符号作为这些变量的代码输入计算机，从而使录入速度更快且有利于运用图表进行分析。在大型的调研项目中特别是在数据录入由专门承包者执行时，研究者需要使用数据编码手册。这本手册确定了所有的变量名组成数据的各个问题的每一种可能回答的数字。有一本描述数据文件的代码手册，任何研究者都能在数据集上工作不管研究者是否参与了研究项目的早期阶段的工作。特别提醒的是，如果是小型的调查，则调研人员可能会直接在 SPSS 的数据编器上进行变量定义，在这种情况下，数据录入人员也最好在定义数据完毕后，将原始问卷和从菜单 Variable Information 中获得的编码信息打印备份，以便今后查询。

问卷问题的编码如上所述，而问卷答案的编码则有些不同。有些编码是自动化的（如回答者在问卷中所选择的等级数据），而有些编码需要考虑转换的方法（如一些开放式问题的回答）。因此编码可以分为封闭式问题的编码和开放式问题的编码。

在描述性研究的问卷中大部分问题都是封闭式问题。封闭式问题是指问题只提供有限的几个答案，让回答者选择最合适的一个，或者所有适用选项。这些情况都很容易进行编码。如果问题只有一个可能的回答（如男性或者女性），研究人员只需为每一个可能的答案对应某一特定的数字（如 1＝男性，2＝女性），然后将相应的数字记录即可。有时为了更方便编码，我们往往会对问卷进行"预编码"即把实际的编码数字印在每个可能的选项旁边，改使用数量化的导仪量表，使这些技术都不是必需的。如果是让被调查者在方框内打钩或提供其他藏匿的回答，则更容易为每个答案分配数字。例如，用来测量对某服务提供者态度的语义差别量表可以很容易地用数字 1～7 来进行编码，其中 1 代表"不喜欢"，7 代表"喜欢"。对于多选的封闭式问题的编码则复杂一些。例如，问题：你倾向于选择网购的原因，对于同时选择了多项原因的答案，可以使编码"1"表示被选择的选项，编码"0"表示未被选择的选项。

开放式问题是指没有对被调查者提供回答选项的问题，被调查者在回答时都是自己组织语言。所以开放式问题的编码一般要比封闭式问题的编码困难得多。在编码之前，我们需要区别开放式问题的两种类型。一种是询问事实已经存在的一些信息，被调查者被假定为已经知道并能提供答案。例如，问题：您来杭州几年了？这个问题是在询问事实，存在一个标准答案，并且研究人员也假定所有被调查者都能提供该答案。这类开放式问题的编码也是十分简单的，将实际的答案进行编码即可（或者，如果实际的答案不是数字的，就将其转换成数字）。数字的数据应该按它们在数据收集表中报告的形式直接记录，而不是再细分成较少的几个类别。另一种开放式问题更多的是探索性的，这类问题的编码十分复杂，因为每个问题的答案都多种多样，有些回答甚至是研究人员不曾预料到的。例如，问题：用您自己的话来谈谈造成社区生活质量差的原因是什么。对这种开放式问题编码的第一步就是浏览每一份问卷并标记出每一个人的不同答案，第二步就是确定各个答案应该归属的类别和等级。

1. 数据编码的一般原则

（1）对变量进行编码时，应尽可能采用字母，不要完全采用数字，以免与变量值中的数字混淆。可采用字母与数字合成的变量代码，但首字符必须为字母，在首字母后的字符可为字母、数字或除"？""-""！"和"*"以外的字符。

（2）编码时应避免使用下划线"_"、圆点"·"作为变量的最后一个字符。

（3）变量名的代码不超过 8 个字符。一般以 2～4 个字母为佳。

（4）SPSS 的变量名不能与 SPSS 的保留字相同。SPSS 的保留字为：ALL、AND、BY、EQ、GE、GT、LT、NE、NOT、OR、TO、WITH。

（5）SPSS 系统不区别变量名中的大小写字符。例如，系统会将 FAN 和 fan 看作同一个变量。

2. 数据编码方法实例

我们可以将前面所遇到的问卷中的几个问题确定代码如下。

例："休闲装购买"数据编码。

Q1＝请问您买过休闲装吗？

1＝经常买，2＝不经常买，3＝偶尔去买，4＝从没买过。

Q2＝请问您一般在什么地方买休闲装？

1＝大型超市，2＝小超市，3＝百货公司，4＝市场摊点，5＝其他地方。

11.1.3　运用 SPSS 建立数据文件

在现代市场调研中，市场调研人员努力通过观察法、调查法及试验法获得大量的一手数据。然而，这些原始的数据反映的是样本单元的特征，例如，某个消费者对化妆品的消费倾向、消费能力等，特别是完成一个大型的问卷调查后，调查者已经了解各样本单元详细的特征，但对这些数据要进行综合分析就需要建立一个数据文件。建立数据文件并进行分析的软件很多，本课程介绍使用 SPSS（statistical program for social sciences，SPSS）软件包。利用 SPSS 建立数据文件的过程可分为两个步：第一步是定义变量的属性，第二步是输入变量值。

1. SPSS 变量定义

打开 SPSS 后，其界面的左下角处有两个界面换选项，系统默认的状态为"数据视图"窗口。在单击"变量视图"按钮后，就可在定义变量属性的数据编辑器窗口按编码手册进行变量与变量值的定义，如图 11-1 所示。

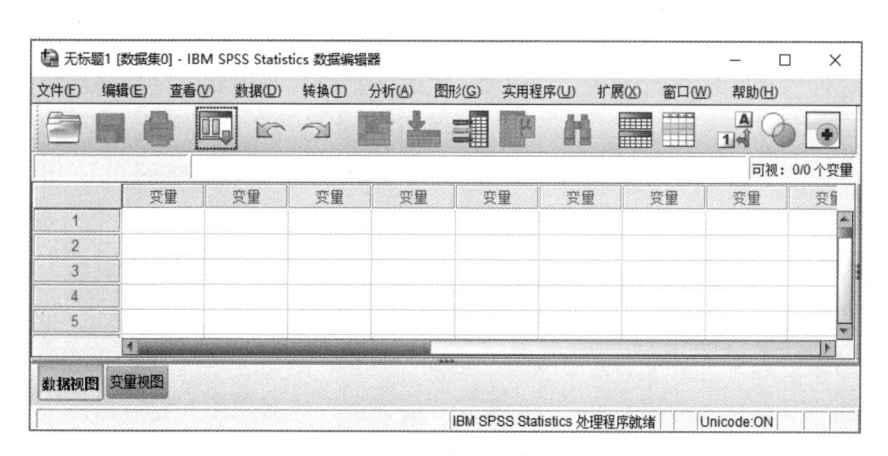

图 11-1　SPSS 数据编辑器

（1）表格框内的"名称"处，输入变量名×××。例如，输入变量名 Q1。

（2）第二栏"类型"中选择数字。数字是一种变量类型，它的系统默认长度为8。小数位数为2。实际上，可以按需要调整小数位数。完成这种调整的方法有两种：第一种是单击"数字"按钮会出现一串省略号，再单击省略号则会出现定义变量类型窗口，在此窗口中可以在"宽度"处改动变量总长度的默认值，在"小数位数"处改动小数位数的默认值。第二种方法是直接在图中的"宽度"和"小数位数"框中改动。定义变量类型窗口如图11-2所示。

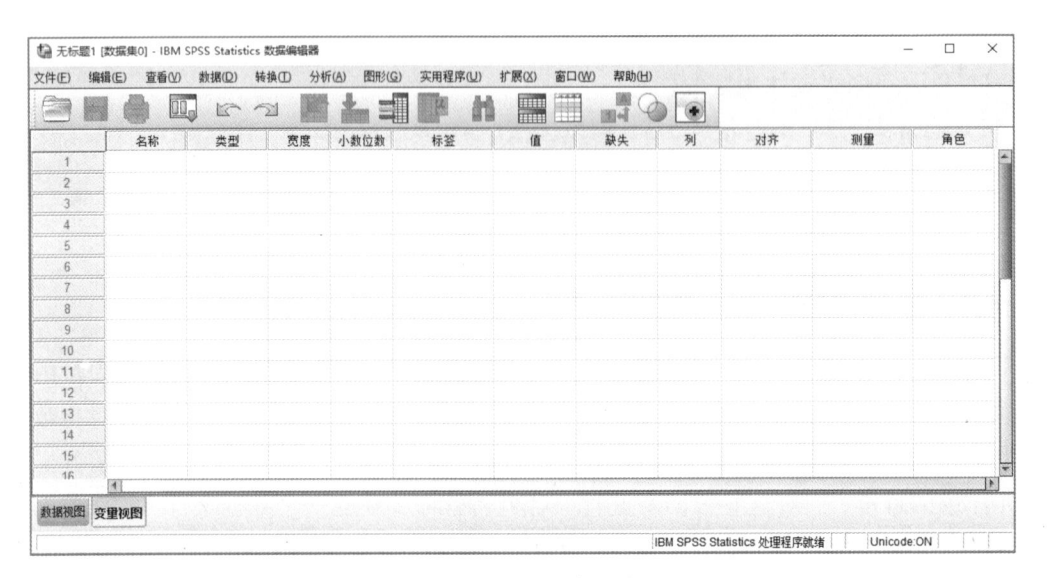

图 11-2 定义变量类型窗口

（3）下一步将输入变量标签。Q1 的变量标签为"买过休闲装吗"。

（4）再下一步是定义变量标签值，分别以数字 1、2、3、4 来代表各变量标签值。即：1＝经常买，2＝不经常买，3＝偶尔去买，4＝从没买过。

（5）定义缺省值、变量的显示格式和对齐方式是容易的，分别在"缺失""列"和"对齐"一栏中根据需要选定。

（6）最后要在"测量"栏的"标度""有序"和"名义"中做出选择。这三个选项代表了通过问卷进行的测量方式。"标度"代表了高级测量方式，包括差别测量和比例测量，而后两种是低级测量，"有序"代表顺序测量，"名义"则代表的是类别测量。正确地选择测量方式对于分析研究是重要的。特别是在明确变量的特性后，可针对性地选择正确的分析工具。这是调研人员容易出错的地方。

2. 数据录入

数据录入是指把原始数据输入计算机的过程。有多种录入方式。例如，实际中可以逐字逐段通过键盘录入数据，也可以通过扫描工具把所有的问卷全部扫描到计算机，并在数分钟内将其转化为数据文件。一般来说，前一种方式适用于问卷数据量小填写要求不太高的调查，而后一种方式适用于大规模的问卷调查，这种问卷填写要求比较严格、规范。

在采用手工录入方式时，单击图 11-2 中左下角的"数据视图"按钮即出现数据窗口，可直接在此窗口录入数据。录入时，应注意以下三个问题。

（1）通常最好横行录入，也就是按样本为单元（case）逐个录入，一份问卷全部录完，然后再录第二份。

（2）最好在每份问卷录完后标注与样本序号相同的序号，以备今后查对。

（3）全部问卷录入完毕并检查无误后，应及时存储并备份。

3. 缺失数据处理

无回应项是大多数调研中一个很显著的问题。一定比例的调研工具常常受此影响。事实上，无回应的程度是测试调研质量的一个指标。当无回应项过多时，整个调研项目的都会受到质疑并且需要对调研目的和程序进行严格的审查。以下是一些可行的策略。

（1）将无回应项留空，并将其数字列入一个单独的类别。尽管这种方法对一些简单的分析很有效（如频率和交叉表分析），对许多其他的统计技术却并没有用。

（2）将含有无回应项的问卷从所有后面的分析中别除。这一策略的结果是不包含任何缺失信息的一组"纯"数据。样本容量对所有的分析来说都是相等的。这一策略有可能放弃了对某些分析非常有用的数据。举一个极端的例子，调研者可能会因为某一条信息的缺失就抛弃整张问卷。考虑到数据非常有价值且难以收集，这并不是我们推崇的策略。其他有相当多（一般是一半及以上）缺失信息的问卷才应该被别除。

（3）在对某一变量进行分析时剔除该变量信息缺失的问卷。当使用这一方法的时候，分析者必须时时报告被分析的样本量，因为该样本量并不是一致的，这一方法也忽视了在某一特定项目上的缺失，表明应答者不关心该项目涉及的问题，或不知道问题的答案。这一方法明显的优势是利用了所有可以利用的数据。

（4）换缺失值。有时候你可以根据应答者对其他相关项目的回答来推测缺失项的答案，可能会用到被称为"回归分析"的统计方法，它测量了两个或两个以上变量之间的关系。或者，有时分析者会使用由其他问卷的数据得到的均值、中位数、众数等来替换缺失值。替代值最大化利用了可利用的数据，因为所有好的样本都被使用了。同时，这需要分析者做更多的工作，也包括一定由"制造数据"而造成的潜在误差。

（5）再次联系应答者。如果缺失信息对调查来说很重要并且应客者并不是匿名的，通过和应答者联系来获得信息的方法也是可行的。该方法在应答者只是漏掉了整个项目或者应答者想要回答问题但没有遵照指示来回答的时候特别有用。对于缺失数据的处理并没有正确的或者简单的方法。这完全取决于研究的目的、缺失率和数据分析的方法。

11.2 数据分析技术与统计软件应用

在这一节，我们主要介绍一系列数据的分析技术和在 SPSS 统计软件中的应用。对于数据的分析技术，我们主要介绍基本描述性分析、假设检验、交叉分析、相关分析及回归分析。

11.2.1 基本描述性分析

首先，我们主要介绍数据的集中趋势指标、离散趋势指标以及如何运用 SPSS 进行基本的描述性分析。

1. 集中趋指标

1) 均值

均值（mean，算术平均数）是刻画一组数字的算术平均值。它是集中趋势的测度值之一，容易受极端值的影响。一般用于定距数据和定比数据，不能用于定类数据和定序数据。均值的计算公式为

$$\bar{X} = \frac{X_1 + X_2 + X_3 + \cdots + X_N}{N} = \frac{\sum_{i=1}^{N} X_i}{N}$$

或

$$\bar{X} = \frac{X_1 F_1 + X_2 F_2 + X_3 F_3 + \cdots + X_N F_K}{F_1 + F_2 + \cdots + F_K} = \frac{\sum_{i=1}^{N} X_i}{\sum_{i=1}^{K} F_i} \quad (11\text{-}1)$$

均值在市场分析中用途极广，它既表达市场总体的一般状况，又能在其他指标的配合下，通过比较分析，深刻认识市场的差异性和特点。

2) 中位数

中位数表示的是一组有序值的数列里居中的那个值，也即有一半的单位在该变量中小于这个值，有一半的单位大于这个值。各变量值与中位数的离差的绝对值之和最小，即

$$\sum_{i=1}^{N} |X_i - M_e| = 最小$$

未分组数据的中位数的计算公式为

$$M_e = X_{\left[\frac{N+1}{2}\right]}$$

或

$$M_e = \frac{1}{2}[X_{\frac{N}{2}} + X_{\frac{N}{2}+1}] \quad (11\text{-}2)$$

分组数据的中位数计算公式为

$$M_e = L + \frac{\frac{N}{2} - S_{m-1}}{f_m} \times i$$

或

$$M_e = U - \frac{\frac{N}{2} - S_{m+1}}{f_m} \times i \quad (11\text{-}3)$$

3) 众数

众数是集中趋势的测度值之一，是在某变量中出现次数最多的变量值。众数的计算公式为

$$M_0 = L + \frac{f - f_{+1}}{(f - f_{-1}) + (f + f_{+1})} \times i$$

或

$$M_0 = U - \frac{f - f_{+1}}{(f - f_{-1}) + (f + f_{+1})} \times i \tag{11-4}$$

众数不受极端值的影响，主要用于定类数据，也可以用于定序、定距和定比数据，它也是最直观地表达集中趋势的数据。

2. 离散性指标

1）极差（全距）

极差是一组数据中的最大值和最小值之差，也称为全距。它表明研究总体的离散程度，也是较简单的测度值之一。该指标很容易受极端值的影响。计算公式为

$$未分组数据：R = \max(X) - \min(X) \tag{11-5}$$

$$分组后数据：R = 最高值上限 - 最低值下限 \tag{11-6}$$

2）方差和标准差

方差是离散程度测度值之一。它反映了各变量值与其平均值的平均差异，能够反映数据的分布特征，因此被认为是常用的测度差异性的指标。方差的计算公式为

$$未分组数据：\sigma^2 = \frac{\sum(X_i - \bar{X})}{N} \tag{11-7}$$

$$组距分组数据：\sigma^2 = \frac{\sum(X_i - \bar{X})F_i}{\sum F_i} \tag{11-8}$$

标准差也是离散程度测度值之一。它反映了各变量值与其平均值的平均差异的方根，能够确切反映数据的分布特征，因此被认为是较常用的测度值之一。标准差的计算公式为

$$未分组数据：\sigma^2 = \sqrt{\frac{\sum(X_i - \bar{X})}{N}} \tag{11-9}$$

$$组距分组数据：\sigma^2 = \sqrt{\frac{\sum(X_i - \bar{X})F_i}{\sum F_i}} \tag{11-10}$$

3）离差系数

离差系数就是标准差和平均值之比，用百分比表示。是一个无单位的相对差异性指标，离差系数 CV 的公式为

$$CV = \frac{\sigma}{\bar{x}}\% \tag{11-11}$$

例：在 SPSS 软件中进行基本描述性分析。

表 11-1 为甲、乙两村的中麦 9 号和豫展 1 号的千粒重数据统计，要求运用 SPSS 软件进行描述性分析。

表 11-1 甲、乙两村的中麦 9 号和豫展 1 号的千粒重数据统计

编号	村	中麦 9 号千粒重/克	豫展 1 号千粒重/克
1	1	43	48.91
2	1	42	45.63
3	1	38	41.59
4	1	38	44.23
5	1	40	37.43
6	2	44	44.75
7	2	37	45.67
8	2	44	43.15
9	2	41	46.71
10	2	43	39.55

第一步，变量定义，图 11-3 为 SPSS 定义变量窗口。

变量说明：甲村记为 1，乙村记为 0。

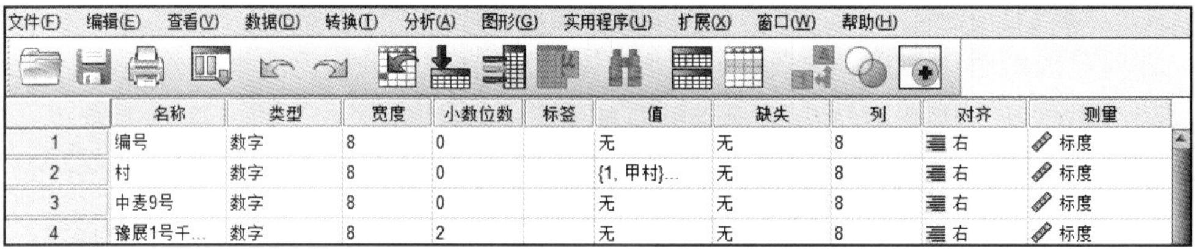

	名称	类型	宽度	小数位数	标签	值	缺失	列	对齐	测量
1	编号	数字	8	0		无	无	8	右	标度
2	村	数字	8	0		{1, 甲村}...	无	8	右	标度
3	中麦9号	数字	8	0		无	无	8	右	标度
4	豫展1号千...	数字	8	2		无	无	8	右	标度

图 11-3 SPSS 定义变量窗口

第二步，利用 SPSS 软件进行描述性分析。

操作步骤：①选择“分析”选项；②选择“描述统计—描述”选项；③将各变量拖入“变量”框中，单击“选项”按钮，勾选所需要的结果复选框；④输出结果。

表 11-2 中清晰地表明了两种品种千粒重的最小值、最大值、均值以及标准偏差，通过分析可以得出相关结论。

表 11-2 描 述 统 计

类别	N	最小值	最大值	均值	标准偏差
中麦 9 号千粒重/克	10	37	44	40.88	2.609
豫展 1 号千粒重/克	10	37.43	48.91	43.7620	3.43907
有效个案数（成列）	10				

3. 描述统计量解释与分析中应注意的问题

（1）图表相结合有利于描述总体的各项特征。

（2）各指标之间是有关联与逻辑性的，因此常常要把各种分析指标结合运用，以便得出正确结论。例如，均值与百分率分布可以结合起来表达有关地区的消费模式。这些模式可以比较参照，应用于市场营销战略的制定。又如，众数、中位数、均值与峰度系数、偏度系数相结合，能够较准确地分析分布特征，这在市场细分时是很需要的。

（3）在描述分析之前，若能对数据进行探索性分析与评价，会使最终的效果更好一些。数据探索是对变量进行初步的考察核实，该过程可以检查数据是否有错误，考察样本分布特征及对样本分布规律做初步的考察。通常情况下，过大或过小的数据可能是奇异值或是错误数据。对这样的数据要找出并剔除。

（4）一般来说，在描述分析中注意不要加上研究者个人的猜测和推演。

11.2.2 假设检验

由于调研者经常使用样本信息而不是全部总体信息，我们需要说明通过样本得出的结论对总体也是适用的。因此通过假设检验，调研者可以确定样本结果是否对总体适用的标准。当调研者准备实施一个调研时，他们一般已经确定了假设。销售经理会对公司财务主管说：如果我部门有更多的资金支持培训，我们的销售人员业绩会更好。或者一个产品研发团队会预测：至少有10%的目标市场会对我们的新产品感兴趣。通过统计技术，我们经常可以通过确定是否有实证证据来支持诸如此类的假设对总体是否适用。在这里我们回顾一下一些支持假设检验的传统统计理论的基本概念和做假设检验的一般步骤。

1. 零假设和备择假设

我们可以在研究的基础上确定两个相互独立的假设哪一个更正确。这两个假设的一般形式和标记方式如下所示。

H_0：所得结论对总体来说不正确的假设。

H_a：所得结论对总体来说是正确的备择假设。

第一个假设是 H_0，即零假设。一般情况下是拒绝零假设而选择备择假设。但是也要注意，即使我们拒绝了零假设，也无法证明备择假设的正确性。一个假设可以被拒绝，但是不能被完全接受，因为会有更多证据来证明它的不正确性。

零假设应该根据以下方法设定：拒绝零假设能导致暂时接受欲望的结论，而这一结论是在备择假设中的。例如，如果有20%的总体（目标市场成员）都喜欢一个新产品多于其竞争产品，公司就会引进这件新产品。所以，调研者就使用样本比例和这一标准相比较。以下是建立假设的举例。

$$H_0: \pi \leqslant 0.20$$
$$H_a: \pi > 0.20$$

如果我们的调研结论拒绝 H_0，那么我们就可以暂时接受备择假设：产品会受到多于20%的市场的偏好。因为这一结论在零假设是正确的情况下不可能发生，所以该产品就会被引进。如果不能拒绝零假设，那么就不能引进。

2. 假设检验程序

图11-4给出了在进行假设检验时应遵循的一般步骤。

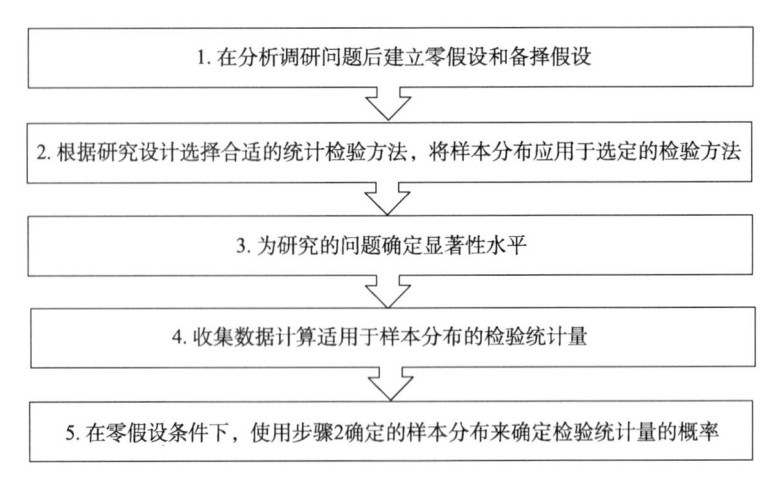

```
┌─────────────────────────────────────────────────────┐
│ 1. 在分析调研问题后建立零假设和备择假设              │
└─────────────────────────────────────────────────────┘
                         ▼
┌─────────────────────────────────────────────────────┐
│ 2. 根据研究设计选择合适的统计检验方法，将样本分布应用于选定的检验方法 │
└─────────────────────────────────────────────────────┘
                         ▼
┌─────────────────────────────────────────────────────┐
│ 3. 为研究的问题确定显著性水平                       │
└─────────────────────────────────────────────────────┘
                         ▼
┌─────────────────────────────────────────────────────┐
│ 4. 收集数据计算适用于样本分布的检验统计量           │
└─────────────────────────────────────────────────────┘
                         ▼
┌─────────────────────────────────────────────────────┐
│ 5. 在零假设条件下，使用步骤2确定的样本分布来确定检验统计量的概率 │
└─────────────────────────────────────────────────────┘
```

图 11-4　假设检验的步骤

3. 假设检验举例

根据前文的例子，如果有 20% 的总体（目标市场成员）都喜欢一个新产品多于其竞争产品，公司就会引进这件新产品。我们已经收集到来自 625 个随机样本的电话访谈数据已有零假设和备择假设。

$$H_0: \pi \leqslant 0.20$$
$$H_a: \pi > 0.20$$

如果零假设被拒绝，那么产品就会被引进。

在这里，调研者需要为 I 类错误选择一个合适的水平，I 类错误是指当 H_0 为真的时候拒绝 H_0。可接受的 I 类错误经常被称作显著性水平或者检验的 α 水平。在此，α 错误是指拒绝 H_0 并且认为 $\pi > 0.20$，但实际上 $\pi \leqslant 0.20$ 的可能性。这一结论会使公司开始推广该产品。但是这项投资仅在 $\pi > 0.20$ 时才会有利可图错误的决策会导致财务上的亏损。所以，我们希望 I 类错误的概率越低越好。

虽然随着 α 的降低，II 类错误的概率（记为 β）会升高。II 类错误是指当 H_0 为假的时候接受 H_0。在这一案例中，如果我们决定不引进新产品，但是实际上 $\pi > 0.20$ 且新产品有利可图，我们会犯 I 类错误。做出这样一个错误决策导致的机会损失也可能比较严重。因为 α 和 β 是相互联系的，如果将 α 的值设得很低，如 0.01 或 0.001，会使得我们不可能犯 I 类错误，但是很可能犯 II 类错误。

那么我们该如何确定合适的显著性水平呢？依照惯例，社会科学家一般选择 0.05 作为 α 值。这意味着我们最终选择拒绝一个真的零假设的概率为 5%。如果犯 I 类错误的后果比犯 I 类错误的后果要严重得多，那么我们就应该降低 α 值到一定水平，如 0.01 或 0.001。

营销调研者在解释假设检验结果时应该注意不要误导别人或自己。必须牢记两种错误都有可能发生，而且需要确认自己并没有误解显著性检验的真正意义。它只不过是对零假设的一个检验。

11.2.3　交叉分析

交叉分析（也称联列表分析）在市场调研中被广泛运用，它能使没有统计专业背景的使用者理解研究结果,而这种清晰的解释将研究结果与管理行动结合在一起,一系列的交叉分析比单个多变量分析能够提供更多解释复杂现象的信息,交叉分析还能减轻离散多变量中单元过于分散的问题。交叉表是研究两个(或更多)类别变量间关系的重要工具。

1. 交叉分析应用案例

例:某新产品上市前一个月中,分别对北京、上海、深圳三地进行了市场调查调查表中有一项是关于顾客获知该产品的渠道。随机抽取了300份调查表,顾客获知产品渠道的数据如表11-3所示。

通过交叉分析,我们可以更好地了解不同地区顾客获知产品渠道的信息。

表 11-3　顾客获知产品渠道的数据　　　　　　　　　　单位:份

城市	北京	上海	深圳	合计
朋友	20	26	16	62
电视	9	13	5	27
网络	60	33	30	123
报刊	34	26	28	88
合计	123	98	79	300

2. 与交叉分析有关的统计量

通常卡方统计量用于测量观察到的联系的统计显著性,这种联系的强度或深度对实际应用是很重要的。在本章中,我们主要介绍几种测量统计显著性的工具,包括卡方统计量、∅系数、联列系数等。

1)卡方统计量 X^2

卡方统计量 X^2 主要用于检验交叉分析的联列表中数据相关性的显著性,从而判断变量之间的关系。卡方统计量 X^2 的计算公式为

$$X^2 = \sum \frac{(f_0 - f_e)^2}{f_e} \qquad (11\text{-}12)$$

式中,f_0 为实际观察频数;f_e 为期望频数。

在利用卡方统计量 P 来进行检验时,我们通常以零假设 H_0 来假设检验变量之间不存在统计相关性,即列变量与行变量相互独立;相反,以 H_a 来表示变量之间存在统计相关性。为了判断是否存在统计联系,需要估计卡方值大于或者等于交叉分析计算出的卡方值的概率。卡方统计量的一个重要特征就是与其相关的自由度(d_f)。通常自由度的值等于观测值的个数减去计算统计量时约束条件的个数。在联列表中,卡方统计量的自由度等于行数(r)减去1与列数(c)减去1的乘积,即 $d_f = (-1) \times (c-1)$。只有当计算出的统计检验量大于相应自由度下的卡方分布临界值时,才能拒绝两个变量之间有联系的零假设。

2)∅系数

∅系数主要用于测量2行2列(2×2)矩阵中变量之间联系的强度。∅系数与卡

方统计量是成比例的。假设样本规模为 n，则计算公式如下。

$$\varnothing = \sqrt{\frac{x^2}{n}} \tag{11-13}$$

当变量之间没有联系时，$\varnothing$ 系数的值为 0；当变量之间完全相关时，$\varnothing$ 系数的值为 1，且所有观察值都位于一条主对角线或副对角线上。

而当表格中包含更多行与列时，我们可以用联列系数来测定其相关程度。

3）联列系数

$\varnothing$ 系数主要用于 2×2 的表格，而联列系数（C）则可以用来评估任意大小的联列表中联系的强度。这个指标与卡方 X^2 有关。其计算公式如下。

$$C = \sqrt{\frac{X^2}{X^2 + n}} \tag{11-14}$$

联列系数的取值范围为 0~1，当变量没有联系时为 0（变量在统计上互相独立），但永远无法达到最大值 1。联列系数的最大值由表格的大小（行数与列数）决定，因此只能用于比较相同大小表格的情况。

3. 运用 SPSS 软件进行交叉分析

利用 SPSS 统计软件可以很方便地进行交叉分析。

例：表 11-4 为某年浙江省 11 个地区的地区生产总值和高校在校生人数数据，对以下数据进行交叉分析。

表 11-4　某年浙江省 11 个地区的地区生产总值和高校在校生人数统计

地区	地区生产总值/亿元	高校在校生人数/人
舟山	930.85	23301
丽水	983.08	39750
衢州	1056.57	12937
湖州	1803.15	26673
金华	2958.78	81281
嘉兴	3147.66	63731
台州	3153.34	32018
绍兴	3967.29	77532
温州	4003.86	79158
宁波	7128.87	148954
杭州	8343.52	471820

操作步骤如下。

利用菜单选项：选择"分析"选项→选择"描述统计"选项→选择"交叉表"选项，出现图 11-5 的窗口。

具体操作时，选择一个变量作为行变量放到"行"选框中而选择另外一个变量作为列变量放到"列"选中。

如果有其他变量参与分析，可以将它们作为层控制变量选定到"层"框中在指定层控制变量时，应根据实际分析要求通过按"上一个"或"下一个"按键来确定它们的具体的层次。

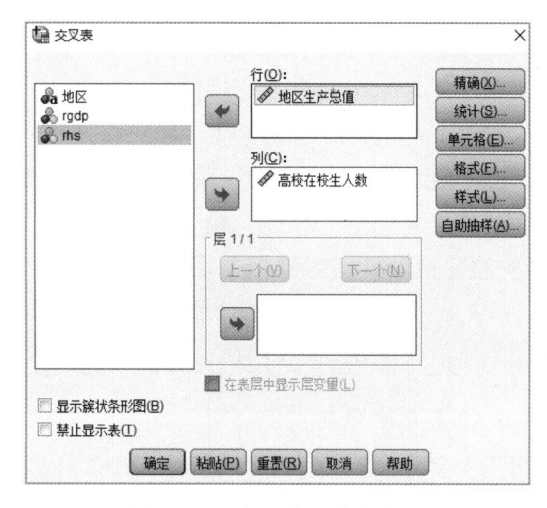

图 11-5　SPSS 交叉分析窗口

单击"统计"按钮则可以选择上文提到的卡方统计量 r、系数、联列系数及其他相关指标系数。选择好后输出结果，由于篇幅有限，其他具体操作可以参考相关 SPSS 专业书籍。

11.2.4　相关分析

1. 相关分析的过程与作用

相关是两个变量之间的一种稳固的、系统的连接。这种连接是统计意义上的，不是因果关系。市场现象中常常表现为要素之间的各种关系及其互动影响。因此，调研者应掌握相关分析的基本思路和方法来研究市场特征。两个变量之间有四种基本的相关类型：非单调相关、单调相关、线性相关和曲线相关关系。非单调相关是指一个变量的存在（或不存在）和另一个变量的存在（或不存在）系统上的关联。单调相关是能在总体上指出两个变量相关的方向。有两种类型的单调相关：增加型和减少型。前者是一个变量随着另一个变量的增加而增加，后者则是一个变量随另一变量的增加而减少。线性相关是指两个变量之间存在相关且可用直线来描述，曲线相关则是变量之间的相关关系只能用曲线来描述。

相关分析的主要任务是研究现象之间相关关系的存在、方向和相关程度确定相关的存在、方向和强度有固定的程度。首先，研究两个变量之间存在何种类型的关系，对这个问题的回答依赖于变量的量度假设。其次，确定样本的总体是否存在这种相关，这一步需要检验。再次，要明确相关的方向，这一步可能需要相关图或相关表来帮助。最后，要确定相关的强度，通常是用相关系数来测度的。

2. 皮尔逊相关系数

皮尔逊（Pearson）相关系数，通常用 R 表示。如果对变量 X 和 Y 进行观测，得到一组数据：$x_i, y_i (i=1,2,\cdots,n)$，$X$ 和 Y 之间相关系数的公式为

$$R_{xy}=\frac{\sum(x_i-\overline{x})(y_i-\overline{y})}{\sum(x_i-\overline{x})^2\sum(y_i-\overline{y})^2} \tag{11-15}$$

式中，$\overline{x}$，$\overline{y}$分别为$x_i, y_i\ (i=1,2,\cdots,n)$的算术平均值。

$|R|\leqslant 1$。$0<R_{xy}<1$，称 Y 和 X 正相关；$-1<R_{xy}<0$，称 Y 和 X 负相关；且$|R_{xy}|$越接近于 1，则说明变量 Y 和变量 X 之间的线性关系越显著。如果 $R_{xy}=0$，则称 Y 和 X 不（线性）相关。当$|R_{xy}|=1$ 时，则称 Y 和 X 完全（线性）相关。

通常，仅对测度水平的变量计算皮尔逊相关系数。

统计学中，称$\sum(x_i-\overline{x})(y_i-\overline{y})$为变量 X 和 Y 的交叉积；当 $x_i=y_i$ 时，交叉积变为$\sum(x_i-\overline{x})^2$和$\sum(y_i-\overline{y})^2$分别称它们为变量 X（或 Y）的平方和。

3. 运用 SPSS 软件进行相关性分析

为研究初中一年级男生身高 x（单位：cm）、体重 z（单位：kg）和肺活量 y（单位：L）的关系，随机抽取了 16 名初一男生测量得有关数据如表 11-5 所示。

表 11-5 初一男生身高、体重和肺活量的测量值

身高 x/cm	体重 z/kg	肺活量 y/L	身高 x/cm	体重 z/kg	肺活量 y/L
140.1	37.0	2.25	162.5	48.3	2.75
151.5	38.5	3.0	165.5	42.5	2.5
161.2	42.1	3.25	148.0	36.5	2.25
172.8	46.5	3.25	165.8	45.4	3.25
150.0	38.0	3.0	164.0	43.5	3.0
153.5	42.2	2.75	149.5	39.7	2.75
170.5	54.5	3.5	159.6	44.5	3.0
157.0	37.0	2.25	162.5	45.0	3.2

操作过程及结果分析如下。

（1）将数据录入，SPSS 数据录入界面如图 11-6 所示。

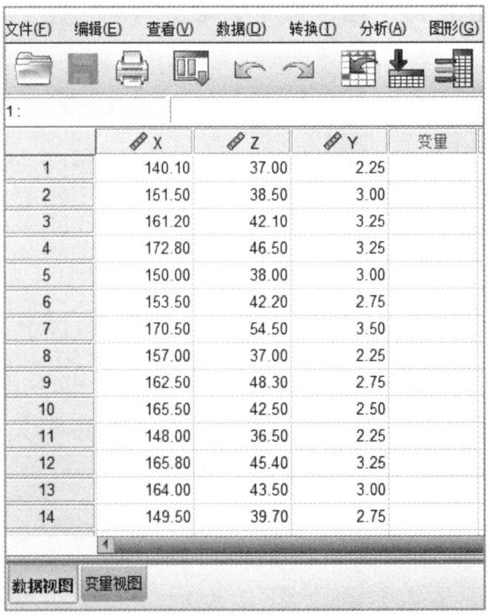

	X	Z	Y	变量
1	140.10	37.00	2.25	
2	151.50	38.50	3.00	
3	161.20	42.10	3.25	
4	172.80	46.50	3.25	
5	150.00	38.00	3.00	
6	153.50	42.20	2.75	
7	170.50	54.50	3.50	
8	157.00	37.00	2.25	
9	162.50	48.30	2.75	
10	165.50	42.50	2.50	
11	148.00	36.50	2.25	
12	165.80	45.40	3.25	
13	164.00	43.50	3.00	
14	149.50	39.70	2.75	

图 11-6 SPSS 数据录入界面

（2）选择"分析"选项→选择"相关"选项→选择"双变量"选项。

（3）选择变量"X、Y、Z"移入变量框中，单击"选项"按钮勾选需要选项的复选框，如图11-7所示。

图 11-7　相关性选项界面

（4）输出结果。

①描述统计量表，如表11-6所示。

表 11-6　描述统计结果

统计项目	平均值	标准偏差	个案数
身高/cm	158.3750	8.94274	16
体重/kg	42.5750	4.85833	16
肺活量/L	2.8719	0.39496	16

表中各行数据分别为身高体重肺活量的平均值，标准差及样本容量。

②相关矩阵表。相关性结果如表11-7所示。

表 11-7　相关性结果

		身高/cm	体重/kg	肺活量/L
身高/cm	皮尔逊相关性	1	0.810**	0.650**
	Sig.（双尾）		0.000	0.006
	平方和与叉积	1199.590	527.740	34.419
	协方差	79.973	35.183	2.295
	个案数	16	16	16
体重/kg	皮尔逊相关性	0.810**	1	0.707**
	Sig.（双尾）	0.000		0.002
	平方和与叉积	527.740	354.050	20.354
	协方差	35.183	23.603	1.357
	个案数	16	16	16
肺活量/L	皮尔逊相关性	0.650**	0.707**	1
	Sig.（双尾）	0.006	0.002	
	平方和与叉积	34.419	20.354	2.340
	协方差	2.295	1.357	0.156
	个案数	16	16	16

其中：**表示统计变量在0.01级别（双尾）相关性显著。

表 11-7 中，每个行变量与列变量交叉单元格处是两者的相关统计量。例如，身高与体重、肺活量之间的相关系数依次为 0.810、0.650，分别反映了身高与体重、肺活量之间具有高度的正相关关系。体重与肺活量的相关系数为 0.707，说明这两者之间也有着非常密切的关系，这些结果提供的信息与人们的普遍认识基本一致。用双尾显著性概率 Sig.（2-tailed）的计算值同样可以说明上述的分析。表中列出的各个交叉积、协方差的意义此处不再解释。

11.2.5 回归分析

1. 一元线性回归

线性回归模型侧重考察变量之间的数量变化规律，并通过线性表达式（即线性回归方程）来描述其关系，进而确定一个或几个变量的变化对另一个变量的影响程度，为预测提供科学依据。

一般线性回归的基本步骤如下。①确定回归方程中的自变量和因变量。②从收集到的样本数据出发确定自变量和因变量之间的数学关系式，即确定回归方程。③建立回归方程，在一定统计拟合准则下估计出模型中的各个参数，得到一个确定的回归方程。④对回归方程进行各种统计检验。⑤利用回归方程进行预测。

当自变量和因变量之间呈现显著的线性关系时，应采用线性回归的方法，建立因变量关于自变量的线性回归模型。根据自变量的个数，线性回归模型可分为一元线性回归模型和多元线性回归模型。

一元线性回归模型是在不考虑其他影响因素的条件下，或是在认为其他影响因素确定的情况下，分析某一个因素（自变量）是如何影响因变量的。一元线性回归的经验模型如下。

$$\hat{y} = \hat{\beta}_0 + \hat{\beta}_1 x \tag{11-16}$$

式中，$\hat{\beta}_0$ 表示回归直线在纵轴上的截距；$\hat{\beta}_1$ 是回归系数，它表示当自变量 x 变动一个单位所引起的因变量 y 的平均变动值。

接着利用已经收集到的样本数据，一般采用最小二乘法，本着回归直线与样本数据点在垂直方向上的偏离程度最小的原则，进行回归方程的参数求解。

在求解出回归模型的参数后，一般不能立即将结果付诸实际问题的分析和预测，通常要进行各种统计检验，如拟合优度检验、回归方程和回归系数的显著性检验和残差分析等。

2. 运用 SPSS 软件进行一元线性回归分析

以下数据（图 11-8）为有关浙江省人均可支配收入、服务业产值等基本信息资料。建立居民人均可支配收入倚服务业产值的直线回归方程。

图 11-8 为 SPSS 数据录入界面，操作步骤如下。

图 11-8 SPSS 数据录入界面

选择菜单栏中的"分析"选项→选择"回归"选项→选择"线性"选项，弹出"线性回归"对话框，图 11-9 是线性回归分析的主操作窗口。

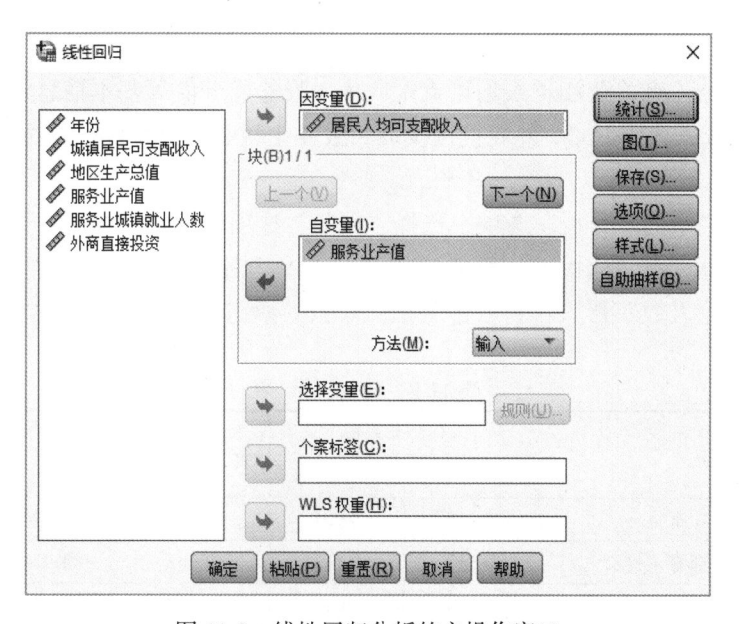

图 11-9 线性回归分析的主操作窗口

将"居民人均可分配收入"移入"因变量"框，将"服务业产值"移入"自变量"框。单机"确定"按钮后输出结果（表 11-8）。

从表 11-8 中可知，回归方程为居民人均可支配收入 = 16.448 + 0.002 × 服务业产值。

表 11-8　输 出 结 果

模型		未标准化系数		标准化系数	t	显著性
		B	标准错误	Beta		
1	（常量）	16.448	1.775		9.269	0.000
	服务业产值	0.002	0.000	0.778	6.557	0.000

a. 因变量：居民人均可支配收入

3. 多元线性回归

在回归分析中，如果有两个或两个以上的自变量，就称为多元回归。事实上，一种现象常常是与多个因素相联系的，由多个自变量的最优组合共同来预测或估计因变量，比只用一个自变量进行预测或估计更有效、更符合实际，因此，多元线性回归比一元线性回归的实用意义更大。例如，某种产品的销售额不仅受到投入的广告费用的影响，通常也与产品的价格、消费者的收入状况、社会保有量及其他可替代产品的价格等诸多因素有关系。

多元线性回归模型是指有多个自变量的线性回归模型，它用于揭示因变量与多个自变量之间的线性关系。多元线性回归方程的经验模型如下。

$$\hat{y} = \hat{\beta}_0 + \hat{\beta}_1 x_1 + \hat{\beta}_2 x_2 + \cdots + \hat{\beta}_k x_k \tag{11-17}$$

式（11-17）中，假设该线性方程有 k 个自变量 $x_1, x_2, \cdots, x_k$，$\hat{\beta}_i (i=1,2,\cdots,k)$ 是回归方程的偏回归系数。$\hat{\beta}_i$ 表示在其他自变量保持不变的情况下自变量 x_1 变动一个单位所引起的因变量的平均变动单位。

4. 运用 SPSS 软件进行多元线性回归分析

依旧运用上述有关浙江省人均可支配收入、服务业产值等基本信息资料，建立以居民人均可支配收入为因变量，外商直接投资和服务业就业人数为自变量的直线回归方程。

操作步骤如下。

选择菜单栏中的"分析"选项→选择"回归"选项→选择"线性"选项，弹出"线性回归"对话框，将"居民人均可分配收入"移入"因变量"框，将"外商直接投资"和"服务业就业人数"移入"自变量"框。单击"确定"按钮后输出结果（表 11-9）。

表 11-9　输 出 结 果

模型		未标准化系数		标准化系数	t	显著性
		B	标准错误	Beta		
1	（常量）	16.155	4.904		3.294	0.003
	外商直接投资	0.217	0.113	0.962	1.924	0.065
	服务业城镇就业人数	−0.005	0.022	−0.122	−0.243	0.810

a. 因变量：居民人均可支配收入

从表 11-9 中可知，回归方程为居民人均可支配收入 = 16.155 + 0.217 × 外商直接投资 − 0.005 服务业城镇就业人数。

11.3　动态模拟分析与计量经济软件的应用

11.3.1　动态模拟分析

1. 动态数列

任何社会经济现象随着时间的推移都在不断变化和发展着，因此，统计研究社会经济现象数量方面，不但要从静态上分析，而且还要从动态上分析，以便揭示社会经济现象的变化过程及发展规律，预见其发展趋势。统计进行动态分析的依据就是动态数列。动态是相对于静态而言的，是指现象相对于时间变化而表现出来的状态。动态数列就是将反映社会经济现象数量特征的统计指标值按时间的先后顺序排列所形成的数列，又称时间数列。

动态数列由两个基本要素组成：一个是被研究现象所属时间，另一个是该现象在一定时间条件下的统计指标数值。因此，动态数列由两个互相对应的数列构成：时间顺序变化数列和统计指标变化数列。

动态数列在统计分析中具有要作用，具体可概括为以下四个方面。

第一，它为分析研究社会经济现象的发展速度、发展趋势及变化规律，提供基本统计数据。

第二，计算分析指标，如水平指标和速度指标，研究社会经济现象的变化方向、速度及结果。

第三，将不同时间数列同时进行分析研究，可以揭示现象之间的联系程度及动态演变关系。

第四，建立数学模型，揭示现象的变化规律并对未来进行预测。

1）动态数列的种类

动态数列按其所排列统计指标的表现形式不同可分为总量指标（绝对数）动态数列、相对数动态数列和平均数动态数列三种。其中总量指标动态数列是基本数列，其余两种是根据总量指标动态数列计算而得到的派生数列。

（1）总量指标（绝对数）动态数列。总量指标动态数列是指将反映某种社会经济现象的一系列总量指标按时间的先后顺序排列而形成的数列。总量指标动态数列反映了社会经济现象总量在各个时期所达到的绝对水平及其发展变化过程。由于总量指标时间的性质不同，又可分为时期数列和时点数列两种。

①时期数列。时期数列是指由时期总量指标编制而成的动态数列。在时期数列中，每个指标都反映某社会经济现象在一定时期内发展过程的总量。在时期数列中，每个指标所属的时间称为"时期"，相邻两个时期的时间距离称为"时间间隔"。时期与时期间隔的长短，主要依据研究目的来确定。

时期数列具有以下三个特点。

首先，数列中每一个指标，都是表示社会经济现象在一定时期内发展过程的总量。

其次，数列中的各个指标值是可以相加的。由于时期数列中每一个指标数值都是在一段时期内发展的总数，所以相加之后指标数值就表明现象在更长时期发展的总量。比如，全年的国内生产总值是一年中每个月国内生产总值相加的结果，各月份的国内生产总值又是月份内每天的国内生产总值之和。

最后，时期数列中，每个指标数值的大小与时期长短有直接关系。由于时期数列中每个指标都是社会经济现象在一段时期内的发展过程中不断累计的结果，所以一般来说，时期越长指标数值就越大，反之就越小。

②时点数列。时点数列是指由时点总量指标编制而成的动态数列。在时点数列中，每个指标数值所反映的社会经济现象都是在某一时点（时刻）上所达到的水平。在时点数列中，每个指标数值所属的时间称为"时点"，相邻两个时点间的距离称为"时点间隔"。时点间隔的长短，应根据现象在时点上的变动大小或快慢确定。

时点数列有以下四个特点。

首先，时点数列中的每一个指标数值，都表示社会经济现象在某一时点（时刻）上的数量。

其次，时点数列中的每个指标值不能相加。由于时点数列中的指标数值都是反映现象在某一瞬间的数量，几个指标值相加后无法说明这个数值属于哪一个时点上的数量，没有实际意义。

再次，时点数列中每个指标数值大小和"时点间隔"长短没有直接关系。时点数列中每个指标值只是现象在某一时点上的水平，因此它的大小与时点间隔的长短没有直接关系。例如，年末的人口数不一定比某月底的人口数大。

最后，时点数列中每个指标数值通常都是定期（间断）登记取得的。

（2）相对数动态数列。相对数动态数列是指一系列相对指标按照时间先后顺序排列所组成的动态数列。它是用来反映社会经济现象之间数量对比关系的发展变化过程及其规律的。因此，相对数动态数列比较直观，更能明显地表现现象发展的趋势和规律性。

相对数动态数列一般是两个有联系的总量指标动态数列对比派生的数列。由于总量指标动态数列有时期数列和时点数列之分，因而，两个总量指标动态数列对比所形成的相对数动态数列又可分为以下三点。

①由两个时期数列对比而成的相对数动态数列。

②由两个时点数列对比而成的相对数动态数列。

③由一个时期数列和一个时点数列对比形成的相对数动态数列。

在相对数动态数列中，由于每个指标都是相对数，因而各个指标是不能直接相加的。

（3）平均数动态数列。平均数动态数列是由一系列同类平均指标按照时间的先后顺序排列而成的动态数列。它反映的是社会经济现象一般水平的发展过程及其变动趋势。由于平均数有静态平均数和动态平均数之分，所以平均数动态数列也有静态平均数动态数列和动态平均数动态数列之分。

以上各种动态数列运用不同指标从不同角度来表明社会经济现象的动态，为了全面地分析社会经济现象，确切反映其变化过程及发展规律，可以将上述各种动态数列结合起来运用。

2）动态数列的编制原则

编制动态数列的目的，就是要通过同一指标在不同时间上的对比来分析社会经济现象的发展变化过程及其规律性。因此，保证动态数列中各个指标间的可比性，就成为正确编制动态数列应该遵守的基本原则。这种可比性具体体现在以下四个方面。

（1）时间的长短要统一。编制动态数列时各项指标所属的时间应该前后统一。这种时间上的一致性包括两层含义：其一是指时期的长短应该相等，其二是指时间间隔应该一致。时期长短的一致实质上是针对时期指标而言的，因为时期数列各项指标的大小与它所属的时间长短有直接关系。因此，只有保持时期一致，各项指标才能进行比较。比如，一个月的销售额和一年的销售额就不能比较。对于时点数列此原则和指标对应的时点间隔要相同，虽然时点数列指标值的大小与时点间隔长短没有直接关系，但保持相同的时点间隔才能准确地反映现象的变化状况。

（2）总体范围要统一。时间数列既然是同一现象在时间上的排列，那么该现象所包括的地区范围、分组范围等应前后一致，这样才能进行对比分析。如果总体范围有了变动，必须将资料进行调整，以保持指标的可比性。例如，在研究某地区的人口和农产品的发展情况时，就必须注意该地区的行政区划有无变更。当行政区划变更时，为了保证前总体范围的一致，必须根据这种变动情况将有关资料加以调整。

（3）计算方法和计量单位要统一。统计指标的计算方法，由于适应不同时期的发展情况，往往有所改变。因此，动态数列中各指标的计算口径、计算方法和计量单位该保持一致。例如：在研究某企业劳动效率的变动情况时，如果各指标的计算方法不同，有的用全部职工人数计算，有的用生产工人数计算；或者计量单位不同，有的采用产品的实物单位，有的采用货币单位，这样各指标之间就没有可比性。

（4）经济内容要统一。经济内容，是指动态数列中各个指标所反映的经济内容在各个时期应该一致。必须是同质的经济现象才能进行对比，不能就数量论数量。在编制时间数列时，首先应对经济现象的内容进行质的分析研究，然后再将同质的经济现象编制时间数列进行对比。例如，不能将我国利改税以前的税收收入和利改税以后的税收收入混同在一起比较。

3）动态数列的分析指标

为了研究社会经济现象发展变化规律，就要依据所编制的动态数列计算一系列分析指标，其中水平分析指标和速度分析指标是两大类最基本的分析指标，现分别介绍。

（1）水平分析指标的内容包括以下四点。

①发展水平。动态数列中的每一个指标都叫发展水平。通常用 a 表示。它反映社会经济现象在某一时期或某一时点上的规模或水平。发展水平既可以是绝对数也可以是相对数或平均数。

通常一个时间数列用 $a_0, a_1, \cdots, a_n$ 表示。依据发展水平在动态数列中位置的不同，我们把称为最初水平，称为最末水平，处于二者之间的各时期指标值称为中间水平。在进行动态分析时，所研究时期的发展水平称为报告期水平，用作对比基础的发展水平称为基期水平。应当注意的是，随着研究目的的改变，发展水平的名称也会随之变动。现在的报告期水平可以是将来的基期水平，这个动态数列的最末水平可以是另一动态数列的最初水平，等等。

②平均发展水平。平均发展水平是各个时期发展水平的平均值，又称序时平均数或动态平均数，它表明社会经济现象某一标志值在不同时间上发展状况的一般水平。

序时平均数与一般平均数（也称静态平均数）有共同的特点，即它们都是抽象化的数字，都表明现象的一般水平。但又有区别，主要表现为：一般平均数是将同一时期内标志总量和总体总量对比的结果，而序时平均数则是将不同时期的指标数值的总和与时间项数对比的结果；一般平均数是总体各单位之间标志值的平均，而序时平均数则是时间数列中各时间单位间发展水平的平均；一般平均数是从静态上说明现象的一般水平，是根据变量数列计算的，而序时平均数是从动态上说明现象的一般水平，是根据动态数列计算的。

③增长水平。增长水平是两个不同时期发展水平之差，又称增长量，表明现象在一定时期内增长的绝对数量。计算公式为

$$增长量 = 报告期水平 - 基期水平$$

由于采用的基期不同，增长可分为逐期增长量和累计增长量两种。逐期增长量是报告期水平与前一期水平之差；累计增长量是报告期水平与某一固定时期水平之差。用符号表示为

逐期增长量：$\qquad \alpha_1 - \alpha_0, \alpha_2 - \alpha_1, \cdots, \alpha_n - \alpha_{n-1}$

累计增长量：$\qquad \alpha_1 - \alpha_0, \alpha_2 - \alpha_0, \cdots, \alpha_n - \alpha_0$

二者关系是：一定时期内，逐期增长量之和等于累计增长量，用公式表示为

$$(\alpha_1 - \alpha_0) + \alpha_2 - \alpha_1 + \cdots + \alpha_n - \alpha_{n-1} = \alpha_n - \alpha_0$$

④平均增长水平。平均增长水平是动态数列中各逐期增长量的序时平均数，也叫平均增长量，它表明现象在一定时期内平均每期增减的绝对数量。由于增长量是时期指标，所以平均增长量可用简单算术平均法计算。

$$平均增长量 = \frac{逐期增长量之和}{逐期增长量人数} = \frac{累计增长量}{时间数列项数-1}$$

（2）速度分析指标的内容包括以下三点。

①发展速度。发展速度是两个不同时期发展水平的比值，是用相对数形式表示的现象发展程度的动态相对指标，其计算公式为

$$发展速度 = \frac{报告期水平}{基期水平}$$

由于采用的对比基期不同，发展速度可分为环比发展速度和定基发展速度。环比发展速度是报告期水平与前一期水平之比，说明现象逐期发展程度；定基发展速度是报告期水平与某一固定时期水平之比，说明现象在较长一段时期内总的发展程度。

②增长速度。增长速度是增长量与基期水平的比值，是表明现象增长程度的相对指标。

$$增长速度 = \frac{增长量}{基期水平} = \frac{报告期水平 - 基期水平}{基期水平} = 发展速度 - 1(或100\%)$$

增长速度由于采用基期的不同，也有环比增长速度和定基增长速度之分。环比增长

速度是用逐期增长量除以前一期水平,表明现象逐期增长的程度;定基增长速度是用累计增长量除以固定时期水平,表明现象在一段时期内的总增长速度。

需要注意的是:一定时期内,环比增长速度的连乘积不等于定基增长速度。

增长速度有正负之分,发展速度大于1(或100%),则增长速度为正值,表明现象的增长程度;发展速度小于1(或%),则增长速度为负值,表明现象的降低程度。

速度指标是相对指标,它只表明现象的发展和增长程度抽象了现象的绝对水平,我们在分析现象发展情况时,除了计算发展速度和增长速度外,还应结合"增长1%的对值"这一指标分析才能得出正确结论。

增长1%的绝对值是指在报告期水平与基期水平对比中,报告期比基期每增长1%所包含的绝对量,其计算公式为

$$增长1\%的绝对值 = \frac{逐期增长量}{环比增长速度}$$

环比增长速度是相对数,用百分数表示,上述准导过程中分母乘以100,是将其还原为绝对数,这样才能与分子指标对比。

③平均发展速度。平均发展速度和平均增长速度这两个平均速度指标在我国国民经济管理和统计分析中应用得非常广泛。

平均发展速度是各个时期环比发展速度的序时平均数,说明现象在一定时期内逐期平均发展变化的程度。平均增长速度说明现象在一定时期内逐期平均增长的程度。平均增长速度可依据增长速度与发展速度的关系通过平均发展速度计算求得。二者的数学关系是

$$平均增长速度 = 平均发展速度 - 1(或100\%)$$

4)动态数列变动趋势分析

(1)动态数列的影响因素及分析模型。对社会经济现象进行动态分析,除了计算各种发展水平和发展速度等分析指标外,还要研究现象变动的趋势,揭示其发展规律,从而对未来进行预测。

任何社会经济现象的变化都要受许多因素的影响,动态数列中每个发展水平正是由这些错综复杂因素共同作用的结果。影响动态数列变动的因素按作用特点和影响效果大体可分为四种,即长期趋势、季节变动、循环波动和不规则变动。

长期趋势(T)是指现象在较长时期,在一些决定因素作用下呈现出来的发展变化的总态势。例如,由于科学技术在农业生产中的应用,从一个较长时期看,我国农产品的亩产量是持续增加的。

季节变动(S)是指现象受自然因素或人文习惯因素影响,在一年内围绕长期趋势发生的随季节交替而发生的周期波动。季节变动的周期最多为一年,少则一个月、一旬、一周、一日。例如,某些以农产品为原材料的工业产品的生产量,一些时令商品的销售量,某旅游景点的游客人数,公交车一天中的乘客人数都存在季节变动。

循环波动(C)是指现象围绕长期趋势发生的一种周期较长(通常为一年以上)的涨落起伏的波动。由于引起循环波动的原因的复杂性,使得循环波动的规律性较低,一般要研究其平均周期。例如,经济增长中繁荣→衰退→萧条→复苏→繁荣的循环就是典

型的循环波动。

不规则的变动（I）是指现象由于临时的、偶然因素的影响，呈现出的非趋势性、非周期性的随机变动。不规则变动的原因有些是比较明显的，如自然灾害、战争、重大政治事件引起的现象的变动，有时则很难找到其成因，往往是由大量随机因素共同作用造成的波动。

对于动态数列的变动趋势进行分析，就是要将上述影响动态数列变动的四种因素进行分解分析，从而测出各种不同因素对时间变动影响的大小及影响规律。

将上述四种因素与动态数列的关系用一定的数学关系式表示出来，就构成了动态数列的分析模型。按四种因素对动态数列的影响方式不同，可以提出多种分析模型，最常用的是加法模型和乘法模型。

加法模型：假定四种影响因素相互独立，动态数列各期发展水平表现为各构成因素的总和，即

$$Y = T + S + C + I$$

乘法模型：假定四种影响相互独立，动态数列各期发展水平表现为各种构成因素的乘积，即

$$Y = T \times S \times C \times I$$

利用乘法模型可以很容易将四种因素从动态数列中分离出来，因此在动态数列分析中应用最广泛。下面的有关分析是建立在乘法模型基础上的。

（2）长期趋势分析。影响动态数列变动的因素很多，有些因素起决定性作用，它是现象在一个较长时期内按着一个方向不断发展，呈现出不断上升或不断下降的长期趋势，但也伴随着一些偶然因素的影响，使现象的变动偏离这种长期趋势。这些因素共同作用的结果，使得我们有时很难看出现象的变化趋势。长期趋势分析就是要排除一些偶然因素的影响，研究现象发展变化的规律，并对其发展变化的总趋势做出判断。为此，就要对原有动态数列进行科学的加工整理，也就是对原有时间数列进行修匀。

动态数列的修匀方法很多，我们这里介绍两种基本方法：移动平均法和最小平方法。

①移动平均法。移动平均法是对动态数列修匀以测定长期趋势的比较简单的方法。它是将原动态数列时期扩大，并按一定间隔长度逐项移动计算一系列序时平均数，由这些序时平均数形成一个新的动态数列。在这个新的动态数列中，偶然因素的影响被削弱，从而呈现出现象发展的长期趋势。

应用移动平均法应注意的几个问题如下。

移动平均时扩大的时距，即采用几项移动平均，应由时间数据的特点而定。一般来说，移动平均采用的项数越多，修匀的效果越好，但所得到的新时间数列的项数就越少。比如，三项动平均首尾各少一项，五项移动平均首尾各少两项。减少的项数越多，就越不宜于分析长期趋势。

对于没有周期性变动的资料，一般多采用奇数项移动平均，这样可以不必进行二次平均；对于具有周期性变动的资料，应以周期的长度作为移动平均的项数。比如，对于存在季性变动的月份或季度资料，最好采用四项或十二项移动平均。这样，不仅可以消除偶然因素的影响，还可以将季节性变动的影响削弱，从而使现象的长期趋势呈现得更

明显。

移动平均法无法对未来趋势些行修匀，只能对现有时间数列进行修匀。

②最小平方法。最小平方法也称最小二乘法，是测定长趋势最常用的方法。它的基本原理是：对时间数列配合一条趋势线，使其满足条件。

$\sum(y_i - y_c)^2 = $ 最小值，即实际值 y_i 与趋势值 y_c 的离差平方和最小。

$\sum(y_i - y_c)^2 = $，即实际值与趋势值离差之和为0。

然后，根据趋势线计算出相应各时的趋势值，由趋势值形成的新时间数列呈现出现象发展的长期趋势。

动态数列中长期趋势的表现形态既有线性形态，又有非线性形态。用最小平方法既可以配合直线方程，又可以配合曲线方程。

直线趋势方程的一般形式为

$$y_c = a + bt$$

式中，y_c 为时间数列的趋势值；t 为时间标号；a、b 为待估参数。

a 是趋势线在 Y 轴上的截距，是当 $t = 0$ 时即为 y_c 的值；b 是趋势线的斜率，表示时间 t 变动一个单位，趋势值 y_c 的平均变化量。

根据最小平方法，可得到求解参数 a、b 的标准方程组为

$$\begin{cases} \sum y = na \\ \sum ty = b\sum t^2 \end{cases}$$

解标准方程得

$$\begin{cases} b = \dfrac{\sum ty}{\sum t^2} \\ a = \dfrac{\sum y}{n} = y \end{cases}$$

若动态数列为奇数项，标号时可分别为$\cdots,-3,-2,-1,0,1,2,3,\cdots$；若时间数列为偶数项，标号时可分别为$\cdots,-5,-3,-1,1,3,5,\cdots$或$\cdots,-2.5,-1.5,-0.5,0.5,1.5,2.5,\cdots$注意动态数列为偶数项时这两种标号方式有所不同比如一个以年为单位的偶数项动态数列，以$\cdots,-5,-3,-1,1,3,5,\cdots$为标号方式，每变动一个单位代表半年，而不是一年。这一点在进行趋势分析时应注意。

某些现象发展的长期趋势不是直线型，而是曲线型，这时就应选择适当的曲线模型来研究其长期趋势，下面介绍两种常见的曲线模型。

指数曲线方程的一般形式为

$$y_c = ab^t$$

式中，a，b 为待估参数。

为求 a、b，可通过选取对数的方法将指数曲线转化为直线形式，即

$$\lg y_c = \lg a + t\lg b$$

然后根据最小平方法，求解 $\lg a$ 和 $\lg b$ 的值。求 $\lg a$ 和 $\lg b$ 的标准方程组为

$$\begin{cases} \sum y = n\lg a + \lg b \sum t \\ \sum t \lg y = \lg a \sum t + \lg b \sum t^2 \end{cases}$$

由此得

$$\begin{cases} b = \dfrac{n\sum t \lg y - \sum t \sum \lg y}{n\sum t^2 - (\sum t)^2} \\ \lg a \dfrac{\sum \lg y}{n} - \lg b \dfrac{\sum t}{n} = \overline{\lg y} - \lg b \overline{t} \end{cases}$$

求出 $\lg a$ 和 $\lg b$ 后，再查反对数表求 a 和 b，最后将 t 值依次代入 $y_c = ab^t$，求各年趋势值。曲线趋势值形成的时间数列，能显示出现象变动的长期趋势。

二次曲线即抛物线，二次曲线方程的一般形式为 $y_c = a + bt + ct^2$，式中，a、b、c 为待估参数。

根据最小平方法的原理，可推导出求解参数的标准方程组

$$\begin{cases} \sum y = na + b\sum t + c\sum t^2 \\ \sum ty = a\sum t + b\sum t^2 + c\sum t^3 \\ \sum t^2 y = a\sum t^2 + c\sum t^3 + c\sum t^4 \end{cases}$$

解这个标准方程组，可得 a、b、c 的值，然后将 t 值依次代入式中求趋势值。

趋势线类型的选择在实际应用中是一个非常重要的问题，它直接关系到我们对一个现象的描述及对现象变动规律的认识，趋势线类型选择不当，往往会得出与事实不符的结论。

前面我们介绍了对动态数列配合趋势方程的一般方法，在实际应用中，对于一个具体的动态数列，选择趋势线的典型时可从以下方面考虑。

绘制散点图。以时间为横轴，动态数列的指标为纵轴，通过观察散点的分布来选择适当的趋势方程。这只能是一个粗略的判断，它在很大程度上取决于研究者的经验。

可以根据对数据的分析，按数据的增长特征选择趋势方程。一般情况下，若时间数列的逐期增长量（一次差）大体同，可配合直线方程；若时间数列的逐期增长量的逐期增长量（二次差）大体和同，可配合抛物线方程；若时间数列的环比发展速度大体相同，可配合指数曲线方程。

对一个动态数列，如果采用上述方法，仍难以判断选择何种趋势方程，也就是说，对一个动态数列，有几种趋势方程可供选择，这时可将各种趋势线都配合出来，以估计标准误差最小者为最合适的趋势方程。

（3）季节变动分析。前面已经提到，季节变动是指在一年内随季节变换而发生的有规律的周期变动。需要说明的是，季节变动中的"季节"一词是个广义的概念，它不仅是指一年中的四季，还指任何一种年度内的周期性变化。比如，北京周边地区的旅游景点每到周末游客人数会出现一个高峰；大专院校图书馆图书借阅量每到考试前增多等都表现为季节变动。

季节变动的规律通过用季节指数或称季节比率来反映。季节比率大于 100%，说明

现象处在"旺季";季节比率小于100%说明现象处于"淡季"。

测定季节变动的方法很多,这里介绍两种常用方法:一种是不考虑长期趋势的影响,直接根据动态数列原始数据计算季节指数,这种方法叫简单平均法;另一种是考虑长期趋势的影响,先将动态数列中长期趋势剔除,再计算季节指数,这种方法叫趋势剔除法。

①简单平均法。简单平均法又叫按月(季)平均法。即如果依据的时间数列为月份资料叫按月平均法,依据的时间数列为季度资料叫按季平均法。测定季节变动时,为避免偶然因素的影响,至少要有三个周期。

具体的计算方法是:根据多年的同月(季)资料,计算出该月(季)平均数,然后将各月(季)平均数与总月(季)平均数对比,从而得到季节比率,用以说明季节变动情况,季节比率的计算公式为

$$季节比率 = \frac{同月(季)平均数}{总月(季)平均数} \times 100\%$$

简单平均法计算简单,但没有考虑长期趋势的影响,当动态数列明显存在上升趋势时,年末季节比率就会高;当动态数列明显存在下降趋势时,年末季节比率就会偏低。只有当数列没有明显的长期趋势时,这种方法比较适宜。

②趋势剔除法。趋势剔除法适用于存在明显长期趋势的动态数列。这种方法的基本思路是:先测定动态数列的长期趋势,将趋势值从原动态数列中消除,然后再测定季节变动。这里,长期趋势值的测定,可用最小平方法,也可用移动平均法。实际中,考虑到计算方便,常用移动平均法测长期趋势值。因此,这种趋势剔除法就称为移动平均趋势剔除法,前者则称为最小平方趋势剔除法。

移动平均剔除法的基本原理是:假定时间数列各影响因素的关系是建立在乘法模型基础上的,即 $Y = T \times S \times C \times I$,这样,采用 12 个月(或 4 季)移动平均,就可以基本消除季节变动和部分不规则变动,新得到的动态数列的主要成分为 $T \times C$,然后,将原动态数列 Y 除以测定出的移动平均趋势 $T \times C$(即 $\frac{Y}{T \times C} = S \times I$)从而得到包含变动的季节比率即 $S \times I$,最后,通过简单算术平均将 $S \times I$ 中的不规则变动消除,得到季节指数 S。

季节变动分析的意义在于以下几方面。

消除动态数列中季节变动的影响,以便分析和研究动态数列的其他变化规律。消除季节变动的方法是将原来动态数列除以相应的季节变化比率,即 $\frac{Y}{S}$。

用季节比率去调整原动态数列各期的预测值,以求得更为准确的预测值。

需要注意的是,利用季节比率对计算期以外的年份做季节调整时,要注意这些年份季节变动的形态与现有季节变动形态是否一致。因为在实际中,一个动态数列的季节度动在若干年内一般比较稳定,之后可能会改变为另一种形态。新的形态又在若干年内比较稳定,以后又会发生变动。对这种动态数列,应分别计算不同时期的季节比率。

(4)循环波动及不规则变动分析。循环波动与长期趋势不同,长期趋势是朝着一个方向持续上升或下降,而循环波动是涨落起伏的波动;循环波动也不同于季节变动,季节变动的周期在一年以内且规律性较强,而循环波动的周期在一年以上,长短不一,且规律性较低。

循环波动分析的意义在于探索现象变化的规律性。分析现象之间循环波动的内在联系，为微观和宏观管理提供数据支持。

测定循环波动的方法很多，这里主要介绍剩余法。剩余法的基本原理是：假定影响时间数列变动的各因素是乘积关系，即以乘法模型为基础 $Y = T \times S \times C \times I$。先从动态数列中剔除长期趋势和季节变动，即 $\frac{Y}{T} = C \times I$；然后在此基础上，通过移动平均剔除不规则变动 I，剩余的即为循环波动值 C。

不规则变动是指由大量偶然的随机因素造成的现象的波动。由于各种因素作用的程度和时间长短不一，使得动态数列的波动程度各不相同，具有不可预测性。不规则变动很难从动态数列中分离出来单独测算。但是各种偶然、随机因素的影响在一个较长时期内会互相抵消。因此，在实际分析现象变动趋势时，不规则变动可以不予考虑。

2. 蒙特卡洛方法

蒙特卡洛方法因摩纳哥著名的赌场而得名。它能够帮助人们从数学上表述物理、化学、工程、经济学及环境动力学中一些非常复杂的相互作用。

数学家们称这种表述为"模式"，而当一种模式足够精确时，他能产生与实际操作中对同一条件相同的反应。但蒙特卡洛方法有一个危险的缺陷：如果必须输入一个模式中的随机数并不像设想的那样是随机数，而却构成一些微妙的非随机模式，那么整个的模拟（及其预测结果）都可能是错的。

蒙特卡洛方法，又称随机抽样或统计试验方法，属于计算数学的一个分支，它是在20世纪40年代中期为了适应当时原子能事业的发展而发展起来的。传统的经验方法由于不能逼近真实的物理过程，很难得到满意的结果，而蒙特卡洛方法由于能够真实地模拟实际物理过程，故解决问题与实际非常符合，可以得到很圆满的结果。这也是以概率和统计理论方法为基础的一种计算方法，是使用随机数（或更常见的伪随机数）来解决很多计算问题的方法。将所求解的问题同一定的概率模型相联系，用电子计算机实现统计模拟或抽样，以获得问题的近似解。为象征性地表明这一方法的概率统计特征，故借用赌城蒙特卡洛命名。

1）基本原理及过程

（1）基本原理思想。当所要求解的问题是某种事件出现的概率，或者是某个随机变量的期望值时，它们可以通过某种"试验"的方法，得到这种事件出现的频率，或者这个随机变数的平均值，并用它们作为问题的解。这就是蒙特卡洛方法的基本思想。蒙特卡洛方法通过抓住事物运动的几何数量和几何特征，利用数学方法来加以模拟，即进行一种数字模拟实验。它是以一个概率模型为基础，按照这个模型所描绘的过程，通过模拟实验的结果，作为问题的近似解。可以把以蒙特卡洛方法解题的过程归结为三个主要步骤：构造或描述概率过程，实现从已知概率分布抽样，建立各种估计量。

（2）过程。

①构造或描述概率过程。对于本身就具有随机性质的问题，如粒子输运问题，主要是正确描述和模拟这个概率过程，对于本来不是随机性质的确定性问题，如计算定积分，就必须事先构造一个人为的概率过程，它的某些参量正好是所要求问题的解。即要将不

具有随机性质的问题转化为随机性质的问题。

②实现从已知概率分布抽样。构造了概率模型以后，由于各种概率模型都可以看作是由各种各样的概率分布构成的，因此产生已知概率分布的随机变量（或随机向量），就成为实现蒙特卡洛方法模拟实验的基本手段，这也是蒙特卡洛方法被称为随机抽样的原因。最简单、最基本、最重要的一个概率分布是（0，1）上的均匀分布（或称矩形分布）。随机数就是具有这种均匀分布的随机变量。随机数序列就是具有这种分布的总体的一个简单子样，也就是一个具有这种分布的相互独立的随机变数序列。产生随机数的问题，就是从这个分布的抽样问题。在计算机上，可以用物理方法产生随机数，但价格昂贵，不能重复，使用不便。另一种方法是用数学递推公式产生。这样产生的序列，与真正的随机数序列不同，所以称为伪随机数，或伪随机数序列。不过，经过多种统计检验表明，它与真正的随机数，或随机数序列具有相近的性质，因此可把它作为真正的随机数来使用。由已知分布随机抽样有各种方法，与从（0，1）上均匀分布抽样不同，这些方法都是借助于随机序列来实现的，也就是说，都是以产生随机数为前提的。由此可见，随机数是我们实现蒙特卡洛方法的基本工具。

③建立各种估计量。一般说来，构造了概率模型并能从中抽样后，即实现模拟实验后，我们就要确定一个随机变量，作为所要求的问题的解，我们称它为无偏估计。建立各种估计量，相当于对模拟实验的结果进行考察和登记，从中得到问题的解。

2）方法及应用

蒙特卡洛方法由于能够真实地模拟实际过程，被很快地推广到其他领域的科学研究中，成为进行风险估计的一种主要方法。蒙特卡洛方法执行数以百万计的模拟运算，在动态模拟过程中能够迅速提供近似解且保证更高层次的准确性。

通常蒙特卡洛方法通过构造符合一定规则的随机数来解决数学上的各种问题。对于那些由于计算过于复杂而难以得到解析解或者根本没有解析解的问题，蒙特卡洛方法是一种有效的求出数值解的方法。一般蒙特卡洛方法在数学中最常见的应用就是蒙特卡洛积分。

蒙特卡洛方法表示采样越多，越近似最优解。举个例子，假如筐里有100个苹果，让我每次闭眼拿1个，挑出最大的。于是我随机拿1个，再随机拿1个跟它比，留下大的，再随机拿1个……我每拿一次，留下的苹果都至少不比上次的小。拿的次数越多，挑出的苹果就越大，但我除非拿100次，否则无法肯定挑出最大的。这个挑苹果的方法，就属于蒙特卡洛方法。告诉我们样本容量足够大，则最接近所要求解的概率。

蒙特卡洛方法在金融工程学、宏观经济学、生物医学、计算物理学（如粒子输运计算、量子热力学计算、空气动力学计算）等领域也被广泛应用。

计算机技术的发展，使得蒙特卡洛方法在最近10年得到快速的普及。现代的蒙特卡洛方法，已经不必亲自动手做实验，而是借助计算机的高速运转能力，使得原本费时费力的实验过程，变成了快速和轻而易举的事情。它不但用于解决许多复杂的科学方面的问题，也被项目管理人员经常使用。

借助计算机技术，蒙特卡洛方法实现了两大优点。

一是简单。省却了繁复的数学报导和演算过程，使得一般人也能够理解和掌握。

二是快速。简单和快速，是蒙特卡洛方法在现代项目管理中获得应用的技术基础。

11.3.2 计量经济软件 STATA 的应用

1. 简单回归分析的 STATA 应用

1）简单回归分析的 STATA 基本命令

简单线性回归模型是指只有一个解释变量的回归模型，如 $y = \beta_0 + \beta_1 x + \mu$。式中，$y$ 为被解释变量；x 为解释变量；μ 为随机误差项，表示除 x 之外影响 y 的因素；β_1 称为斜率参数或斜率系数；β_0 称为截距参数或截距系数，也称为截距项或常数项。

简单线性回归模型的一种特殊情况：$y = \beta_1 x + \mu$。

即假定截距系数 $\beta_0 = 0$ 时，该模型被称为过原点回归；过原点回归在实际中有一定的应用，但除非有非常明确的理论分析表明 $\beta_0 = 0$，否则不宜轻易使用过原点回归模型。

（1）regress y x。以 y 为被解释变量，x 为解释变量进行普通最小二乘（OLS）回归。regress 命令可简写为横线上方的三个字母 reg。

（2）regress y x, noconstant。y 对 x 的回归，不包含截距项，即过原点回归。

（3）predict z。根据最近的回归生成一个新变量 z，其值等于每一个观测的拟合值。

（4）predict u, residual。根据最近的回归生成一个新变量 u，其值等于每一个观测值的残差（$e_i = y_i - \hat{y}_i$）。

2）简单回归分析的案例应用

问题：班级规模大小对学生成绩有什么影响？

为什么要讨论该问题：教育部门和家长希望多雇用老师，希望班级不要太拥挤，因为他们认为"班级越小，越有利于提高学生的成绩"。但是纳税人不乐意为此多掏钱，没有孩子的公众也不希望更多的公共资源被用于增加教师，减少班级规模。他们认为"班级规模大小与学生的成绩无关"。于是争论的关键证据（事实）是：班级规模是否影响学生成绩？

问题的操作化：如果将班级规模平均减少 1 名学生，那么学生在标准化考试中成绩会变多少？

模型设定：testscore = $a + b \times$ classsize + u。

数据为美国加州所有 1998—1999 年 420 个 K-6 和 K-8 地区，考试成绩是斯坦福 9 类达标考中关于阅读和数学成绩的平均数。学校特征（地区平均）包括注册人数、老师数量、每间教室的计算机数量和每个学生的费用支出。其中生师比为该地区全职老师等同量人数除以学生人数。学生的人口统计量包括：在公共援助计划中受援助学生百分比，享有减价午餐学生百分比，以及学习英语的学生百分比。

以下为数据中各变量的定义。

dist_code（地区代码）、Read_scr（平均阅读成绩）、Math_scr（平均数学成绩）、County（县）、District（学区）、g_span（年级）、enrl_tot（总学生数）、teachers（总老师数）、computer（学校的计算机总数）、testscr（平均考试成绩）、comp_stu（生均计算机数）、expn_stu（生均经费）、str（生师比）、el_pct（英语学习者百分比）、Meal pct（享

有午餐补助学生百分比）、clw_pct（享有收入援助计划学生百分比）、aving（地区平均收入）。其中，testscr=（Read_scr+Math_scr）/2，comp_stu=computer/enrl_tot,str=teachers/enrl_tot。

图 11-10 为描述性统计、相关分析、绘图分析及回归分析的代码，输出结果略。

```
*****描述性统计：1998 年加州 420 个地区五年级学生考试成绩与生师比分布表*****
sum str str        //均值与标准差
pctile pct tsc = testscr, nq(20) genp(pctx)    //计算 20 等分百分位数
pctile pct str = str, nq(20)
list pctx pct str pct tse in 1/20
**百分位数的含义：生师比的第 10 个百分位数是 17.3，即只有 10%的地区生师比低于 17.3。
*****相关分析*****
cor str testscr
*相关系数为-0.23，两个变量之间具有弱的负相关关系
*****绘图分析*****
tw (scatter testscr str,sort) (lfit testscr str)
*****回归分析*****
reg testscr str, r
```

图 11-10　操作流程代码及相关含义

输出结果后，可知斜率为 –2.28，意味着班级规模减少 1 名，预测考试成绩会提高 2.28 分。这一结果是大还是小呢？假设有一个地区处在中位数水平，即生师比为 19.7，考试成绩为 654.5 分，该地区的教育主管将每个班减少 2 名学生，这一变化将使生师比从第 50 个百分位移动到第 10 个百分位数的位置，成绩将增加 4.6 分，也即使该地区的成绩从中位数上升到第 60 个百分位数。

当自变量为二元时的回归，有

命令：gen d =（str<20）

reg testscr d，r

结论：根据 1998 年加州考试成绩数据集中的 420 个观测值，回归分析表明，生师比与考试成绩之间存在负向的关系，即班级规模较小的地区会有较高的考试成绩。从实际意义上说，回归系数是比较大的。平均来看，生师比每减少 2 个单位，其考试成绩平均会提高 4.6 分，这相应地把该地区从考试成绩分布的第 50 个非分位数位置，上移到大约第 60 个百分位数的位置。

生师比这一回归系数统计上在 5%的显著性水平下显著地异于 0。即潜在的随机样本中通过纯粹随机抽样的方法估计出该系数为 0 的概率极其小，约为 0.001%。

可能的争议：虽然平均来看，生师比较低的地区有较高的考试成绩，但是这真的意味着降低生师比确实能提高学生成绩吗？或者说估计出的关系就是教育主管进行决策所需要的那个因果关系吗？

人们有理由担心降低生师比可能不是提高学生成绩的原因。比如说，加州有一些多民社区，这些移民社区比较穷，因此他们的班级规模比较大，但是影响学生成绩更重要的原因是这些孩子的母语不是英语，在英语标准化考试中他们的成绩自然难以与英语为母语的学生相比。这些其他因素的影响意味着，这种简单的 OLS 分析实际上对于决策几乎没有什么价值，事实上它可能会造成误导——仅改变生师比，而不改变那些真正决策孩子成绩的其他因素，结果花了钱却不能产生任何好的效果。

2. 多元回归分析的 STATA 应用

1）多元回归分析的 STATA 基本命令

多元回归模型如：$y = \beta_0 + \beta_1 x_1 + \beta_2 x_2 + \cdots + \beta_k x_k + \mu$

（1）regress y = $x_1, x_2, \cdots, x_k$。以 y 为被解释变量，$x_1, x_2, \cdots, x_k$ 为解释变量进行普通最小二乘（OLS）回归。regress 命令可简写为 reg。

（2）regress y = $x_1, x_2, \cdots, x_k$，noconstanty。对 $x_1, x_2, \cdots, x_k$ 的回归，不包含截距项，即过原点回归。

2）多元回归分析的案例应用

由于在简单回归分析中，只研究了生师比这一变量，忽略了一些潜在的可能决定考试成绩的重要因素，如学校特征、老师素质和硬件、学生特征，家庭背景。根据经验，这些因素当然会影响到学生的考试成绩。在简单回归分析的总结中，曾提及一个变量，即移民人口，他们的孩子仍在学习英语，因此不考虑英语学习者的百分比这一变量会使我们的估计量有偏误。教育主管正在考虑增加其所在学区的教师量，但却无法控制所在地区的移民人数的百分比。因此，教育主管仅对保持其他因素不变时的生师比对学生成绩的感兴趣（只改变我们所能改变的事）。换言之，我们集中关注具有可比性的地区而不是所有地区的数据。

图 11-11 为描述性分析及参数检验的代码，输出结果略。

```
use caschool.dta.clear
*****描述性分析与参数检验*****
/*先将生师比以 20 为界分为两组，低生师比组和高生师比组，再按英语学习者百分比分为
四组，计算所有组的均值，并在零假设(高低生师比的学习成绩一样)下进行 t 检验。*/
gen str_20 =(str<20)        //将生师比分为高低两组
gen ts_lostr = testscr if str_20==1
gen ts_histr = testscr if str_20==0
xtile elq=el_pct,nq(4)
table str_20 elq,c(mean testscr) format(%5.2f)
ttest ts_lostr=ts_histr, unp une        //高低生师比组学习成绩相等零假设的 t 检验
by elq.sort: ttest ts_lostr=ts_histr, unp une   //英语学习比例与大小班交互后成绩: t 检验
anov testscr str_20      //方差分析
```

图 11-11　操作流程代码及相关含义

结果分析：在没有区分英语学习者时，低生师比地区比高生师比地区的平均考试成绩高 7.4 分，两者平均成绩是相同的零假设在 1%的显著性水平下被拒绝。按英语学习者百分比的四分位数分组后，证据显示了不同的结论。在英语学习者最少的地区，低生师比和高生师比只差 1.3 分，第二个四分位数组中，高 4.3 分，第三个四分位数组中，高出 4.9 分，而英语学习者最多的地区，平均成绩只差 1.9 分。也就是说，一旦保持英语学习者这个指标不变，生师比对学习成绩的影响只有总体估计值的一半或更少。由于英语学习者少的地区倾向于有低的生师比和高的学习成绩，而高的英语学习者地区倾向于有高的生师比和低的学习成绩，因此简单的回归分析存在遗漏变量偏差问题，需要多元回归分析。

简单回归分析可能存在遗漏变量偏差，控制英语学习者百分比后的多元回归分析。

命令：reg testscr str el_pct，r

esti store model2

（输出结果略）

结论：生师比的 OLS 估计值为–1.10，与简单回归的估计值–2.28 相比，影响的程度变小了，回归分析比分组分析更优越。它提供了生师比减少 1 个单位对成绩影响的定量估计值，这是决策时需要的，它也易于扩展到多于两个控制变量的情形。

根据目前的证据，减小班级规模对提高成绩会有帮助，但是教育主管面临另一个更细微的问题：如果雇更多的教师，将不得不通过减少其他的预算开支（比如，减少维护办公费用，减少电脑的购买），因为纳税人不愿意多花钱来请更多的老师，所以他必须在目前的费用限制下进行结构调整。因此，教育主管想知道：在保持生均费用不变的情况下，减少生师比是否会对成绩有积极影响？

变换支出的单位。

命令为 replace expn_stu ＝ expn_stu/1000

reg testscr str expn_stu el_pct，r

esti store model3

（输出结果略）

结论：保持生均费用和英语学习者百分比不变的情况下，改变生师比的影响非常小，仅为–0.29。而且该系数的真实值为 0 的假设不能被拒绝。于是教育主管决定不做结构性调整，而是要求追加教育预算，但是纳税人并不同意，他们断言生师比和生均费用对提高学习成绩都没有影响。这意味着在学习成绩的决定方程中，生师比和生均费用前的系数都为零。真的是这样吗？

命令：test str expn_stu

（输出结果略）

结论：F 统计量为 5.43，零假设在 1%的显著性水平下被拒绝。所以我们可以拒绝纳税人提出的"生师比和生均费用对学习成绩都没有影响的"假设。

图 11-12 为相关分析及回归列表报告结果的代码，输出结果略。

```
*****相关分析*****
cor testscr str expn_stu el_pct meal_pct calw_pct

*****列表报告结果*****
reg testscr str. r
esti store model1

reg testscr str el_pct,r            //控制英语学习者百分比
esti store model2

reg testscr str el_pct meal_pct,r     //控制英语学习者百分比和午餐补助学生百分比
esti store model3

reg testscr str el_pct calw_pct,r     //控制英语学习者百分比和援助计划学生百分比
esti store model4

reg testscr str el_pct meal_pct calw_pct, r
esti store model5

esti table model*,stats(r2_a N) b (%5.2f) se (%5.3f)
```

图 11-12 操作流程代码及相关含义

总结论：控制学生特征后，生师比对成绩的影响大约减少了一半，这个估计的影响对哪一个特定的控制变量被包含在回归中不是非常敏感的，在所有情况下，生师比的系数在 5%的水平下在统计上都是显著的。在含有控制变景的四个模型中（2）～（5），如果保持学生特征不变，平均每名教师减少 1 名学生，估计将使平均成绩提高约 1 分。

学生特征对于成绩是非常有用的预测因子，生师比仅解释了成绩变化的 0.049，当增加学生特征变量时，调整参数使 R^2 跳跃增加，在模型（3）中师生比达到了 0.773。

个别上，控制变量在统计上不总是显著的，在模型（5）中，享有收入援助的学生的非分比系数为 0 的假设在 5%的水平下没有被拒绝，因此在基准设定（3）的回归中，增加这个控制变量对估计系数及其标准误的影响可以忽略，所以至少对目前的分析而言，新增这个控制变量是多余的。

本章小结

通常数据审查采用两种方法：第一种是逻辑审查，第二种是计算审查。这两种审查都可以通过自查、互查或专家抽查的形式来完成。进入数据录入前，通常要做好数据编码工作。数据编码是将问卷中的各个问题看作变量，并以字母或其他符号作为这些变量的代码输入计算机，以便进行分析。在大型的调研项目中，特别是在数据录入由专门承包者执行时，研究者需要使用数据编码手册。描述分析是在对数据矩阵进行数据压缩后，获得一系列的描述统计量，这些统计量能够描述研究总体的一般特征和结构特征，市场调研人员利用描述统计量对分析总体获得初步的认识。描述分析是其他分析的基础。常用的描述统计量可按其功能与特点分为两大类，即描述中心趋势统计量和反映分布特征统计量。反映中心趋势的指标有三种，它们是众数、中位数与均值；反映分布特征的指标有五种，它们分别是频率、频率分布、极差、方差和标准差。交叉分析在市场调研中

被广泛运用它能使没有统计专业背景的使用者理解研究结果,由于研究结果与管理行动结合在一起,使它更实用。一系列的交叉分析比单个多变量分析能够提供更多解释复杂现象的信息,交叉分析还能减轻离散多变量中单元过于分散的问题。另外,本章还介绍了动态模拟分析方法。统计进行动态分析的依据就是动态数列。而蒙特卡洛方法通过抓住事物运动的几何数量和几何特征,进行一种数字模拟实验。它是以一个概率模型为基础,按照这个模型所描绘的过程,通过模拟实验的结果,作为问题的近似解。最后,本章简单介绍了计量经济软件 STATA 的应用,包括一元和多元回归的简单应用分析。

思考与练习

1. 原始数据审核有哪几种方法?
2. 简述数据排序在数据分析过程中的目的。
3. 简述 SPSS 对数据进行统计分析刻画集中趋势以及离散程度的描述统计量。
4. 简述交叉列联表分析主要内容。
5. 什么是独立样本?请举例说明。
6. 如何利用相关系数来判别现象之间的相关关系?
7. 调查得到某市出租车使用年限 x 与当年维修费用 y(万元)的数据,如下表所示。试拟合适的回归模型,用以发现维修费用与使用年限之间的关系(表 11-10)。

表 11-10 维修费用与使用年限之间的关系

使用年限/年	1	2	3	4	5	6	7
维修费用/万元	1.6	2.2	3.8	5.5	6.5	7.0	7.5

第 12 章

市场特征与市场因素分析

12.1 市场特征的分析与 SPSS 应用

12.1.1 单个市场的特征

市场特征是指购买者的行为特征（如购买的产品种类、品牌、数量、地点、场所和频率等），购买者的心理特征（如购买者认知、购买者动机和购买者态度等）和购买者的社会特征（如年龄、性别、职业、学历、收入、居住地和家庭类型等）。市场特征都可以量化：购买者的行为特征和社会特征可以量化，如购买的产品种类、品牌、地点、场所和购买者的性别、职业、居住地、家庭类型等特征可以采用定名尺度进行量化；而购买数量、频率、年龄、学历、收入等特征本身已经量化。购买者的心理特征也可以量化：购买态度可以采用定序尺度或定距尺度进行量化，而购买者的认知和动机可以采用投射法和定名尺度进行量化。市场个体的特征被量化后，市场总体的特征可以用市场参数加以表示。市场参数是指市场总体中个体特征量的平均值。

市场特征分析就是市场参数分析，也就是用样本特征量的平均值对市场参数加以推断，并对推断加以检验。在市场调研与分析中，推断又称假设。假设表述为互相对立的两种形式：①零假设，用 H_0 表示；②备择假设，用 H_1 表示。检验推断就是检验假设。

1. 单个市场特征的假设

假定市场总体中个体的特征量是

$$x_1, x_2, x_3, \cdots, x_n$$

那么，这个总体的市场参数就是

$$\mu = \sum_{i=1}^{N} x_i / N \text{ 或 } \pi = \sqrt[n]{\prod_{i}^{N} x_i} \quad (12\text{-}1)$$

用以推断总体参数的样本平均值是

$$\bar{x} = \sum_{i=1}^{N} x_i / N \text{ 或 } p = \sqrt[n]{\prod_{i}^{N} x_i} \quad (12\text{-}2)$$

式中，N = 总体中个体的数量；n = 样本数量，$n \leqslant N$。

单个市场特征的推断可以表述为以下假设。

H_0：$\bar{x}$ 与 μ（或 p 与 π）无差异。

H_1：$\bar{x}$ 与 μ（或 p 与 π）有差异。

2. 单个市场特征检验

在市场调研与分析中，对市场特征（或参数）的推断或假设是统计推断或统计假设，因此需要统计检验。统计检验是指选择一定的检验统计量对统计推断或假设的正确性做出验证。

检验有关单个市场参数的假设 H_0 和 H_1 的统计量是 t 统计量。

$$t = \frac{|\bar{x} - \mu|}{s / \sqrt{n}} \text{ 或 } t = \frac{|p - \pi|}{s / \sqrt{n}} \quad (12\text{-}3)$$

式中，x = 样本平均值；p = 样本平均值（当个体特征量 x_i 为频率、比例、百分数时）；μ = 总体平均值，即市场参数；π = 总体平均值（当个体特征量 x_i 为频率、比例、百分数时）；n = 样本数量；s = 样本标准差 $= \sqrt{\sum_{i}^{n}(x_i - \bar{x})^2 / (n-1)}$ 或 $s = \sqrt{p(1-p)}$。

（1）如果 t 统计量不大于其显著值，那么假设 H_0 是正确的，即 $\bar{x}$ 与 μ（或 p 与 π）之间无显著差异。

（2）如果 t 统计量大于其显著值，那么假设 H_1 是正确的，即 $\bar{x}$ 与 μ（或 p 与 π）之间有显著差异。

t 统计量的显著值是 $t_{\frac{\alpha}{2}}(n-1)$

式中，α = 显著性水平，与置信度有关，$0 < \alpha < 1$，置信度 $= (1-\alpha) \times 100\%$

【例 12-1】 居民储蓄占支出比例的分析

银行储蓄利率的下降有可能影响居民储蓄。受某市银行业委托，某市场调研公司对储蓄利率下降后该市居民储蓄占支出的比例进行调查，以分析居民储蓄行为有无显著变化。假定储蓄利率下降前该市居民储蓄占支出的平均比例是 35.6%。该市场调研公司在该市居民中完全随机地抽取了 2000 个样本，抽样调查的结果是样本平均值 $p = 34.1\%$。

试问：银行储蓄利率下降后，该市居民储蓄占支出的比例是否显著下降了？

（1）提出假设

假定银行储蓄利率下降后该市居民储蓄占支出的比例仍然是 $\pi = 35.6\%$，那么需要推断和检验的问题是 $p = 34.1\%$ 与 $\pi = 35.6\%$ 之间是否有显著的差异？

H_0: $p = 34.1\%$ 与 $\pi = 35.6\%$ 无差异。

H_1: $p = 34.1\%$ 与 $\pi = 35.6\%$ 有差异。

（2）计算检验统计量即 t 统计量，即

$$n = 2000, \quad s = \sqrt{p(1-p)} = \sqrt{34.1\%(1-34.1\%)}$$

$$t = \frac{|p - \pi|}{s / \sqrt{n}} = \frac{|34.1\% - 35.6\%|}{\sqrt{34.1\%(1-34.1\%)} / \sqrt{2000}} = 1.415$$

（3）确定 t 统计量的显著值，即

取置信度 $(1-\alpha) \times 100\% = 95\%$，显著性水平 $\alpha = 0.05 \rightarrow \alpha/2 = 0.025$ 查阅 t 分布表可得

$$t_{\alpha/2}(n-1) = t_{0.025}(2000-1) = t_{0.025}(1999) = 1.96$$

（4）检验假设：比较 t 统计量与其显著值 $t_{\alpha/2}(n-1)$，因为
$$t = 1.415 < 1.960 = t_{\alpha/2}(n-1)$$
所以，假设 H_0 正确，即 $p = 34.1\%$ 与 $\pi = 35.6\%$ 无显著的差异。

这就是说，银行储蓄利率下降后，该市居民储蓄占支出的比例推断为 34.1%，这个数字不显著地低于银行储蓄利率下降前的 35.6%。这个结论的置信度（即可靠程度）是 95%。这个结论对该市银行业决定储蓄利率下降后的对策是很重要的。

【例 12-2】 案例与 SPSS 的应用

已知 2021 年某小学六年级学生跑 400 米的平均成绩是 100 秒，2022 年该校测得 28 名学生 400 米成绩如表 12-1 所示，检验该校六年级学生跑 400 米的平均成绩是否仍为 100 秒（有无提高或下降）？

表 12-1　六年级学生跑 400 米成绩　　　　　　　　　单位：秒

序号	1	2	3	4	5	6	7	8	9	10
成绩	100.10	100.10	101.00	100.00	102.00	99.00	100.50	110.00	90.30	99.00
序号	11	12	13	14	15	16	17	18	19	20
成绩	95.00	96.80	97.00	102.50	104.00	99.90	400.00	99.60	100.90	99.90
序号	21	22	23	24	25	26	27	28		
成绩	100.60	100.10	100.00	102.10	101.00	100.90	100.80	100.00		

（1）提出假设。

H_0：该校六年级学生的 400 米平均成绩 μ_1 与 $\mu_0 = 100$ 无显著性差异。

H_1：该校六年级学生的 400 米平均成绩 μ_1 与 $\mu_0 = 100$ 有显著性差异。

（2）用 SPSS 做单个样本的 t 检验。建立适合于单个样本的 t 检验的数据文件（图 12-1）。

	六年级学生跑400米成绩	变量
1	100.10	
2	95.00	
3	100.60	
4	100.10	
5	96.80	
6	100.10	
7	101.00	
8	97.00	
9	100.00	
10	100.00	
11	102.50	
12	102.10	
13	102.00	
14	104.00	

图 12-1　检验数据

（3）单击"分析"按钮，选择"比较平均值"选项，单击"单样本 t 检验"按钮，如图 12-2 所示。

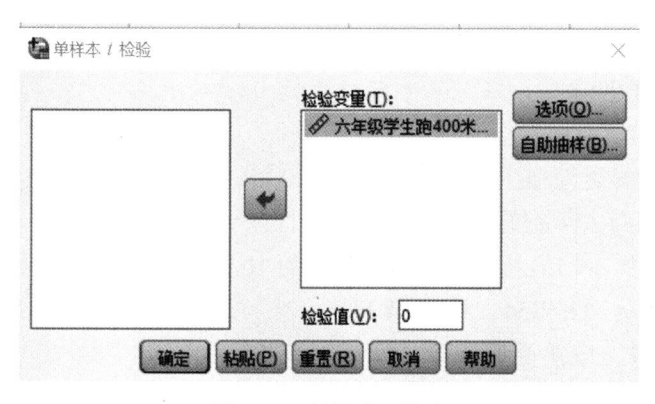

图 12-2　单样本 t 检验

（4）单击"选项"按钮,我们会发现"置信区间百分比"的默认值为"0.95",单击"继续"按钮,单击"确定"按钮（图 12-3）。

图 12-3　单样本 t 检验：选项

（5）运行结果及分析。

①单个样本的统计量表如图 12-4 所示。图中分别给出样本的个案数、平均值、标准偏差和标准误差平均值。

单样本统计

	个案数	平均值	标准偏差	标准误差平均值
六年级学生跑400米成绩	28	110.8250	56.76299	10.72720

图 12-4　单样本统计

②样本均值的 t 检验表,如图 12-5 所示。

单样本检验

检验值 = 0

	t	自由度	Sig.（双尾）	平均值差值	差值 95% 置信区间 下限	上限
六年级学生跑400米成绩	10.331	27	.000	110.82500	88.8146	132.8354

图 12-5　单样本检验

从上表中可见：
- t 统计量 = 1.009；
- 自由度为 27，自由度等于样本容量减 1；
- 双尾检验的显著性概率 Sig. = 0.322 > 0.05，说明今年该校六年级学生跑 400 米的平均时间与去年跑的平均时间无显著性差异；
- 均值差，即样本均值与检验值 100 之差为 10.825，样本均值与检验值偏差的 95% 置信区间为（−11.1854，32.8354）。

根据上述结果，应接受原假设，即认为该校六年级学生的 400 米平均成绩仍为 100 秒。

12.1.2 多个市场之间的特征差异

1. 多个市场之间特征差异的假设

在市场分析中，不仅要分析单个市场总体的特征，也要分析多个市场总体特征之间的差异，包括购买者行为差异、心理差异和社会背景差异等。

多个市场总体之间特征的差异，就是它们市场参数之间的差异。市场参数之间的差异，用相应的样本平均值之间的差异加以推断。

假定 k 个市场总体中个体的特征量是

$$x_{11}, x_{21}, x_{31}, \cdots, x_{N_1 1}$$
$$x_{12}, x_{22}, x_{32}, \cdots, x_{N_2 2}$$
$$\cdots\cdots$$
$$x_{1k}, x_{2k}, x_{3k}, \cdots, x_{N_k k}$$

k 个总体的市场参数是

$$\mu_1, \mu_2, \mu_3, \cdots, \mu_k \ (\text{或}\ \pi_1, \pi_2, \pi_3, \cdots, \pi_k)$$

k 个总体的样本平均值是

$$\bar{x}_1, \bar{x}_2, \bar{x}_3, \cdots, \bar{x}_k \ (\text{或}\ p_1, p_2, p_3, \cdots, p_k)$$

那么，用以推断 $\mu_1, \mu_2, \mu_3, \cdots, \mu_k$（或 $\pi_1, \pi_2, \pi_3, \cdots, \pi_k$）之间差异的是

$$\bar{x}_1, \bar{x}_2, \bar{x}_3, \cdots, \bar{x}_k \ (\text{或}\ p_1, p_2, p_3, \cdots, p_k)$$

H_0：$\bar{x}_1, \bar{x}_2, \bar{x}_3, \cdots, \bar{x}_k$（或 $p_1, p_2, p_3, \cdots, p_k$）之间无显著性差异。

H_1：$\bar{x}_1, \bar{x}_2, \bar{x}_3, \cdots, \bar{x}_k$（或 $p_1, p_2, p_3, \cdots, p_k$）之间有显著性差异。

2. 多个市场之间特征差异的检验

检验 $\bar{x}_1, \bar{x}_2, \bar{x}_3, \cdots, \bar{x}_k$ 有无差异。

检验 $\bar{x}_1, \bar{x}_2, \bar{x}_3, \cdots, \bar{x}_k$ 之间有无差异的统计量是 F 统计量。

$$F = \frac{S_A/(k-1)}{S_E/(n-k)} \tag{12-4}$$

$$n = \sum_{j=1}^{n} n_j \tag{12-5}$$

$$S_A = \sum_{j=1}^{k} n_j(\overline{x}_j - \overline{\overline{x}}_j)^2 \qquad (12\text{-}6)$$

$$S_E = \sum_{j=1}^{k}\sum_{i=1}^{n_j}(x_{ij} - \overline{x}_j)^2 \qquad (12\text{-}7)$$

式中，k 为不同市场总体的个数；n 为从不同市场总体抽样的样本数量的总和；n_j 为从第 j 个市场总体抽样的样本数量，$j=1,2,\cdots,k$；S_A 为不同市场总体的样本之间的平方和，反映不同市场之间的差异；$\overline{x}_j$ 为从第 j 个市场总体抽样的样本平均值，$j=1,2,3,\cdots,k$；S_E 为不同市场总体的样本之内的平方和，反映随机因素引起的差异。

（1）如果 F 统计量不大于其显著值，那么 H_0 假设成立，$x_1, x_2, x_3,\cdots, x_k$ 之间无显著差异。

（2）如果 F 统计量大于其显著值，那么 H_1 成立，即 $x_1, x_2, x_3,\cdots, x_k$ 之间有显著差异。

F 统计量的显著值是

$$F_\alpha(k-1,\ n-k)$$

式中，α 为显著性水平，与置信度有关，$0<\alpha<1$，置信度 $=(1-\alpha)\times100\%$。

【例 12-3】 两类顾客对商店服务质量评价的差异分析

某大型百货商店想了解顾客对其服务质量的评价，为此，分别调查了两类顾客，其中一类为本地顾客（12 人），另一类为外地顾客（12 人）。调查的结果如表 12-2 所示。

试问：外地顾客对商店服务质量的评价与本地顾客有无区别？

表 12-2　两类顾客对商店服务质量的评分（100 分制）

本地顾客评分	29	76	18	83	88	66	75	90	36	60	68	69
外地顾客评分	19	43	51	17	60	14	52	70	27	55	26	31

（1）提出假设。

计算本地顾客和外地顾客的样本平均值 $k=2$，$n_1 = n_2 = 12$

$$\overline{x}_1 = (29 + 76 + \cdots + 69)/12 = 63.167$$

$$\overline{x}_2 = (19 + 43 + \cdots + 31)/12 = 38.75$$

需要推断的是 $\overline{x}_1 = 63.167$ 与 $\overline{x}_2 = 38.75$ 之间是否有显著的差异

H_0：$\overline{x}_1 = 63.167$ 与 $\overline{x}_2 = 38.75$ 之间无显著的差异。

H_1：$\overline{x}_1 = 63.167$ 与 $\overline{x}_2 = 38.75$ 之间有显著的差异。

（2）计算检验统计量 F。

$$n_1 = n_1 + n_2 = 12 + 12 = 24$$

$$\overline{\overline{x}} = \frac{\sum_{j=1}^{2} n_j \overline{x}_j}{n} = (12 \times 63.167 + 12 \times 38.75)/24 = 50.958$$

$$S_A = \sum_{j=1}^{2} n_j(\overline{x}_j - \overline{\overline{x}})^2 = 12 \times (63.167 - 50.958)^2 + 12 \times (38.75 - 50.958)^2 = 3577.042$$

$$S_E = \sum_{j=1}^{k}\sum_{i=1}^{n_j}\left(x_{ij} - \overline{x}_j\right)^2 = 9927.917 = \left(29 - 63.167\right)^2 + \cdots +$$

$$\left(69 - 63.167\right)^2 + \left(19 - 38.75\right)^2 + \cdots + \left(31 - 38.75\right)^2 = 9927.917$$

$$F = \frac{S_{\mathrm{A}} / \left(K - 1\right)}{S_{\mathrm{E}} / \left(n - k\right)} = \frac{3577.139 / \left(2 - 1\right)}{9927.917 / (24 - 2)} = 7.927$$

（3）确定 F 统计量的显著值。

取置信度 $\left(1 - \alpha\right) \times 100\% = 95\%$，显著性水平 $\alpha = 0.05$

查阅 F 分布表可得

$$F_{\alpha}\left(k - 1,\ n - k\right) = F_{0.05}\left(2 - 1, 24 - 2\right) = F_{0.05}\left(1, 22\right) = 4.301$$

（4）检验假设。

比较 F 统计量与其显著值 $F_{\alpha}\left(k - 1,\ n - k\right)$，因为 $F = 7.927 > F_{0.05}\left(1, 22\right) = 4.301$

所以，H_1 是正确的，即 $\overline{x}_1 = 63.167$ 与 $\overline{x}_2 = 38.75$ 之间有显著的差异。

这就是说，外地顾客的评价显著低于本地顾客。这个结论的置信度为 95%。这个结论对百货商店服务方面的决策是有价值的，比如该店可能为了改变外地顾客的印象而推出一系列服务措施。

3. 用 SPSS 单因素方差分析方法检验

（1）建立适合于单因素方差分析的数据文件。

①变量“顾客”，测度水平为 Nominal，如表 12-3 所示。

表 12-3 变量“顾客”取值

值	1	2
值标签	本地顾客	外地顾客

②变量“顾客评分”，测度水平为 Scale。

按定义的变量输入数据，建立并保存文件“顾客评分”（图 12-6）。

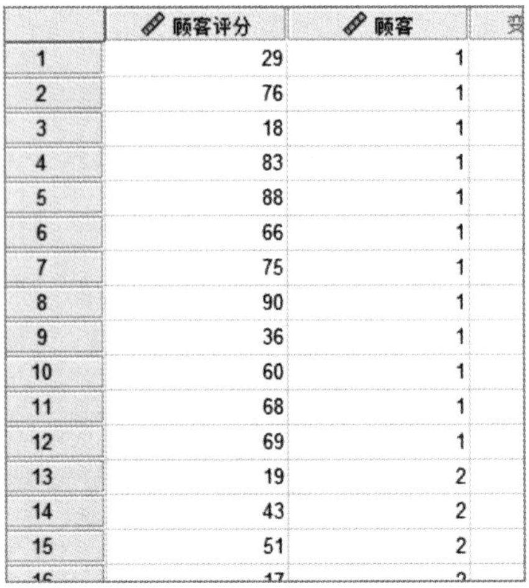

	顾客评分	顾客
1	29	1
2	76	1
3	18	1
4	83	1
5	88	1
6	66	1
7	75	1
8	90	1
9	36	1
10	60	1
11	68	1
12	69	1
13	19	2
14	43	2
15	51	2

图 12-6 顾客评分数据

（2）选择"分析"选项→选择"比较均值"选项→选择"单因素 ANOVA"选项，打开"单因素 ANOVA 检验"窗口，如图 12-7 所示。

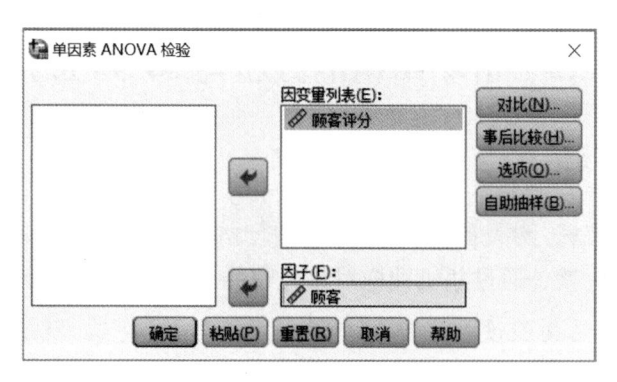

图 12-7　单因素分析窗口

（3）在"单因素方差分析"窗口中单击"选项"按钮，出现"单因素 ANOVA：选项"窗口，勾选"描述性"复选框，单击"OK"按钮提交系统运行。

（4）运行结果及具体分析如图 12-8 和图 12-9 所示。

顾客评分	个案数	平均值	标准 偏差	标准 错误	平均值的95% 置信区间 下限	平均值的95% 置信区间 上限	最小值	最大值
1	12	63.17	23.463	6.773	48.26	78.07	18	90
2	12	38.75	18.762	5.416	26.83	50.67	14	70
总计	24	50.96	24.232	4.946	40.73	61.19	14	90

图 12-8　运行结果及具体分析

变量"顾客评分"的统计描述包括平方和、自由度、均方、F 统计量和 Sig. 显著性等。

ANOVA

顾客评分	平方和	自由度	均方	F	显著性
组间	3577.042	1	3577.042	7.927	.010
组内	9927.917	22	451.269		
总计	13504.958	23			

图 12-9　统计描述

①平方和，组间平方和为 3577.042，组内平方和为 9927.917，总平方和为 13504.96。
②组间平方和，组内平方和以及总平方和的自由度分别为 1、22 及 23。
③均方，组间均方为 3577.042，组内均方为 451.269。
④F 为组间均方除以均方的商，F 比的值为 7.927。

⑤Sig. 为 F 分布的显著性概率，Sig. = 0.01 < 0.05。0.05 为系统默认的显著性概率，因此应该拒绝原假设，即认为两地顾客的评分有显著性差异。

12.2 市场结构的分析与 SPSS 应用

12.2.1 单个市场结构

市场结构是指市场（购买者）按某一标准进行划分后形成的各部分之间的比例关系。单个市场结构的分析就是通过随机抽样对单个市场总体结构的推断和检验。

1. 单个市场的结构假设

假定单个市场总体的结构是

$$\lambda_j = \{\lambda_1, \lambda_2, \lambda_3, \cdots, \lambda_k\}$$

式中，λ_j 为市场总体中第 j 部分的个体数量占总体数量的比例，$j = 1,2,3,\cdots,k$

从市场总体抽取的样本的结构是

$$l_j = \{l_1, l_2, l_3, \cdots, l_k\}$$

式中，l_j 为样本中第 j 部分的个体数量占样本数量的比例，$j = 1,2,3,\cdots,k$

那么，$\{l_1,l_2,l_3,\cdots,l_k\}$ 就是对 $\{\lambda_1,\lambda_2,\lambda_3,\cdots,\lambda_k\}$ 的推断

有关的假设是

$$H_0: \{\lambda_1, \lambda_2, \lambda_3, \cdots, \lambda_k\} \text{ 与 } \{l_1, l_2, l_3, \cdots, l_k\} \text{ 无显著差异}$$
$$H_1: \{\lambda_1, \lambda_2, \lambda_3, \cdots, \lambda_k\} \text{ 与 } \{l_1, l_2, l_3, \cdots, l_k\} \text{ 有显著差异}$$

2. 单个市场结构的检验

检验上述假设 H_0 和 H_1 的统计量是 X^2 统计量。

$$X^2 = n \sum_{j=1}^{k} (l_j - \lambda_j)^2 / \lambda_j \tag{12-8}$$

（1）如果 X^2 统计量不大于其显著值，那么，假设 H_0 是正确的，即 $\{\lambda_1,\lambda_2,\lambda_3,\cdots,\lambda_k\}$ 与 $\{l_1,l_2,l_3,\cdots,l_k\}$ 无显著性差异。

（2）如果 X^2 统计量大于其显著值，那么，假设 H_1 是正确的，即 $\{\lambda_1,\lambda_2,\lambda_3,\cdots,\lambda_k\}$ 与 $\{l_1,l_2,l_3,\cdots,l_k\}$ 有显著性差异。

X^2 统计量的显著值是

$$x_\alpha^2(k-1)$$

式中，α 为显著性水平，与置信度有关，$0 < \alpha < 1$，置信度 $= (1-\alpha) \times 100\%$

【例 12-4】瓶装酒重量偏好结构分析

某制酒公司过去曾从二手资料中了解到市场上瓶装酒重量的偏好结构（表 12-4），并根据这个结构安排不同重量瓶装酒的生产。现在，为了验证这个偏好结构有无变化，该公司对 15980 名瓶装酒消费者（样本）进行了调查，以了解他们的偏好结构，调查结

果如表 12-5 所示。

试问：如表 12-5 所示瓶装重量的偏好结构与表 12-4 相比是否有显著的变化？

表 12-4　瓶装酒消费者对重量的偏好结构

瓶装酒的重量/克	100	150	250	500
对重量偏好的消费者/%	10	35	25	30

表 12-5　不同重量的瓶装酒消费情况

瓶装酒的重量/克	100	150	250	500
瓶装酒消费者/人数	1698	5683	3945	4654
重量偏好的消费者/%	10.63	35.36	24.69	29.12

（1）提出假设。

假定表 12-4 是瓶装酒消费者总体对重量的偏好结构 $\{\lambda_1,\lambda_2,\lambda_3,\lambda_4\}$，即 $\{\lambda_1,\lambda_2,\lambda_3,\lambda_4\}$ = $\{10\%, 35\%, 25\%, 30\%\}$。

假定表 12-5 是瓶装酒消费者总体对重量的偏好结构 $\{\lambda_1,\lambda_2,\lambda_3,\lambda_4\}$，根据表 12-5 可知，

$$n_1 = 1698, n_2 = 5683, n_3 = 3945, n_4 = 4654$$

$$n = \sum_{j=1}^{k} n_j = 1698 + 5683 + 3945 + 4654 + 15980$$

据 $l_{ij} = n_j / n$ 计算出

$$\{l_1, l_2, l_3, l_4\} = \{1698/15980, 5683/15980, 3945/15980, 4654/15980\}$$
$$= \{10.63\%, 35.56\%, 24.69\%, 29.12\%\}$$

因此，表 12-5 所示瓶装重量的偏好结构与表 12-4 相比是否有显著变化的问题，就变成下述问题。

$\{10.63\%, 35.56\%, 24.69\%, 29.12\%\}$ 与 $\{10\%, 35\%, 25\%, 30\%\}$ 之间是否有显著差异？

H_0：$\{10.63\%, 35.56\%, 24.69\%, 29.12\%\}$ 与 $\{10\%, 35\%, 25\%, 30\%\}$ 无显著差异

H_1：$\{10.63\%, 35.56\%, 24.69\%, 29.12\%\}$ 与 $\{10\%, 35\%, 25\%, 30\%\}$ 有显著差异

（2）计算检验统计量即统计量。

$$X^2 = n \sum_{j=1}^{k} (l_j - \lambda_j)^2 / \lambda_j$$

$= [(10.63\% - 10\%)^2 / 10\% + (35.56\% - 35\%)^2 / 35\% + (24.69\% - 25\%)^2 / 25\% +$
$(29.12\% - 30\%)^2 / 30\%] \times 15980 = 12.51$

（3）确定统计量的显著值。

取置信度 $(1-\alpha) \times 100\% = 95\%$，显著性水平 $\alpha = 0.05$，查阅 X^2 分布表可得

$$x_\alpha^2(k-1) = x_{0.05}^2(4-1) = x_{0.05}^2(3) = 7.81$$

（4）检验假设。

比较 X^2 统计量与其显著值 $x_\alpha^2(k-1)$，因为 $X^2 = 12.51 > 7.81 = x_\alpha^2(k-1)$。

所以，拒绝原假设 H_0，接受假设 H_1，即{10.63%，35.56%，24.69%，29.12%}与{10%，35%，25%，30%}之间有显著差异。

这就是说，现在瓶装酒消费者在瓶装重量上的偏好结构与过去相比有显著变化。这个结论的置信度（即可靠程度）是95%。根据这个结论，该制酒公司有可能调整其生产不同瓶装酒重量的结构，如增加 100 克和 150 克重量的生产，减少 250 克和 500 克重量的生产。

12.2.2 多个市场之间的结构差异

多个市场结构之间差异的分析就是根据随机样本结构之间的差异对多个不同市场结构之间的差异加以推断和检验。为简便起见，以下仅研究两个市场结构之间差异的推断和检验。

1. 两个市场结构之间差异的假设

假定两个市场总体的结构是

$$\lambda_{ij} = \{\lambda_{11}, \lambda_{12}, \lambda_{13}, \cdots, \lambda_{1k}\}$$

$$\lambda_{ij} = \{\lambda_{21}, \lambda_{22}, \lambda_{23}, \cdots, \lambda_{2k}\}$$

其中，λ_{ij} 为第 i 个市场总体中第 j 部分的个体数量占总体的比例。$i = 1,2$，$j = 1,2,\cdots,k$。

从两个不同市场总体抽取的样本的结构是

$$l_{ij} = \{l_{11}, l_{12}, l_{13}, \cdots, l_{1k}\}$$

$$l_{ij} = \{l_{21}, l_{22}, l_{23}, \cdots, l_{2k}\}$$

其中，l_{ij} 为第 i 个市场总体所抽样本中第 j 部分的个体数量占样本的比例，i 为 1,2, $j = 1,2,\cdots,k$。

那么，$\{\lambda_{11}, \lambda_{12}, \lambda_{13}, \cdots, \lambda_{1k}\}$ 与 $\{\lambda_{21}, \lambda_{22}, \lambda_{23}, \cdots, \lambda_{2k}\}$ 之间的差异，就是对 $\{\lambda_{11}, \lambda_{12}, \lambda_{13}, \cdots, \lambda_{1k}\}$ 与 $\{\lambda_{21}, \lambda_{22}, \lambda_{23}, \cdots, \lambda_{2k}\}$ 之间差异的推断。

有关假设是

H_0: $\{l_{11}, l_{12}, l_{13}, \cdots, l_{1k}\}$ 与 $\{l_{21}, l_{22}, l_{23}, \cdots, l_{2k}\}$ 之间无显著差异。

H_1: $\{l_{11}, l_{12}, l_{13}, \cdots, l_{1k}\}$ 与 $\{l_{21}, l_{22}, l_{23}, \cdots, l_{2k}\}$ 之间有显著差异。

2. 两个市场结构之间差异的检验

为了检验 $\{l_{11}, l_{12}, l_{13}, \cdots, l_{1k}\}$ 与 $\{l_{21}, l_{22}, l_{23}, \cdots, l_{2k}\}$ 之间的差异，可以把这两个总体联立起来，构成一个数量为 $2k$ 的单个总体，从而把问题转化为单个总体的结构检验问题，即所需检验的问题变为

$\{l_{11}, l_{12}, l_{13}, \cdots, l_{1k}, l_{21}, l_{22}, l_{23}, \cdots, l_{2k}\}$ 与 $\{\lambda_{11}, \lambda_{12}, \lambda_{13}, \cdots, \lambda_{1k}, \lambda_{21}, \lambda_{22}, \lambda_{23}, \cdots, \lambda_{2k}\}$ 之间有无差异？

H_0: $\{l_{11}, l_{12}, l_{13}, \cdots, l_{1k}, l_{21}, l_{22}, l_{23}, \cdots, l_{2k}\}$ 与 $\{\lambda_{11}, \lambda_{12}, \lambda_{13}, \cdots, \lambda_{1k}, \lambda_{21}, \lambda_{22}, \lambda_{23}, \cdots, \lambda_{2k}\}$ 之间无显著差异。

H_1: $\{l_{11}, l_{12}, l_{13}, \cdots, l_{1k}, l_{21}, l_{22}, l_{23}, \cdots, l_{2k}\}$ 与 $\{\lambda_{11}, \lambda_{12}, \lambda_{13}, \cdots, \lambda_{1k}, \lambda_{21}, \lambda_{22}, \lambda_{23}, \cdots, \lambda_{2k}\}$

之间有显著差异。

检验统计量是 X^2 统计量

$$X^2 = n_1 \sum_{j=1}^{k}(l_{1j} - \lambda_j)^2 / \lambda_j + n_2 \sum_{j=1}^{k}(l_{2j} - \lambda_j)^2 / \lambda_j \quad (12\text{-}9)$$

式中，λ_j 为两个总体联立成一个总体后市场的结构，$j = 1, 2, 3, \cdots, k$；n 为两个总体联立成一个总体后所抽样的总的数量 $= n_1 + n_2$。

（1）如果 X^2 统计量大于显著值，那么，假设 H_0 是正确的，即 $\{l_{11}, l_{12}, l_{13}, \cdots, l_{1k}, l_{21}, l_{22}, l_{23}, \cdots, l_{2k}\}$ 与 $\{\lambda_{11}, \lambda_{12}, \lambda_{13}, \cdots, \lambda_{1k}, \lambda_{21}, \lambda_{22}, \lambda_{23}, \cdots, \lambda_{2k}\}$ 之间无显著差异。

（2）如果 X^2 统计量不大于显著值，那么假设 H_1 是正确的，即 $\{l_{11}, l_{12}, l_{13}, \cdots, l_{1k}, l_{21}, l_{22}, l_{23}, \cdots, l_{2k}\}$ 与 $\{\lambda_{11}, \lambda_{12}, \lambda_{13}, \cdots, \lambda_{1k}, \lambda_{21}, \lambda_{22}, \lambda_{23}, \cdots, \lambda_{2k}\}$ 之间有显著差异。

X^2 统计量的显著值是

$$x_\alpha^2(2k-1)$$

式中，α 为显著性水平，与置信度有关，$0 < \alpha < 1$，置信度 $= (1-\alpha) \times 100\%$

【例 12-5】 不同款式服装市场年龄结构的差异分析

某类服装有 A、B 两种不同的款式，形成两个不同的市场 A、B。为了研究不同款式市场的年龄结构之间的差异，分别对市场 A、B 的消费者年龄进行随机抽样调查。其中，市场 A 的样本数是 600 人，市场 B 是 400 人，总数是 1000 人。抽样调查的结果如表 12-6 所示。

试问：两种款式消费者年龄结构之间的差异是否显著？

表 12-6 两种款式消费者的年龄结构（人数 n）

消费者的年龄	款式 A	款式 B	年龄段人数 n_{ij}
15～25	168	116	284
26～35	174	108	282
36～45	150	104	254
46～60	108	72	180
款式市场人数 n_{ij}	600	400	总人数 $n = 1000$

（1）提出假设。

可以把不同款式的消费者年龄结构定义为 $\{l_{ij}\}(i = 1, 2; j = 1, 2, 3, 4)$

根据表 12-6 可知

$\{l_{11}, l_{12}, l_{13}, \cdots, l_{1k}\} = \{168/600, 174/600, 150/600, 108/600\} = \{28\%, 29\%, 25\%, 18\%\}$

$\{l_{21}, l_{22}, l_{23}, \cdots, l_{2k}\} = \{116/400, 108/400, 104/400, 72/400\} = \{29\%, 27\%, 26\%, 18\%\}$

需要推断的问题是

$\{28\%，29\%，25\%，18\%\}$ 是否显著地区别于 $\{29\%，27\%，26\%，18\%\}$？

把 $\{\lambda_j\}(j = 1, 2, 3, 4)$ 看成不分款式市场联立后的市场总体的年龄结构 $\lambda_j = n_{ij} / n_i$

根据表 12-6 可知

$\{\lambda_1, \lambda_2, \lambda_3, \lambda_4\} = \{284/1000, 282/1000, 254/1000, 180/1000\} = \{28.4\%, 28.2\%, 25.4\%, 18.0\%\}$

有关的假设是

H_0：$\{28\%, 29\%, 25\%, 18\%, 29\%, 27\%, 26\%, 18\%\}$与$\{28.4\%, 28.2\%, 25.4\%, 18.0\%, 28.4\%, 28.2\%, 25.4\%, 18.0\%\}$无显著性差异。

H_1：$\{28\%, 29\%, 25\%, 18\%, 29\%, 27\%, 26\%, 18\%\}$与$\{28.4\%, 28.2\%, 25.4\%, 18.0\%, 28.4\%, 28.2\%, 25.4\%, 18.0\%\}$有显著性差异。

（2）计算检验统计量即 X^2 统计量。

$$X^2 = n_1 \sum_{j=1}^{k} (l_{1j} - \lambda_j)^2 / \lambda_j + n_2 \sum_{j=1}^{k} (l_{2j} - \lambda_j)^2 / \lambda_j = 600 \times [(28\% - 28.4\%)^2 / 28.4\% + (29\% - 28.2\%)^2 / 28.2\% + (25\% - 25.4\%)^2 / 25.4\% + (18\% - 18.0\%)^2 / 18.0\%] + 400 \times [(29\% - 28.4\%)^2 / 28.4\% + (27\% - 28.2\%)^2 / 28.2\% + (26\% - 25.4\%)^2 / 25.4\% + (18\% - 18.0\%)^2 / 18.0\%] = 0.5195$$

（3）确定 X^2 统计量的显著值。

查阅分布表可得

$$x_\alpha^2(2k-1) = x_{0.05}^2(2 \times 4 - 1) = x_{0.05}^2(7) = 14.07$$

（4）检验假设。

比较 X^2 统计量与其显著值 $x_\alpha^2(2k-1)$，因为 $X^2 = 0.5195 < 14.07 = x_\alpha^2(2k-1)$

所以，假设 H_0 是正确的，即$\{28\%, 29\%, 25\%, 18\%\}$与$\{29\%, 27\%, 26\%, 18\%\}$无显著性差异。

这就是说，两种款式的消费者年龄结构之间的差异不显著，或者说，购买两种不同款式的市场行为与年龄的关系不大。这个结论的置信度是 95%。

12.3 市场因素的方差分析与 SPSS 应用

市场因素是指分析各种可控和不可控因素对购买者行为和市场实绩的影响。可控因素是指营销组合因素，包括产品的性能、质量、创新程度、外观、原辅材料、品种、款式、规格、原产地、品牌、包装、服务、订交货条件、定价、分销方式、广告、展览、促销和人员推销等。不可控因素是指市场环境因素，包括人口、收入、技术、竞争、政府、法规和经济形势等。通过市场因素分析，可以了解这些可控和不可控因素对市场作用的效果。因果性和描述性市场调研或用实验法进行市场调研一般都需要进行市场因素分析。方差分析用来确定因素对市场的影响是否显著存在。

市场因素对市场实绩的影响作用是否存在，可以通过分析市场因素的变化（或差异）所引起市场实绩的变化加以判断，这种分析方法就是方差分析法（analysis of variance）。方差分析法总的思路是：分析一批有关市场实绩的数据，考察其总的波动（即方差），将总的波动看作市场因素和随机因素作用的结果，再分析这两类因素的方差和根据它们之间的对比关系（即 F 比）对市场因素的作用是否显著做出判断。市场因素的方差分析有单因素和多因素之分，但基本思路是一样的。方差分析常用于因果性市场调研，尤其是采用实验法的市场调查。

12.3.1 单因素方差分析

如果只改变单个市场因素，而其他市场因素保持不变，这样所要做的方差分析是单因素方差分析。单因素方差分析的步骤如下。

1. 提出因素假设

假定市场因素 A 有 r 个变化状态为

$$A_1, A_2, A_3, \cdots, A_r$$

不同状态的 A 因素对市场行为或实绩 X 的影响如下。

$$A_1, A_2, A_3, \cdots, A_r$$
$$x_{11}, x_{12}, x_{13}, \cdots, x_{1r}$$
$$x_{21}, x_{22}, x_{23}, \cdots, x_{2r}$$
$$\cdots\cdots$$
$$x_{n1}, x_{n2}, x_{n3}, \cdots, x_{nr}$$
$$\bar{x}_1, \bar{x}_2, \bar{x}_3, \cdots, \bar{x}_r$$

其中，x_{ij} 为状态 A_j 下的市场行为或实绩（第 i 次调研数据），$i = 1, 2, \cdots, n$；$\bar{x}_j =$ 状态 A_j 下的市场行为或实绩的平均值，即 $\sum_{i=1}^{n} \frac{x_{ij}}{n}$，$j = 1, 2, \cdots, r$。

H_0：A_j 因素对市场行为或实绩的影响不显著，即 $\bar{x}_1, \bar{x}_2, \bar{x}_3, \cdots, \bar{x}_r$ 之间无显著差异。

H_1：A_j 因素对市场行为或实绩的影响显著，即 $\bar{x}_1, \bar{x}_2, \bar{x}_3, \cdots, \bar{x}_r$ 之间有显著差异。

2. 因素的方差分析

单因素的方差分析如表 12-7 所示，其中关键是计算 F 统计量。

表 12-7 单因素的方差分析表

方差（波动）来源	平方和	自由度	均方	F 值
组间因素 S_A（市场因素引起的波动）	$n\sum_{j=1}^{r}(\bar{x}_j - \bar{\bar{x}})^2$	$r-1$	$S_A/(r-1)$	$\dfrac{S_A/(r-1)}{S_E/r(n-1)}$
随机误差 S_E（随机因素引起的波动）	$\sum_{j=1}^{r}\sum_{i=1}^{n}(x_{ij} - \bar{x}_j)^2$	$r(n-1)$	$S_E/r(n-1)$	
总方差（总的波动）S_T	$\sum_{j=1}^{r}\sum_{i=1}^{n}(x_{ij} - \bar{\bar{x}})^2 = S_A + S_E$	$m-1$		

表 12-7 中

$$\bar{x}_j = \sum_{i=1}^{n} \frac{x_{ij}}{n}, \quad \bar{\bar{x}} = \sum_{j=1}^{r} \frac{\bar{x}_j}{r}, \quad j = 1, 2, \cdots, k$$

3. 检验因素假设

F 值的显著值是（可查 F 统计表）

$$F_\alpha [r-1,\ r(n-1)]$$

式中，α 为显著性水平，与置信度有关，$0<\alpha<1$，置信度 $=(1-\alpha)\times 100\%$

（1）如果 F 值不大于其显著值，那么，接受 H_0 假设，即 $\bar{x}_1,\bar{x}_2,\bar{x}_3,\cdots,\bar{x}_r$ 之间无显著差异，或 A 因素对市场行为或实绩 X 的影响不显著。

（2）如果 F 值大于其显著值，那么，接受 H_1 假设，即 $\bar{x}_1,\bar{x}_2,\bar{x}_3,\cdots,\bar{x}_r$ 之间有显著差异，或 A 因素对市场行为或实绩 X 的影响显著。

【例 12-6】 某服装公司拟通过市场调研检验不同年龄的消费者对该公司生产的 T 牌休闲服的购买量有无显著差异，以此来决定是否细分市场，于是随机调查了该公司下辖的五个专卖店在某一段时间内不同年龄消费者的购买情况，并将调查对象按年龄分为老（A_1）、中（A_2）、青（A_3）三个水平，获得资料如表 12-8 所示。

问：不同年龄组对 T 牌休闲服的购买量有无显著差异？是否应该细分市场？

表 12-8　某时期内 T 牌休闲服不同年龄组的购买数据

组数	各专卖店购买量						各水平下的样本均值
	1	2	3	4	5	合计	
老（A_1）	215	198	210	187	200	1010	$\bar{x}_1=202$
中（A_2）	237	205	215	191	207	1055	$\bar{x}_2=211$
青（A_3）	246	230	223	208	213	1120	$\bar{x}_3=224$
总样本均值	$\bar{x}=212.33$						

因为该题只涉及一个变量——年龄，所以可以采用单因素方差分析法进行检验。

（1）因素假设。

H_0：不同年龄组对 T 牌休闲服的购买量无显著性差异。

H_1：不同年龄组对 T 牌休闲服的购买量有显著性差异。

（2）因素的方差分析。

计算各专卖店销售量总方差（S_T）为

$$S_T = \sum_{j=1}^{r}\sum_{i=1}^{n}(x_{ij}-\bar{x})^2 = S_A + S_E$$

$$S_A = n\sum_{j=1}^{r}(\bar{x}_j-\bar{x})^2 = 5[(202-212.3)^2+(211-212.3)^2+(224-212.33)^2]=1223.33$$

$$S_E = \sum_{j=1}^{r}\sum_{i=1}^{n}(x_{ij}-\bar{x}_j)^2 = (215-202)^2+(198-202)^2+\cdots+(213-224)^2=2520$$

$S_T = S_A + S_E = 3743.33$

选择检验统计量 F，即

$$F = \frac{S_A/(r-1)}{S_E/r(n-1)}$$

这里，$[r-1,r(n-1)]$ 为自由度，$r=3$，$n=5$，所以，

$$F=\frac{1223.22/2}{2520/12}\approx 2.91$$

（3）检验因素假设。

在 F 统计表查得相应于 $\alpha=0.05$ 的显著值

$$F_n\left[r-1,\ r\left(n-1\right)\right]=F_{0.05}\left(2{,}12\right)=3.89$$

$$则\ F=2.91<3.89$$

因此，接受假设 H_1，即不同年龄组对 T 牌休闲服的购买量有一定的影响，但显著性不强。对厂家而言，如果单从年龄因素考虑的话，没有必要细分市场。

4. SPSS 应用（系统默认选项进行单因素方差分析）

【例 12-7】 设某单位的职工的工作岗位可以分成三类：工人、管理人员、经理，资料如表 12-9 所示，请比较这三类职工的当前平均工资有无显著差异。

表 12-9　某单位职工工资表　　单位：元

工作性质	当前工资									
工人	28350	35100	23400	24300	31200	36150	42000	29100	30000	30750
管理人员	27750	21300	19650	22350	31350	22350				
经理	52125	61875	92000	81250						

单因素方差分析的步骤如下。

（1）建立适合单因素方差分析过程的数据文件。

定义变量。

①变量“工作性质”，测度水平为 Ordinal（表 12-10）。

表 12-10　变量“工作性质”取值

值	1	2	3
值标签	工人	经理	管理人员

②变量“当前工资”，测度水平为 Scale。

按定义的变量输入数据并建立文件“工资”保存。数据文件中显示正确排列格式如图 12-10 所示。

	当前工资	工作性质
1	28350	1
2	35100	1
3	23400	1
4	24300	1
5	31200	1
6	36150	1
7	42000	1
8	29100	1
9	30000	1
10	30750	1
11	52125	2
12	61875	2
13	92000	2
14	81250	2
15	27750	3
16	21300	3
17	19650	3
18	22350	3
19	31350	3
20	22350	3

图 12-10　工资数据

（2）选择"分析"→"比较平均值"→"单因素 ANOVA 检验"选项，如图 12-11 所示。

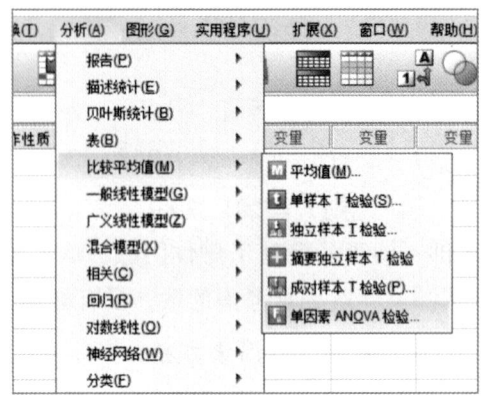

图 12-11　单因素 ANOVA 检验

从源变量清单中选择变量"当前工资"移入"因变量列表"框；选择因素变量"工作性质"移入"因子"框（图 12-12）。

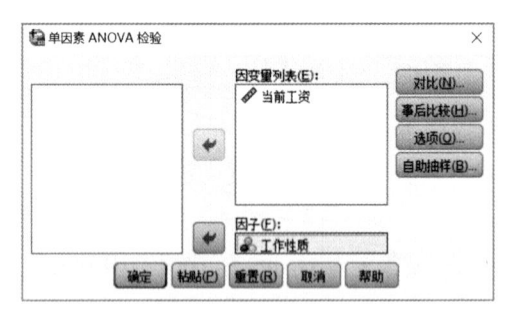

图 12-12　因变量和因子选择

（3）按系统默认的选项作单因素方差分析，所以不必单击对话框里的其他选项按钮，直接单击"OK"按钮提交系统运行。

（4）运行结果及分析。按系统默认的选项作单因素方差分析，只输出工资的方差分析表，如图 12-13 所示。

表中结果分析如下。

图 12-13　分析结果

① 表中第一列为方差来源，它们是组间、组内、总计。
② 得到平方和、组间平方和、组内平方和及总平方和。
③ 自由度——组间平方和、组内平方和，以及总平方和的自由度分别为 2、17 及 19。

④均方等于平方和与自由度之商。组间均方为 3098885250,组内均方为 80076889.706。
⑤F 为组间均方除以组内均方的商,比值为 38.699。
⑥Sig.为 F 分布的显著性概率,Sig. = 0.00 < 0.05。0.05 为系统默认的显著性概率,因此应该拒绝原假设,即认为工作性质与当前工资有显著差异。

12.3.2 多因素方差分析

如果营销决策者要分析多个市场因素对市场的影响,那么相应的方差分析是多因素方差分析。多因素方差分析的步骤与单因素方差分析相同,不同的是因素之间可能出现交互作用,这一点会造成影响作用的重复计算。为简便起见,以下面双因素方差分析的例子进行说明。

1. 双因素方差分析

双因素方差分析的步骤如下。

假定市场因素 A 有 r 个变化状态,市场因素 B 有 s 个状态,不同状态的 A 与不同状态的 B 搭配下,市场实绩（$r \cdot s$ 个）x 如下。

$$
\begin{array}{cccccc}
 & A_1, & A_2, & A_3, & \cdots, & A_r \\
B_1 & x_{11}, & x_{12}, & x_{13}, & \cdots, & x_{1r}, & \overline{x}_1^B \\
B_2 & x_{21}, & x_{22}, & x_{23}, & \cdots, & x_{2r}, & \overline{x}_2^B \\
\vdots & \vdots & \vdots & \vdots & & \vdots \\
B_s & x_{s1}, & x_{s2}, & x_{s3}, & \cdots, & x_{sr}, & \overline{x}_s^B \\
 & \overline{x}_1^A, & \overline{x}_2^A, & \overline{x}_3^A, & \cdots, & \overline{x}_r^A
\end{array}
$$

……

其中,x_{ij} 为状态 B_i 和 A_j 下的市场实绩;$\overline{x}_j^A$ = 状态 A_j 下的市场实绩的平均值,即 $\sum_{j=1}^{s} x_{ij} / s$;$\overline{x}_i^B$ 为状态 B_j 下的市场实绩的平均值,即 $\sum_{j=1}^{r} \frac{x_{ij}}{r}$。

H_{0A}:市场因素 A 对市场实绩 X 的影响不显著。H_{1A}:显著。
H_{0B}:市场因素 B 对市场实绩 X 的影响不显著。H_{1B}:显著。

2. 双因素的方差分析

双因素的方差分析表如表 12-11 所示。

表 12-11 双因素的方差分析表

方差（波动）来源	平方和	自由度	均方	F 值
因素 A 引起的波动 S_A	$s\sum_{j=1}^{r}(\overline{x}_j^A - \overline{\overline{x}})^2$	$r-1$	$S_A/(r-1)$	$F_A = \dfrac{S_A/(r-1)}{S_E/(r-1)(s-1)}$
因素 B 引起的波动 S_B	$r\sum_{j=1}^{r}(\overline{x}_j^B - \overline{\overline{x}})^2$	$s-1$	$S_B/(s-1)$	$F_B = \dfrac{S_B/(s-1)}{S_E/(r-1)(s-1)}$
随机因素引起的波动 S_E	$S_T - S_A - S_B$	$(r-1)(s-1)$	$S_E/(r-1)(s-1)$	
总方差（总的波动）S_T	$\sum_{j=1}^{r}\sum_{i=1}^{s}(x_{ij} - \overline{\overline{x}})^2$			

表中

$$\overline{\overline{x}} = \sum_{j=1}^{r} \frac{\overline{x}_j^A}{r} = \sum_{i=1}^{s} \frac{\overline{x}_i^B}{s}$$

3. 检验因素假设

F 值的显著值是（可查 F 统计表）

$$F_\alpha^A\left[r-1,(r-1)(s-1)\right] F_\alpha^B\left[s-1,(r-1)(s-1)\right]$$

比较 F_A、F_B 与其显著值的大小，可以判定市场因素 A 和 B 的作用的显著性。

【例 12-8】 假设人们再将例 12-6 中的 5 家专卖店按照交通便利情况分成 5 组，每组 3 家进行考查，那么除年龄因素外，交通便利情况也构成了影响销售量的一大因素，必须考查用双因素方差进行检验。

（1）因素假设。

　　H_{01}：年龄因素（A 因素）对 T 牌休闲服的购买量无显著性影响。

　　H_{02}：交通因素（B 因素）对 T 牌休闲服的购买量无显著性影响。

（2）因素的方差分析。

计算 $\overline{x}_j^A$，$\overline{x}_j^B$，$\overline{\overline{x}}$，计算结果如表 12-12 所示。

表 12-12　计 算 结 果

因素 A	因素 B					x_i
	B_1	B_2	B_3	B_4	B_5	
A_1	215	198	210	187	200	$x_1 = 202$
A_2	237	205	215	191	207	$x_2 = 211$
A_3	246	230	223	208	213	$x_3 = 224$
x_j	$x_1 = 232.67$	$x_2 = 211$	$x_3 = 216$	$x_4 = 195.33$	$x_5 = 206.67$	$x = 212.33$

$S_A = 3 \times [(202-212.33)^2 + (211-212.33)^2 + (224-212.33)^2] = 1223.33$，自由度是 $3-1 = 2$；

$S_B = 5 \times [(232.67-212.33)^2 + (211-212.33)^2 + (216-212.33)^2 + (195.33-212.33)^2 + (206.67-212.33)^2] = 2249.97$，自由度是 $5-1 = 4$；

$S_T = (215-212.33)^2 + (198-212.33)^2 + \cdots + (213-212.33)^2 = 3743.33$；自由度是 $3 \times 5 - 1 = 14$；

$S_E = S_T - S_A - S_B = 270.03$；自由度是 $(3-1) \times (5-1) = 8$

$$F_A = \frac{1223.33/2}{270.03/8} = 18.12 \ ; \quad F_B = \frac{2249.97/4}{270.03/8} = 33.33 \ 。$$

（3）检验因素假设。

查阅 F 统计量表，得知 $F_{0.05}(2,8) = 11.04$；$F_{0.05}(4,8) = 8.81$。

因为 $F_A = 18.12 > 11.04 = F_{0.05}(2,8)$；$F_B = 33.33 > 8.81 = F_{0.05}(4,8)$。

所以，拒绝原假设 H_{01} 和 H_{02}，即年龄因素对 T 牌休闲服购买量有影响，但不显著。而交通便利这一因素对专卖店的销售量的影响非常显著。因此，对厂家而言，没有必要对年龄细分,而对专卖店的选址问题需要慎重考虑。

4. 运用 SPSS 作双因素方差分析

【例 12-9】 某公司对某产品设计了 4 个类型的产品包装,又设计了 3 种销售方案,在某地区用 3 种销售方案对 4 种包装的该产品试销 1 个月,业绩如表 12-13 所示。试问:不同包装、不同销售方案对销售业绩的影响如何?是否有显著差异?

表 12-13　不同包装与不同销售方案的产品的销售业绩

包装类型	不同销售方案		
	甲	乙	丙
A	103	106	135
B	82	102	118
C	71	100	106
D	52	66	85

这是一个典型的双因素方差分析问题,因素假设如下。

H_{01}:不同包装对销售业绩无显著影响。

H_{02}:不同销售方案对业绩无显著影响。

SPSS 操作(双因素方差分析)。

(1)建立数据文件。Univariate 过程对分析数据的要求是因变量和协变量必须是数据值变量,因素变量可以是数值型或者字符型的类型变量。

定义变量:包装类型作为因素 A,变量值为 1,2,3,4;销售方案作为因素 B,变量值为 1,2,3。数据输入,数据窗口显示的形式如图 12-14 所示。

	包装类型	销售方案	销售业绩
1	1	1	103
2	1	2	106
3	1	3	135
4	2	1	82
5	2	2	102
6	2	3	118
7	3	1	71
8	3	2	100
9	3	3	106
10	4	1	52
11	4	2	66
12	4	3	85

图 12-14　数据窗口

在本例中,所有假设样本均来自具有相等方差的正态总体,并假定各单元格里的变量方差相等。如果事先不确定数据是否具有方差齐性,则可以使用相关的选项设置进行方差齐性检验。

(2)选择分析方法。选择"分析"选项→选择"一般线性模型"选项→选择"单变

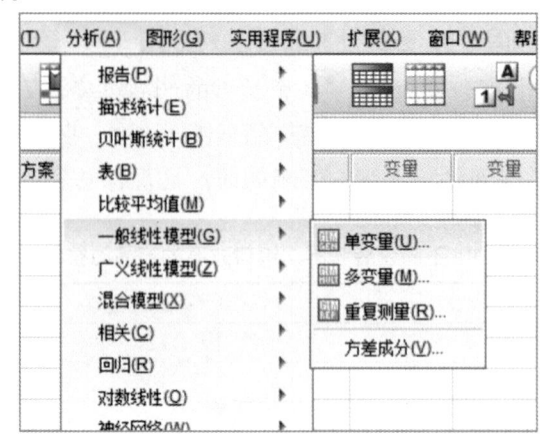

量"选项（图 12-15）。

图 12-15　单变量分析

（3）从源变量清单中选择"销售业绩"移入"因变量"框，将因素变量"包装类型"和"销售方案"移入"固定因子"框（图 12-16）。

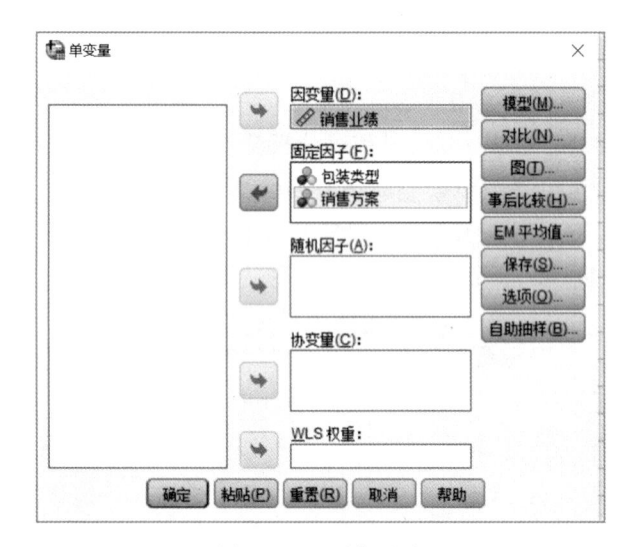

图 12-16　固定因子

（4）这是一个无重复实验问题。如果按照系统默认值是对主效应、交互效应做全面分析。若只做交互效应分析，将使残值项的方差为 0，从而不能求得其他的 F 统计量的值。

①单击所在窗口右边的"模型"按钮，打开如图 12-17 所示的对话框，该对话框的主题是指定模型。

左边的建立"全因子"，分析所有因素的主效应和交互效应是系统默认设置。由于本例是无重复实验，不存在分析交互效应问题，所以不选择此项。

②单击"构建项"按钮，中间的构建项被激活，并且在变量名后面注明因素变量和协变量。

选择所要分析的效应，单击"类型"按钮，如图 12-18 所示。

图 12-17　指定模型

图 12-18　单击"构建项"

*交互，可以任意指定所要分析的交互效应。
*主效应，指定做主效应分析，本题选择此项。
*其他略。

③选择所要分析的变量，从源变量清单中选择"销售方案"和"包装类型"，移入模型框中。

④接受系统默认值Ⅲ类。

⑤在模型中包括截距项，一般接受系统默认值。

⑥单击"继续"按钮，回到上一个对话窗口。

（5）单击"确定"按钮提交系统运行。

（6）结果及分析如下。

①主因素变量信息表，包括因素变量名（包装类型、销售方案），变量标签（1、2、3），个案数 N，如图 12-19 所示。

主体间因子		
		个案数
包装类型	1	3
	2	3
	3	3
	4	3
销售方案	1	4
	2	4
	3	4

图 12-19 主因素变量信息表

②双因素方差分析表，如图 12-20 所示。

主体间效应检验

因变量：销售业绩

源	Ⅲ类平方和	自由度	均方	F	显著性
修正模型	5815.667[a]	5	1163.133	32.919	.000
截距	105656.333	1	105656.333	2990.274	.000
包装类型	3503.000	3	1167.667	33.047	.000
销售方案	2312.667	2	1156.333	32.726	.001
误差	212.000	6	35.333		
总计	111684.000	12			
修正后总计	6027.667	11			

a. R 方 = .965（调整后 R 方 = .936）

图 12-20 双因素方差分析表

此表包括：系统默认的Ⅲ类平方和计算方法计算所得的Ⅲ类平方和；各平方和的自由度；平方和与自由度之商的均方、各种平方和的均方与误差平方和的均方之比 F 值以及接受原假设的显著性概率 Sig.。

修正模型平方和为 5815.667，这个平方和等于因素“包装类型”“销售方案”及交互效应项的 3 个平方和，即 $3503.000+2312.667=5815.667$，自由度 5，均方 1163.133，$F$ 比为 32.919，显著性概率 0.000。

表下对此数据给出注释：a.R 方=0.965（调整后 R 方=0.936），即线性回归的复相关系数 R 的平方和等于 0.965，说明销售业绩与因素之间存在显著的线性关系。

截距平方和为 105656.333，自由度为 1，截距是指因变量关于因素变量之间的线性模型的截距。

因素“包装类型”的离差平方和为 3503，自由度为 3，均方为 1167.667，F 比为 33.047，接受假设 H_{01} 的显著性概率为 $0.000<0.05$，从而应拒绝假设 H_{01}，即认为因素“包装类型”对销售业绩有显著的影响。

因素“销售方案”的离差平方和为 2312.667，自由度为 2，均方为 1156.333，F 比为 32.726，接受假设 H_{02} 的显著性概率为 $0.000<0.05$，从而应拒绝假设 H_{02}，即认为因素“销售方案”对销售业绩有显著的影响。

误差平方和为 212，自由度 6，均方为 35.333。

总平方和为 111684，它是变量"销售业绩"的所有观测值的平方和，这个值等于修正模型总平方和 6027.667 与截距平方和 105656.333 的和，自由度为 11。

修正模型的总平方和为 6027.667。

根据以上结果分析，可以得出"包装类型""销售方案"，以及两者的交互效应都对销售业绩有显著影响。

本章小结

本章首先介绍了单个市场特征、单个市场结构、多个市场之间的特征、多个市场结构差异分析方法的检验原理、方法和过程。然后，介绍了市场因素分析中的单因素、双因素方差分析原理和方法。本章重点介绍了 SPSS 在市场特征与市场因素应用中的操作过程及结果分析。

思考与练习

1. 什么是市场参数？它有什么意义？
2. 什么是市场特征分析？
3. 市场因素的方差分析的目的是什么？
4. 简述方差分析法的基本思路。
5. 简述 SPSS 对方案做双因素方差分析的步骤过程。
6. 什么是市场结构？如何对单个市场结构进行分析？

思考与练习

拓展阅读

参 考 文 献

[1] Brick J, Kalton G. Handling missing data in survey research[J]. Statistical Methods in Medical Research, 1996.
[2] Cox. B. C. Business survey methods[M]. New York: John Wiley and Sons, 1995.
[3] Dolson. D. Imputation methods[J]. Canada: Statistics Canada, 1999.
[4] Jiang, Jiming. Large sample techniques for statistics[M]. Berlin：Springer, 2010.
[5] Rousseeuw. P. J. and A. M. Leroy. Robust regression and outlier detection[M]. New York: John Wiley and Sons, 1987.
[6] 诺伊迈耶，普吕佩尔. 定量研究中的稳健性检验[M]. 韩永辉，谭锐，译. 上海：上海人民出版社，2020.
[7] 鲍克，周卫民. 技术创新与产业问题研究[M]. 北京：经济科学出版社，1997.
[8] 鲍威尔. 定量决策分析[M]. 李洁，译. 上海：上海远东出版社，2004.
[9] 陈立文，陈敬武. 技术经济学概论[M]. 2 版. 北京：机械工业出版社，2014.
[10] 陈强. 高级计量经济学及 Stata 应用[M]. 2 版. 北京：高等教育出版社，2014.
[11] 陈向明. 质的研究方法与社会科学研究[M]. 北京：教育科学出版社，2000.
[12] 陈晓萍，徐淑英，樊景立. 组织与管理研究的实证方法[M]. 北京：北京大学出版社，2008.
[13] 陈忠，李莉. 数据，模型与决策：定量方法在管理中的应用[M]. 上海：上海交通大学出版社，2004.
[14] 代涛，李晓轩，刘志鹏. 技术经济安全评估理论与方法[M]. 北京：科学出版社，2022.
[15] 董焱，王晓红，牟静. 问卷调查数据分析实务[M]. 2 版. 北京：首都经济贸易大学出版社，2019.
[16] 杜子芳. 抽样技术及其应用[M]. 北京：清华大学出版社，2005.
[17] 樊鸿康. 抽样调查[M]. 北京：高等教育出版社，2000.
[18] 傅家骥，雷家骕，程源. 技术经济学前沿问题[M]. 北京：经济科学出版社，2003.
[19] 傅家骥，仝允桓. 工业技术经济学[M]. 北京：清华大学出版社，1996.
[20] 高百宁，王风科，郭新宝. 技术经济学：方法、技术与应用[M]. 北京：北京理工大学出版社，2006.
[21] 格拉泽，施特劳斯. 发现扎根理论：质性研究的策略美[M]. 谢娟，译. 武汉：华中科技大学出版社，2022.
[22] 格莱斯. 质性研究方法导论[M]. 王中会，李芳英，译. 北京：中国人民大学出版社，2013.
[23] 郭伟，侯信华. 工程经济学[M]. 3 版. 北京：电子工业出版社，2023.
[24] 国家建设发改委，建设部. 建设项目经济评价方法[M]. 3 版. 北京：中国计划出版社，2006.
[25] 何建洪. 技术经济学：原理与方法[M]. 北京：清华大学出版社，2012.
[26] 胡骥，胡万欣. 技术经济学[M]. 成都：西南交通大学出版社，2015.
[27] 胡健颖，孙山泽. 抽样调查的理论方法和应用[M]. 北京：北京大学出版社，2000.
[28] 胡茂生，等. 技术经济分析理论与方法[M]. 北京：冶金工业出版社，2009.
[29] 胡荣. 定量研究方法[M]. 北京：北京大学出版社，2021.
[30] 季丽，黄爱玲. 统计学原理与 SPSS 应用[M]. 上海：立信会计出版社，2021.
[31] 盖纳. 技术周期管理[J]. 王国成，等，译. 北京：中信出版社，2003.
[32] 金勇进，杜子芳，蒋妍. 抽样技术[M]. 5 版. 北京：中国人民大学出版社，2021.
[33] 科滨，施特劳斯. 质性研究的基础：形成扎根理论的程序与方法[M]. 朱光明，译. 重庆：重庆大学出版社，2015.

[34] 雷家骕，程源. 技术经济学科发展述评与展望[J]. 数量经济技术经济研究，2004.
[35] 雷仲敏. 技术经济分析评价[M]. 2版. 北京：中国质检出版社，2013.
[36] 李平. 21世纪技术经济学，2018年卷[M]. 北京：社会科学文献出版社，2018.
[37] 李晓风，佘双好. 质性研究方法[M]. 武汉：武汉大学出版社，2006.
[38] 刘家顺，史宝娟. 技术经济学[M]. 北京：中国铁道出版社，2010.
[39] 刘人怀. 工程管理研究[M]. 北京：科学出版社，2015.
[40] 刘晓军. 技术经济学[M]. 北京：高等教育出版社，2014.
[41] 刘新梅. 工程经济学[M]. 2版. 北京：北京大学出版社，2017.
[42] 刘燕. 技术经济学[M]. 成都：电子科技大学出版社，2007.
[43] 卢宗辉. 抽样方法的系统研究[M]. 北京：中国统计出版社，1998.
[44] 陆益龙. 定性社会研究方法[M]. 北京：商务印书馆，2011.
[45] 罗宾斯，贾奇. 组织行为学[M]. 孙健敏，朱曦济，李原，译. 北京：中国人民大学出版社，2021.
[46] 帕克. 工程经济学[M]. 邵颖红，译. 5版. 北京：中国人民大学出版社，2012.
[47] 邵颖红. 工程经济学概论[M]. 北京：电子工业出版社，2015.
[48] 沈国琪. 管理统计与SPSS应用[M]. 北京：中国原子能出版社，2020.
[49] 沈渊，董永茂. 市场调研与分析[M]. 杭州：浙江人民出版社，2007.
[50] 史书良. 统计学原理[M]. 北京：清华大学出版社，2007.
[51] 史雪荣. SPSS软件操作案例分析[M]. 镇江：江苏大学出版社有限公司，2020.
[52] 宋维佳，王国立，王红岩. 可行性研究与项目评估[M]. 4版. 大连：东北财经大学出版社，2015.
[53] 苏津津. 技术经济学基础[M]. 北京：中国水利水电出版社，2011.
[54] 孙建军. 定量分析方法[M]. 南京：南京大学出版社，2002.
[55] 孙山泽. 抽样调查[M]. 北京：北京大学出版社，2007.
[56] 谭跃进. 定量分析方法[M]. 2版. 北京：中国人民大学出版社，2006.
[57] 陶广华. 市场调查与分析[M]. 北京：北京理工大学出版社，2017.
[58] 王柏轩. 技术经济学[M]. 上海：复旦大学出版社，2007.
[59] 王斌. 资产评估理论与方法[M]. 北京：社会科学文献出版社，2011.
[60] 王钢. 定量分析与评价方法[M]. 上海：华东师范大学出版社，2003.
[61] 王鹏. 定量构效关系及研究方法[M]. 哈尔滨：哈尔滨工业大学出版社，2004.
[62] 伍德里奇. 计量经济学导论：现代观点[M]. 5版. 北京：清华大学出版社，2014.
[63] 武献华，宋维佳，屈哲. 工程经济学[M]. 2版. 北京：大连：东北财经大学出版社，2007.
[64] 夏恩君. 技术经济学[M]. 北京：中国人民大学出版社，2013.
[65] 肖鹏. 技术经济学[M]. 北京：对外经济贸易大学出版社，2013.
[66] 谢邦昌. 抽样调查的理论及其应用方法[M]. 北京：中国统计出版社，1998.
[67] 谢尔巴姆，查尔斯·A. 定量数据分析[M]. 王筱，译. 上海：上海人民出版社，2019.
[68] 熊章波，宋秋前. SPSS数据分析与应用[M]. 哈尔滨：黑龙江科学技术出版社，2022.
[69] 徐飚. 市场调查学[M]. 北京：北京工业大学出版社，2002.
[70] 徐建强. 定量分析实验与技术[M]. 北京：高等教育出版社，2018.
[71] 杨健. 定量分析方法[M]. 北京：清华大学出版社，2018.
[72] 杨克磊. 技术经济学[M]. 上海：复旦大学出版社，2007.
[73] 杨维忠，陈胜可，刘荣. SPSS统计分析从入门到精通[M]. 北京：清华大学出版社，2019.
[74] 尤克赛尔·伊金斯. 问卷设计[M]. 于洪彦，译. 上海：格致出版社，2018.
[75] 虞晓芬，龚建立，张化尧. 技术经济概论[M]. 5版. 北京：高等教育出版社，2018.
[76] 布莱尔，扎加，布莱尔. 抽样调查设计：问卷、访谈和数据收集[M]. 沈崇麟，译. 重庆：重庆大学出版社，2022.
[77] 布莱尔. 抽样调查设计：问卷、访谈和数据收集[M]. 沈崇麟，译. 3版. 重庆：重庆大学出版社，

2022.

[78] 张蔼珠，陈力君. 定量分析方法[M]. 上海：复旦大学出版社，2003.

[79] 张士玉. 问卷调查数据分析实务[M]. 北京：首都经济贸易大学出版社，2015.

[80] 张铁山，等. 技术经济学：原理，方法，应用[M]. 北京：清华大学出版社，2009.

[81] 张文彤，董伟. SPSS统计分析高级教程[M]. 北京：高等教育出版社，2018.

[82] 张正华，杨先明. 工程经济学理论与实务[M]. 北京：冶金工业出版社，2010.

[83] 郑宁，郑彩云，韩星. 技术经济学[M]. 2版. 北京：清华大学出版社，2016.

[84] 钟学义，陈平. 技术，技术进步，技术经济学和数量经济学之诠释[J]. 数量经济技术经济研究，2006.

[85] 周俊. 问卷数据分析：破解SPSS软件的六类分析思路[M]. 2版. 北京：电子工业出版社，2020.

[86] 朱颖. 工程经济与财务管理[M]. 北京：北京理工大学出版社，2016.

[87] 祝爱民，侯强，于丽娟. 技术经济学[M]. 2版. 北京：机械工业出版社，2017.

[88] 邹辉霞. 技术经济管理学[M]. 北京：清华大学出版社，2011.

教师服务

感谢您选用清华大学出版社的教材！为了更好地服务教学，我们为授课教师提供本书的教学辅助资源，以及本学科重点教材信息。请您扫码获取。

▶▶ 教辅获取

本书教辅资源，授课教师扫码获取

▶▶ 样书赠送

管理科学与工程类重点教材，教师扫码获取样书

清华大学出版社

E-mail: tupfuwu@163.com
电话: 010-83470332 / 83470142
地址: 北京市海淀区双清路学研大厦 B 座 509

网址: https://www.tup.com.cn/
传真: 8610-83470107
邮编: 100084